21世纪全国高职高专旅游系列实用规划教材

酒店财务管理

覃江华　主编

中国林业出版社
China Forestry Publishing House
北京大学出版社
PEKING UNIVERSITY PRESS

内容提要

本书是21世纪全国高职高专旅游系列规划教材之一。本书遵循现代企业制度和市场经济原则，以酒店资金运动为主线，全面、系统、综合地介绍了财务管理的基本理论、方法和策略。主要内容包括绪论、财务管理的价值观念、筹资管理、投资管理、资产管理、成本费用管理、营业收入、税金和利润管理、财务分析、酒店内部控制、酒店集团的财务管理、酒店并购与重组。本书力争反映国内外最新发展动态，使其具有前瞻性。本书列举了很多实例，力求做到深入浅出，并注重提高学生对基本财务管理理论的运用能力。本书根据内容需要，在每章设置了学习目标、本章小结、关键性术语、思考题、技能训练、案例分析、推荐阅读和相关链接等栏目。全书内容系统、简明、实用，并同步配套了基本素材。

本书既可作为高等职业院校、高等专科学校、成人高等学校酒店财务管理课程的教学用书，也可作为旅游企业财务工作者的学习用书。

图书在版编目（CIP）数据

酒店财务管理/覃江华主编. —北京：中国林业出版社；北京大学出版社，2011.7（2014.6重印）

21世纪全国高职高专旅游系列实用规划教材

ISBN 978-7-5038-6211-3

Ⅰ.①酒… Ⅱ.①覃… Ⅲ.①饭店-财务管理-高等职业教育-教材 Ⅳ.①F719.2

中国版本图书馆CIP数据核字（2011）第107077号

书　　名：酒店财务管理

著作责任者：覃江华　主　编

总 策 划：牛玉莲　林章波

策划编辑：郑铁志

责任编辑：郑铁志　吴　迪

出 版 者：中国林业出版社（地址：北京市西城区德内大街刘海胡同7号　　邮编：100009）

网址：http：//lycb. forestry. gov. cn　E-mail：jiaocaipublic@163. com

电话：编辑部83282720　　营销中心83227711

北京大学出版社（地址：北京市海淀区成府路205号　　邮编：100871）

网址：http：//www. pup. cn　　http：//www. pup6. com　E-mail：pup_6@163. com

电话：邮购部62752015　发行部62750672　编辑部62750667　出版部62754962

印 刷 者：北京市昌平百善印刷厂

发 行 者：中国林业出版社　北京大学出版社

经 销 者：新华书店

版次印次：2011年7月第1版　2014年6月第3次印刷

开　　本：787mm×960mm　16开本　18印张　356千字

定　　价：32.00元

编写人员名单

主　　编：覃江华

副 主 编：刘红梅　满　姝

编　　委：（按姓氏笔画排序）

王英霞（辽宁林业职业技术学院）

刘红梅（长沙航空职业技术学院）

李凯华（桂林旅游高等专科学校）

覃江华（桂林旅游高等专科学校）

满　姝（辽宁林业职业技术学院）

前　言

本书作为高职高专旅游管理专业的专业课教材，在内容上力图适应国内外酒店财务管理的最新发展，总结酒店财务管理的实践经验，引进酒店财务管理的最新理论，在基本理论和基本方法上力求有一定的先进性，有鲜明的时代感。

考虑到高职高专培养目标和培养规格的特殊性，在教材内容的选择上，本书在注意教材有一定深度的同时，对于基本理论问题不做过于深奥的论述，而是尽量结合实际案例深入浅出地阐述，以便使深奥、复杂的理论便于理解，并配以经验性练习，提高学生的运用能力。

本书根据我国酒店业的特点，借鉴、吸收了国外先进的财务管理理念和方法，遵循现代企业制度和市场经济原则，以酒店资金运动为主线全面、系统、综合地介绍了财务管理的基本理论、方法和策略。全书共分为11章，主要内容包括财务管理基本知识、基本价值观念、酒店筹资、投资、资产、成本费用、收益、税金的管理、财务分析、酒店集团财务管理、酒店并购与重组等内容。

本书具有以下2个特点：一是“新颖”，体现在本书的思路新、内容新和体例新。每章开始都配有学习目标、章首案例等，每章结束配有本章小结、关键性术语、计算和思考题、案例分析和本章推荐阅读书目，从而使读者更好地理解和掌握书中内容。二是“实用”，体现在本书运用了大量的例题和案例，力求把复杂、枯燥的财务理论变得更为生动、易懂并密切联系实际，同时配以大量练习以增强对所学理论的运用能力，符合高职高专培养目标和培养规格的特殊性。

本书既可以作为高职高专旅游管理专业的教学用书，又可用于旅游企业财务工作者、管理者及旅游专业研究人员的参考用书。

本书由桂林旅游高等专科学校的覃江华副教授担任主编，负责全书的总纂、修改和定稿，并执笔编写了第2章和第6章，第3章、第4章和第8章由长沙航空职业技术学院的刘红梅老师编写，第1章和第7章由辽宁林业职业技术学院的满姝老师编写，第5章和第10章由辽宁林业职业技术学院的王英霞老师编写，第9章和第11章由桂林旅游高等专科学校的李凯华老师编写。

本书编写过程中参考了相关教材、文献、论著和资料，在此谨向有关编著者表示感谢。由于本书编者水平有限，书中难免有疏忽和不妥之处，恳请广大读者及同仁批评指正。

编　者

2010年10月

目　　录

第 1 章 绪　论

学习目标

知识目标：了解酒店的资金运动、财务关系、财务管理的任务；熟悉酒店的财务管理目标、财务管理内容与原则、财务管理组织。

技能目标：掌握酒店财务管理的概括性介绍，对酒店财务管理的全貌有初步的了解。

能力目标：能灵活运用酒店财务管理概述知识，为以后章节学习打下基础。

【章首案例】

CFO 的重要性

随着财务管理在企业中的作用日益显著，企业中的 CFO 越来越受到人们的关注。IBM 大中华业务咨询服务事业部的金融管理服务合伙人 Suhas Bhide 强调说，“当代 CFO 是企业全面系统管理的保证。第一，财务总监是公司战略方向的发现者之一。因为他们经常分析企业的缺陷、漏洞和风险，所以能够发现战略。第二，财务总监是系统管理的执行者和设计者。因为他们能够了解每个环节、每个运行过程。第三，财务总监是企业预算体系的设计者和执行者。因为目前现代企业的整体系统运行过程，都要通过预算的方式来实现，而预算显然是财务总监来做的。从这个意义上讲，由于财务总监是企业系统的设计者，因此，从战略指导管理制度本身到整个企业的执行都离不开财务总监。”那么，一个真正意义上的现代 CFO 究竟应该在企业中扮演什么角色呢？又需要具备哪些能力呢？这是中国 CFO 需要思考和解决的问题。

1.1　酒店财务管理概述

1.1.1　酒店的资金运动

酒店的经营活动包括供应过程、生产过程和销售过程。酒店的资金随着经营活动的进行不断地改变形态，经过供应、生产、销售 3 个过程，周而复始地进行循环和周转。

酒店为了向旅客提供食、住、行、游、购、娱乐等服务，必须筹集一定数量的资金，用于购入固定资产、无形资产、原材料，支付员工工资、各种间接费用等。同时随着酒店生产的产品或服务销售出去，以货币资金等形式取得收入，用收入补偿各项支出后，剩余部分即为酒店的利润。将其实现的利润在国家、酒店、员工、投资者之间进行合理的分配。这一切构成了酒店的资金运动。

1.1.2　酒店的财务关系

酒店在经营过程中与酒店有关各方发生的经济利益关系叫作财务关系。酒店的财务关系概括为以下 5 个方面。

（1）酒店与投资者、受资者之间的财务关系

投资者向酒店投入资金，酒店利用投资者投入的资金及其他资金进行生产经营活动，如果盈利则按各投资者的出资比例进行利润分配，如果亏损则按各投资者的出资比例承担损失。酒店也可将自身的法人财产对外进行投资，受资者进行生产经营活动，如果盈利则按酒店的出资比例进行利润分配，如果亏损则按酒店的出资比例承担损失。酒店与投资者、受资者之间的关系在性质上属于所有权关系。在处理这种财务关系时必须明确产权关系，维护各方的合法权益，明确酒店与投资者、受资者各自之间的权利和义务。

（2）酒店与债权人、债务人之间的财务关系

酒店由于购买材料、销售产品，要与购销客户发生货款收支结算关系，在购销活动中由于延期收付款项要与有关单位发生商业信用——应收账款和应付账款。当酒店资金不足或资金闲置时，则要向银行借款、发行债券或购买其他单位债券。无论由于何种原因，一旦形成债权债务关系，则债务人不仅要还本，而且要付息。酒店与债权人、债务人的关系，在性质上属于债权、债务关系。处理这种财务关系，必须按协议、合同的有关条款，认真履行酒店与债权人、债务人的义务和责任，并保障各方的权益。

（3）酒店与税务机关之间的财务关系

酒店应按照国家税法和规定缴纳各种税款，包括所得税、流转税和计入成本的税金。国家以社会管理者的身份向一切企业征收有关税金。这些税金是国家财政收入的主要来源。及时、足额地纳税，是生产经营者对国家应尽的义务，酒店必须认真履行此项义务。

（4）酒店内部各部门之间的财务关系

在酒店内部实行经济核算制的条件下，酒店内部各部门之间，在相互提供产品、原材料或劳务时，要进行内部计价结算，以明确各自的责任。另外，酒店内部各部门与财务部门之间也要发生领款、报销、代收、代付的收支结算关系。在处理这种财务关系时，要制定合理的内部核算制度和经济责任制度，同时有效地发挥激励机制和约束机制，严格分清各部门的经济责任，调动各单位的积极性，保证酒店经营目标的实现。

（5）酒店与员工之间的财务关系

酒店要用自身的营业收入，按照员工提供的劳动数量和质量向员工支付工资、津贴、奖金等。这种酒店与员工之间的结算关系，体现着员工个人和集体在劳动成果上的分配关系。在处理这种财务关系时，要将职工的经济利益与其岗位责任严格地挂起钩来，建立合理的分配制度，维护职工的合法权益。

1.1.3 酒店财务管理的任务

（1）依法合理筹集资金，保证酒店经营需要

开办酒店，应筹集国家规定的设立酒店的最低资本金限额。酒店在生产经营过程中，当流动资金不足或更新改造出现资金缺口时，也需要筹集资金。在筹集资金时要慎重选择筹资的方式、资金成本、资金的时间价值、筹资风险等诸多因素，合理有效地筹集资金，使资金既能满足酒店正常生产经营所需，又能降低筹资成本，同时尽量规避筹资给酒店带来的风险。

（2）合理配置使用资金，提高资金使用效果

酒店筹集到经营所需资金以后，为了使资金充分发挥其效用，酒店应将资金合理地分配到酒店的各个部门形成各项资产。资产的结构应根据酒店生产经营的特点和每个部门的具体情况合理配置。同时要使资金充分发挥其效用，努力挖掘资产的使用潜力，合理使用资金，有计划地调度资金、组织资金在数量和时间上的平衡，加速资金的周转，提高资金的利用效果。

（3）正确组织收支，合理分配酒店财务成果

酒店随着生产经营的进行，形成了酒店的各种耗费，酒店应合理节约地使用人力、物力和财力，不断降低成本费用。同时采取灵活多样的经营方式，拓展酒店的经营渠道，不断增加酒店的收入。当酒店的收入抵补酒店的支出，实现酒店利润后，应在兼顾国家、酒店、员工、投资者利益的前提下，合法、合理地进行利润的分配。要及时、足额地向国家上缴税金；要按照国家的有关规定提取公积金、公益金，确保酒店的长远发展和员工的合法权益；同时为保护投资者的利益，在保证酒店扩大再生产的资金需要后，向投资者分配利润。

（4）健全酒店财务管理制度，实施财务控制与监督

酒店要严格按照国家的财务管理制度规定，结合本酒店的具体情况，制定酒店的内部管理制度和办法，并以此作为日常财务管理的依据。在实际财务管理中，通过日常控制和监督，及时发现不合理的财务行为并加以纠正，以保证财务收支的正确性。同时通过更加深入细致的财务分析，掌握酒店实际完成制度的情况，及时地总结经验，纠正不足，促进酒店合理使用资金，以最小的消耗，取得最大的经济效益。

1.2 酒店财务管理的目标

酒店财务管理的目标是指通过酒店的财务管理活动所要达到的根本目的。在现代财务管理的理论体系及理财实践活动中，理财目标是一个逻辑起点，决定着财务管理各种决策的选择，是酒店各种理财决策的标准。科学的理财目标有助于酒店日常理财的规范化，有助于科学理财观念的树立，有助于提高酒店的理财效率并支持酒店的可持续发展能力。酒店财务管理是酒店管理的一部分，因此，酒店财务管理的目标取决于酒店的总目标。

1.2.1 酒店的目标

在当前社会主义市场经济体制中，酒店最终目标是盈利。在当前激烈的市场竞争中，酒店的盈利是以生存和发展为前提的。酒店一开始营业就会面临着竞争，并始终处于生存和倒闭、发展和衰退的矛盾中。而酒店必须生存下去才有获利的可能，只有不断发展才能求得生存。因此，酒店的管理目标可以概括为生存、发展和获利。

(1) 生存

酒店要想生存，就必须寻求生路，也就是要提供满足社会需求的适销对路的产品和服务，不断扩大收入，降低成本费用，实现盈利。否则，酒店收不抵支，长期亏损，酒店就会面临破产和倒闭。另外，酒店如果有大量的债务到期不能偿还，也会面临破产的风险。所以，酒店生存的主要威胁来自2个方面：一个是长期亏损，它是酒店终止的内存原因；另一个是不能偿还到期债务，它是酒店终止的直接原因。力求保持以收抵支和偿还到期债务的能力，减少破产的风险，使酒店能够长期、稳定地生存下去，是对酒店财务管理的第一要求。

(2) 发展

在当前激烈的市场竞争中，酒店如果只是单纯地具备生存能力，而不能发展、壮大，最终也会被市场无情地抛弃。酒店要发展，就要根据市场需要不断推出更多、更好的产品和服务，扩大酒店的收入，使酒店在竞争中立于不败之地，这就需要筹集到足够的资金，以改善和更新酒店的硬件设施，加强员工培训，提高酒店的服务质量，同时加大宣传力度，搞好企业的销售，增加酒店的收入，促进酒店的发展。所以，筹集酒店发展所需的资金，是对酒店财务管理的第二要求。

(3) 获利

任何一个酒店都是以盈利为目的的，不盈利，酒店就没有生存、发展的必要和可能。所以酒店要使资金得到合理、有效的利用，从中获取回报。这就要求酒店要加强营运资金的管理，加速货币资金的回笼；加强固定资产的管理，提高固定资产的利用率；加强成本费用的管理，降低酒店的成本费用；加强酒店收益的管理，扩大酒店的收入，使酒店获利，实现酒店的最终目标。所以，通过合理、有效的使用资金使酒店获利，是对酒店财务管理的第三要求。

1.2.2　财务管理目标的几种观点

财务管理目标，是在特定的理财环境中，通过组织财务活动，处理财务关系所要达到的目的。关于酒店财务目标的综合表达，有以下 3 种主要观点。

（1）利润最大化

利润最大化目标是指通过对企业财务活动的管理，不断增加企业利润，使利润达到最大。利润最大化观点在西方经济理论中是根深蒂固的，西方许多经济学家都是以利润最大化这一概念来分析和评价企业行为和业绩的。20 世纪 50 年代以前，西方财务管理理论界也认为，利润最大化是财务管理的最优目标。目前，我国也有一部分财务管理学家认为：以利润最大化为目标是财务管理人员的最佳选择。这是因为企业要想取得利润最大化，就必须讲求经济核算。加强管理、改进技术、提高劳动生产率、降低产品成本，这些都有利于经济效益的提高。但以利润最大化作为财务管理的目标存在以下缺点：① 利润最大化没有考虑利润发生的时间，没能考虑资金的时间价值；② 利润最大化没能有效地考虑风险问题，这可能会使财务人员不顾风险的大小去追求最多的利润；③ 利润最大化往往会使企业财务决策带有短期行为的倾向，即只顾实现目前的最大利润，而不顾企业的长远发展。应该看到，利润最大化的提法，只是对经济效益浅层次的认识，存在一定的片面性，所以，利润最大化并不是财务管理的最优目标。

（2）股东财富最大化

股东财富最大化是指通过财务上的合理经营，为股东带来最多的财富。在股份经济条件下，股东财富由其所拥有的股票数量和股票市场价格 2 个方面来决定，在股票数量一定时，当股票价格达到最高时，则股东财富也达到最大。所以，股东财富最大化，又演变为股票价格最大化。与利润最大化目标相比，股东财富最大化目标有其积极的方面，这是因为：① 股东财富最大化目标科学地考虑了风险因素，因为风险的高低，会对股票价格产生重要影响；② 股东财富最大化在一定程度上能够克服企业在追求利润上的短期行为，因为不仅目前的利润会影响股票价格，预期未来的利润对企业股票价格也会产生重要影响；③ 股东财富最大化目标比较容易量化，便于考核和奖惩。但应该看到，股东财富最大化也存在一些缺点：① 它只适合上市公司，对非上市公司则很难适用；② 它只强调股东的利益，而对企业其他关系人的利益重视不够；③ 股票价格受多种因素影响，这些因素并非都是公司所能控制的，把不可控因素引入理财目标是不合理的。

（3）企业价值最大化

企业价值最大化是指通过企业财务上的合理经营，采用最优的财务政策，充分考虑资金的时间价值和风险与报酬的关系，在保证企业长期稳定发展的基础上使企业总价值达到最大。这一定义看似简单，实际上包括丰富的内涵，其基本思想是将酒店长期稳定发展摆在首位，强调在企业价值增长中满足各方利益，具体内容包括以下几个方面：① 强调风险与报酬的均衡，将风险限制在酒店可以承担的范围之内；② 创造与股东之间的利益协调关系，努力培养安定性股东；③ 关心本酒店员工利益，创造优美和谐的工作环境；④ 不断加强与债权人的联系，重大财务决策请债权人参加讨论，培养可靠的资金供应者；⑤ 关心客户的利益，在新产品的研制和开发上有较高投入，不断推出新产品来满足顾客的要求，以便保持销售收入的长期稳定增长；⑥ 讲求信誉，注意酒店形象的宣传；⑦ 关心政府政策的变化，努力争取参与政府制定政策的有关活动，以便争取制定出对自己有利的法规，但一旦立法颁布实施，不管是否对自己有利，都应严格执行。

以企业价值最大化作为财务管理的目标，具有以下优点：① 企业价值最大化目标考虑了取得报酬的时间，并用时间价值的原理进行了计量；② 企业价值最大化目标科学地考虑了风险与报酬的联系；③ 企业价值最大化能克服企业在追求利润上的短期行为，因为不仅目前的利润会影响企业的价值，预期未来的利润对企业价值的影响所起的作用更大。

进行企业财务管理，就是要正确权衡报酬增加与风险增加的得与失，努力实现二者之间的最佳平衡，使企业价值达到最大。因此，企业价值最大化的观点，体现了对经济效益的深层次认识，它是现代财务管理的最优目标。

1.3 酒店财务管理内容与原则

1.3.1 酒店财务管理的内容

酒店的财务活动表现为酒店再生产过程中周而复始、循环往复的资金运动。酒店资金运动从经济内容上观察，可以划分为筹资活动、投资活动、资金耗费、资金收回和股利分配活动等环节。因此，酒店财务管理的基本内容包括筹资管理、投资管理、资产管理、成本费用管理、收益和利润分配的管理等。

（1）筹资管理

筹资是为了满足酒店对于资金的需要而筹措和集中资金的经济行为。筹资管理表现为对酒店资金需要量的确定、对筹资方式的选择、对酒店权益资本与长期负债比例的规划等方面。

筹资决策的核心问题是确定酒店的资本结构。资本结构是指长期负债与权益资本二者之间的比例关系。

资本结构决策的首要问题是确定酒店资产负债率的高低，即在酒店资本总额中安排多高比例的负债。确定酒店的股权结构也是资本结构决策的一个重要问题。

筹资方式的选择是筹资决策的一个重要问题。不同的筹资方式具有不同的特点，对酒店的影响也不一样。通常酒店在筹集资本时，会有多种筹资方式可供选择，不同的筹资方式会导致酒店的财务风险程度、资本成本水平等多方面的不同。因此，财务管理人员必须在清楚每一种筹资方式特点的基础上，结合酒店自身的特点，做出合理的抉择，以使酒店获得代价最低的资本来源。

(2) 投资管理

投资是酒店为了获取经济资源的增值而将其货币投放于各种资产形态上的经济行为。依据投资的形式可将投资划分为实物投资与金融投资。实物投资是对酒店生产经营实际应用的实物资产进行的投资，如购置与更新设备；兼并企业进行生产经营规模的扩充；对新的投资项目进行的投资，由于酒店经营规模的扩充对营运资本进行的投资等。金融投资是对金融性资产所进行的投资，如购买股票、债券等。由于最近数十年间，经济金融化是现代经济发展的趋势，因此，同原始经济中酒店主要进行实物投资形式不同，在现代经济中，大部分投资都属于金融投资。

投资决策首要考虑的问题是如何合理确定酒店资产的结构，即酒店资产负债表的左方所显示的现金、应收账款、存货、固定资产等构成比例以及各投资项目的构成比例。酒店经营的获利能力及由此相伴的风险程度是由酒店的投资结构所构成的。例如，固定资产等长期资产占较高构成比例的企业可能会获取较高的收益，但同时也必须承担流动资产比例较低所导致的资产转化为现金的能力弱、支付能力差、到期不能还债的高财务风险。酒店投资结构应该是能够创造最大经济价值的资产结构，要么在既定风险下带来最大收益，要么是在既定收益水平下承担最小的风险。收益与风险的相均衡，是进行投资决策所必须遵循的一项原则。

投资项目财务可行性的评价是投资决策的主要内容。确定一个投资项目财务可行性的重要标准是看该投资项目是否拥有正的净现值，只有投资项目能够带来正的净现值，才能够增加酒店的经济价值，才具备财务上的可行性。酒店对实物资产和金融资产的投资可行性的评价原则都是以净现值为依据的。

(3) 资产管理

酒店的固定资产、流动资产、无形资产、递延资产和其他资产，这些资产构成了酒店日常财务管理的重要内容。酒店资产管理的重点是固定资产、流动资产的管理。

酒店的固定资产一般在总资产中占有很高的比例（70%左右），只有深入了解固定资产，合理计提固定资产折旧，加强固定资产的日常管理，不断挖掘固定资产的使用潜力，才能提高固定资产的利用效率。

酒店流动资产在总资产当中占有一定的比例，流动资产好比酒店的血液，在不断地由货币资金到货币资金的循环周转过程中，完成资金的增值。只有严格加强对流动资金的管理，加速流动资金的循环周转，不断扩大企业的营业收入，减少企业的资金占用，才能提高企业的经济效益。

（4）成本费用管理

酒店的成本费用是指酒店在向旅客提供产品和劳务过程中发生的各项直接支出和耗费。酒店的营业成本费用按经济内容可以分为主营业务成本、营业费用、管理费用、财务费用4大部分。酒店要进行成本费用的管理，首先要确定成本费用管理的目标，在此基础上编制出成本费用预算，明确酒店成本费用管理的方向。为了保证成本费用预算的实现，酒店还要进行成本费用的控制，并对成本费用实际耗费情况进行考核分析，发现问题，及时纠正，最终保证酒店成本费用达到酒店的预算目标。

对成本费用的管理也就是对资金耗费的管理，酒店内部每一个部门都有耗费，因此，成本费用的管理是一项全员、全过程、全方位的综合性管理。搞好成本费用管理是提高酒店竞争力，增加酒店盈利的重要途径。

（5）利润及其分配的管理

酒店实现利润以后，要按照国家的有关规定，向国家缴纳所得税，剩余部分就形成了酒店的净利润。净利润要在酒店、员工、投资者之间进行分配，酒店要提取法定的盈余公积金，用于弥补亏损和转增资本；还要提取法定的公益金，用于员工福利和奖励，改善员工集体福利设施等；其余利润进行投资者的收益分配或暂时留存酒店作为投资者的追加投资。这一切就构成了酒店利润及其分配的管理。

酒店要搞好收入管理、利润管理和利润分配管理，必须努力做好销售预测和决策，广开销售渠道，扩大客源，使酒店收入不断增加。认真做好利润预测和预算，确保酒店利润目标的实现，并在兼顾国家、酒店、员工、投资者利益，正确处理眼前利益和长远利益的前提下，合理进行利润分配，以实现财务管理的目标。

1.3.2 酒店财务管理的原则

酒店财务管理原则是经过多年的财务实践和财务管理理论研究，归纳总结并用以组织酒店财务活动、处理酒店财务关系的基本准则。它主要包括以下6个原则。

（1）资金合理配置原则

资金合理配置就是要通过资金活动的组织和调节来保证各项物质资源具有最优化的结构比例关系。资金合理配置是酒店持续、高效经营的必不可少的条件。在财务管理中资金如果不能合理配置，给酒店带来的效益是不一样的。例如，一新建酒店大量的资金用于固定资产投资，当酒店开业后由于缺乏足够的营运资金，正常的经营活动受到了影响，最终会直接影响酒店的经济效益。所以，资金合理的配置，对于酒店来说至关重要。

（2）依法理财的原则

作为酒店，应以国家规定的法律规范为依据，建立健全酒店内部的财务管理制度，依法合理筹集资金，有效投资、使用资金，严格遵守各项财务开支范围和规定，正确计算酒店的财务成果，努力处理好财务活动中的各种关系，按照国家规定合理地进行利润的分配。依法理财可以使酒店获得良好的信誉，它有助于酒店财务目标的实现，并给酒店带来长久的生命力。

（3）成本效益原则

在市场经济的条件下，酒店的目标是为了获取收益（即效益）。为此，它必须投入各种资源。而资源的取得必然要形成酒店的耗费（即成本），如果酒店成本发生以后未取得收益，或发生的成本大于收益，则酒店的目标就无法实现。因此，成本效益原则是指酒店在成本一定的条件下应取得尽可能大的效益，或是在收益一定的条件下应最大限度地降低成本，以保证酒店财务管理目标的实现。成本效益原则是投入产出原则的价值体现，是酒店再生产活动得以延续和发展的基本条件。酒店在资金的筹集、投入和使用过程中应充分考虑到这一原则，以降低成本，提高资金效益。

（4）收益风险均衡原则

在市场经济中，酒店任何经营活动的开展都存在一定的不确定性和不可预测性（即风险）。随着酒店市场竞争的加剧，酒店在获取收益的同时也会面临更大的风险。风险与收益均衡原则是指酒店不能承担超过收益限度的风险，在收益一定的条件下，应最大限度降低风险。因为通常风险越大，收益可能也越高；风险越小，收益必然也会越低。但这种因果关系是指一种可能性，而非完全直接相等的一种关系。这就要求酒店在财务管理过程中要考虑收益与风险的对应关系，在收益既定的情况下，应尽量规避风险；要适度地冒一定风险，以使酒店获取更大的收益。努力权衡利弊得失，合理分散风险，做到趋利避害。

（5）利益关系协调原则

酒店在资金的运动过程中，会与投资者、债权人、国家、员工乃至客户和供应商之间发生关系。这种关系说到底是一种经济利益关系。这种关系因种种原因经常会出现不协调甚至矛盾的情况，如果不能及时解决，轻则会影响各方的积极性，重则对各方的经济利益都会产生不利的影响。利益关系协调原则是指酒店在财务管理过程中要妥善协调和处理国家、企业、员工、投资者、债权人、客户、供应商等各方的经济利益关系，维护有关各方的合法权益。这一原则就要求酒店从全局出发，正确处理好各方的利益关系，以便其协调发展。

(6) 遵循国际惯例的原则

国际惯例原则是指酒店在实际财务管理工作中，在遵守我国现行法律、法规的前提下，还要遵循国际惯例的原则。如外商投资酒店，可以按国际惯例，在当地和国际金融市场筹集资金，可以根据酒店实际经营需要，自主地使用资金；可以借鉴国外先进的经营管理方式和财务管理方法，进行酒店的管理。在费用管理、会计核算等实际工作中，也可以参照执行国际公认的会计准则和国际惯例。遵循这一财务管理原则，可以使我国的财务管理工作与国际接轨，促进酒店向国际化方向发展。

1.3.3 酒店财务管理的环节

酒店财务管理的环节是指酒店财务管理的工作步骤与一般程序。一般来说，酒店财务管理包括以下5个环节。

(1) 财务预测

财务预测是财务决策的基础，也是编制财务预算的前提。财务预测是指酒店在认识和掌握资金运动规律的基础上，根据有关历史资料和搜集的各种经济信息，结合酒店内外部的现实条件，运用科学的预测方法，对酒店未来财务活动及其发展趋势所做的预计和测算。财务预测环节主要包括明确预测目标、收集相关资料、建立预测模型、确定财务预测结果等步骤。

(2) 财务决策

酒店在财务预测的基础上，要进行财务决策。财务决策是指根据财务目标的要求，从若干个可供选择的方案中，选出最优方案的分析判断过程。财务决策是财务管理的核心，决策正确与否直接影响酒店的生存和发展。财务决策主要包括筹资决策、投资决策、成本费用决策、收益决策等。其中最重要的是筹资决策和投资决策，投资决策尤其重要。财务决策环节主要包括确定决策目标、提出备选方案、选择最优方案等步骤。

(3) 财务预算

财务预算是落实财务决策的一种行动计划。财务预算是指以财务决策的结果和财务预测情况为依据，运用科学的技术手段，以货币为主要量度，对酒店未来财务活动发展状况，按照事物发展趋势进行合乎客观规律的规划，以指导酒店经营活动的开展。财务预算的编制一般包括以下几个步骤：① 分析财务环境，确定预算指标；

② 协调财务能力组织综合平衡；③ 选择预算方法，编制财务预算。

(4) 财务控制

财务控制是在财务管理过程中，以财务预算、定额、标准为依据，利用有关信息和手段，对酒店的财务活动进行干预和调节，以实现财务预算所规定的各种目标的一种管理方法。财务控制一般要经过以下步骤：① 制定控制标准，分解落实责任；② 实施追踪控制，及时调整误差；③ 分析执行情况，搞好考核奖惩。

(5) 财务分析

财务分析是运用财务报表及其他相关信息，通过与一定的财务指标进行对比，以评价酒店过去的财务状况和经营成果，并揭示其未来财务活动趋势及规律的一种方法。财务分析包括以下步骤：① 占有资料，掌握信息；② 指标对比，揭露矛盾；③ 分析原因，明确责任；④ 提出措施；⑤改进工作。

1.4 酒店财务管理的组织

酒店设置财务管理专职机构的目的是为了正确组织酒店的财务管理工作，提高酒店的管理水平。酒店规模、行业特点、业务类型等是财务管理组织机构设置时应考虑的重要因素。

在小型酒店中，财务管理工作是作为会计工作的一部分来进行的。其工作重点是利用商业信用集资和收回酒店的应收账款，很少关心筹资和投资问题。所以，小型酒店可以不单独设置财务管理组织，只需附属于会计部门。在大中型酒店中，财务管理的内容包括资本筹集、资本投资、股利分配等。因此，大中型酒店一般应独立设置财务管理机构，负责酒店的财务管理工作。

酒店财务工作的主要负责人是财务总监或财务副总经理，他直接向总经理负责。在财务总监之下，有财务部经理和会计部经理2位主要管理者。财务部经理负责资本的筹集、使用和股利分配；会计部经理负责会计和税务方面的工作。

由于财务管理工作和会计工作都是综合性的经济管理工作，会计所进行的核算主要是酒店资金运动的核算，即主要是财务活动的核算，因而它与财务管理有着广泛的、密切的联系。会计核算的内容、要求，提供的指标，在很大程度上是由财务管理决定的。财务管理任务的实现，需要会计部门的紧密配合，而且许多日常的具体管理工作，是同会计工作结合起来进行的，所以，大多数酒店都把二者合并在一起，设置一个财务会计机构来统一进行财务会计工作。

酒店财务会计机构内部一般分为以下几个部门。

1.4.1 收银部

收银部的职责：

- 负责入住客人的消费结算；
- 负责餐厅、酒吧、舞厅、商场等各营业点客人的消费结算；
- 结清每天、每班的票据、款项和账单，并编制相应的营业报告。

有的酒店将收银部分为前台收银和餐厅收银 2 个部分。

1.4.2 总出纳

总出纳的职责：

- 负责酒店所有收银点的现金收入和转账票据的收集、整理、点核以及送存银行或到银行办理托收等事宜；
- 负责支付酒店各部门报销账款的现金以及签发各种付款支票；
- 负责与银行和外汇管理部门联系，办理有关结算事项，处理有关结算问题，并负责账户的收支管理；
- 负责准备各项备用金，并监督、管理备用金的使用情况。

1.4.3 稽核部

稽核部的职责：

- 负责审核各收银点及各有关部门交来的营业收入原始单据、报表等资料，如果发现错误应及时纠正处理，以确保酒店每一笔收入都正确无误；
- 负责整理、分类、汇总酒店全部营业收入账单，编制营业日报、营业月报；
- 负责分析和统计各种营业收入并及时向高级管理人员和有关部门提供准确的经营信息；
- 负责保管各部门、各班次的营业报告及其附件、原始单据。

稽核部一般分为夜间稽核和日间稽核。

1.4.4 信贷收账部

信贷收账部的职责：

- 制定酒店信贷政策；
- 负责调查将要给予信贷便利的单位和个人的资信情况及结算记录；
- 负责审核和记录各类应收账款；
- 负责催收和管理控制各类应收账款；
- 负责计算、审核各旅行社的佣金；
- 负责处理客户预付款；
- 负责各类坏账及走单的处理等。

1.4.5 成本部

成本部的职责：

- 负责核算和控制酒店各项营业成本开支，在保证酒店营业质量的前提下，努力降低成本，减少费用；
- 负责进货的检查、验收工作；
- 负责食品、酒水、日用品、冷库等仓库的管理控制工作。

1.4.6 计薪部

计薪部的职责：

- 负责计算和发放员工的各种薪金、津贴；
- 根据人事部门的通知，负责随时计发离店人员的薪金；
- 负责员工薪金的分配入账工作；
- 根据上级和政府部门的要求，负责编制并上报有关工资方面的报表或报告，为酒店管理层和政府部门提供有关资料数据。

1.4.7 应付账款部

应付账款部的职责：

- 负责除薪金之外的所有支出的审核、计算和记账；
- 负责保管应付账款所有账册、记录和原始单据；
- 负责为符合付款条件的供应商办理有关支付手续以及与供应商定期对账等工作。

1.4.8 总账部

总账部的职责：

- 负责审核所有记账凭证及所附的原始单据，保证计入账册的数据真实、完整、正确、合法；
- 负责核算总分类账户，检查各明细分类账，编制各种会计报表、财务状况说明书及财务预算；
- 负责分析、研究每期的财务状况，并做出经营预测报告；
- 负责整理和保管会计档案。

1.4.9 计算机部

计算机部的职责：

- 负责酒店计算机系统及收银设备的日常维修和保养工作，保证计算机主机、各终端机以及收银机的正常工作；
- 负责编制、修改会计计算机程序以及数据输入处理工作；
- 协助会计部门各处室编制和打印各种报表和报告；
- 培训和辅导计算机使用人员；
- 起草、制定有关计算机操作规程及清除计算机中的病毒。

上述各职能部门，虽然在各酒店中具体设置和划分不尽相同，但都是财务会计部门不可缺少的组成部分。从内部控制的角度看，下述2点需要特别注意。

第一，收银员归属财务会计部管辖，即在财务会计部里设置收银部，负责各营业部门的收银工作，而不由营业部门管辖支配。这样做有利于收银工作与营业部门的分离，以形成互相监督、互相制约的机制，便于防止和堵塞营业中的漏洞，及时发现和揭露错弊。

第二，有些酒店为了更有效地对财务会计工作进行组织和控制，把酒店的财务会计组织分成两大部分：财务部和会计部。前者负责资金筹集、使用、保管以及资金预算的编制和控制。后者负责账务核算，报表编制和分析评价，以及会计档案资料的保管。具体地说，财务部负责收银部、总出纳、信贷收账部等的管理；会计部负责稽核部、计薪部、成本部、应付账款部、总账部、计算机部等的管理。其组织关系如图1－1所示。

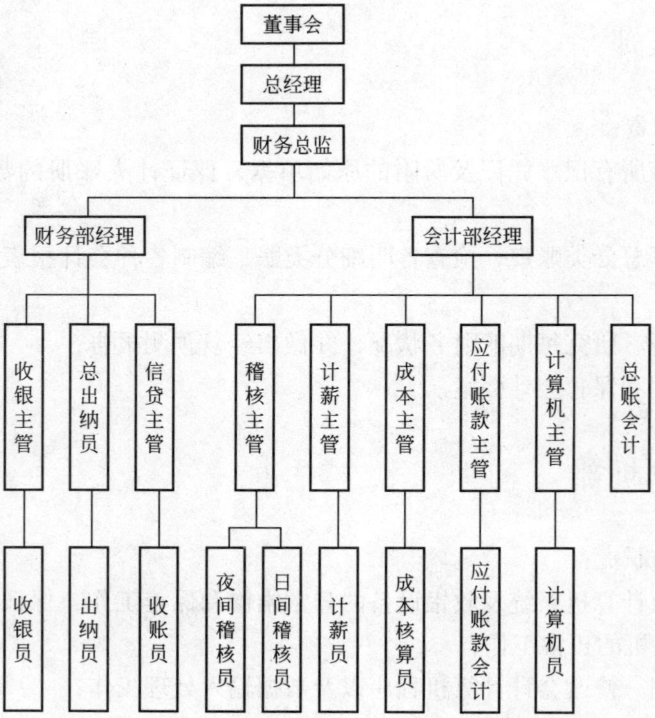

图1-1　酒店财务管理组织结构图

【本章小结】

本章根据酒店经营的特点，主要阐述了以下内容：① 酒店财务管理的基本知识，包括资金及其运动、财务关系、财务管理的任务等；② 酒店的目标、财务管理目标；③ 酒店财务管理的基本内容，包括筹资管理、投资管理、资产管理、成本费用管理、收益和利润分配的管理等；④ 酒店财务管理应遵循的原则；⑤ 酒店财务管理，包括财务预测、财务决策、财务预算、财务控制和财务分析5个环节；⑥ 酒店财务管理组织。

【关键性术语】

资金运动、财务关系、财务预测、财务决策、财务预算、财务控制、财务分析。

【思考题】

1. 什么是财务关系？酒店财务关系包括哪几个方面？
2. 酒店的财务管理任务有哪些？

3. 什么是财务管理目标？有哪几种代表性观点？各自的优缺点有哪些？
4. 酒店财务管理的内容包括哪几个方面？
5. 酒店财务管理的原则有哪些？
6. 酒店财务管理的环节有哪些？
7. 酒店财务管理组织机构主要包括哪些部门？

【案例分析】

日本企业八佰伴破产原因

1997 年 9 月 18 日，日本零售业巨头八佰伴日本企业，向企业所在地的日本静冈县地方法院提出企业更生法的申请。这一行动实际上等于向社会宣布了该企业的破产。八佰伴日本企业主管八佰伴集团的日本国内事业以及欧美、东南亚等地区的海外投资，拥有 26 家店铺，由八佰伴集团董事长、现任八佰伴国际流通总裁的和田一夫的第四个儿子和田光正担任总裁。八佰伴企业宣布破产前的负债总额为 1613 亿日元（折合约 13 亿美元）。在东京证券交易所第一市场上市的超级市场破产，这在第二次世界大战后的日本还是第一次。同时它也是日本百货业界最大的一次破产事件，因而震撼了日本和亚洲。关于八佰伴日本企业破产的原因，一般认为主要是以下战略上的失误。

1. 摊子铺得太大

20 世纪 80 年代后期和 90 年代初，“八佰伴日本”为了快速扩展国际事业，趁着日本泡沫经济时期，在债券市场大量发行可转换企业债券。这种筹资方法虽然摆脱了从银行取得资金的限制，却也失去了有效的财务监督，极易陷入债务膨胀的危机。事实上，自 1996 年 11 月以来，八佰伴日本企业把企业利润以及通过发行企业债券取得的大量资金投到了海外市场。然而这些资金的回收情况却不尽如人意。加之在此期间又出现了泡沫经济，业绩欠佳导致股价下降。

2. 没有明确的定位

有人说，八佰伴“没有一个把什么货卖给什么人的明确经营战略”。八佰伴原本是一个地方超市集团，但在向海外进军的过程中，一会儿以日侨为对象，一会儿又转向当地人。八佰伴不断改变销售对象，而且还不断改变经营方式。虽然海外经营的初期得到了侨居海外的日本人的大力支持，有一个好的开端，但由于在日本国内的积蓄不足，经营能力有限，因而被发展起来的超市和百货商店抢走了客源。20 世纪 80 年代以后，八佰伴在海外开设了 40 多家超市，目前只剩下 27 家。

【案例思考题】

1. 从财务分析指标的角度，谈谈你对八佰伴倒闭的原因的认识。
2. 八佰伴的倒闭给我国旅游企业带来的理财启示是什么？

【本章推荐阅读书目】

1. 酒店业财务管理．马桂顺．清华大学出版社，2005.
2. 饭店决策者的财务管理．克瑞斯 · 盖尔丁．徐虹 主译．中国旅游教育出版社，2006.
3. 旅游企业财务管理．李隆茂，李亚利．高等教育出版社，2001.

第 2 章

财务管理的价值观念

学习目标

知识目标： 理解时间价值的含义；

理解单利、复利和年金，以及三者的区别。

技能目标： 掌握复利终值和现值的计算；

掌握普通年金、递延年金的终值和现值计算。

能力目标： 能区分复利和年金，并通过终值和现值的计算，把不同时点的资金换算为同一时点进行比较、决策。

【章首案例】

瑞士田纳西镇巨额账单

如果你突然收到一张事先不知道的1260亿美元的账单，你一定会大吃一惊。而这样的事件却发生在瑞士的田纳西镇的居民身上。纽约布鲁克林法院判决田纳西镇应向美国的投资者支付这笔钱。最初，田纳西镇的居民以为这是一件小事，但当他们收到账单时，被这张巨额账单惊呆了。他们的律师指出，若高级法院支持这一判决，为偿还债务，所有田纳西镇的居民在其余生中将不得不靠吃麦当劳等廉价快餐度日。

田纳西镇的问题源于1966年的一笔存款。斯兰黑不动产公司在内部交换银行（田纳西镇的一个银行）存入一笔6亿美元的存款。存款协议要求银行按每周1%的利率（复利）付息（难怪该银行第二年破产）。1994年，纽约布鲁克林法院做出判决：从存款日到田纳西镇该银行进行清算的7年中，这笔存款应按每周1%的复利计息，而在银行清算后的21年中，每年按8.54%的复利计息。

【案例思考题】

1. 通过学习本章的知识说明1260亿美元是如何计算出来的？

2. 如果利率为每周1%，按复利计算，6亿美元增长到12亿美元需要多长时间？增长到1000亿美元需要多长时间？

3. 本案例对你有何启示？

2.1 资金的时间价值

2.1.1 货币时间价值的含义

货币的时间价值又称资金的时间价值，对于概念的理解主要有以下几种观点。

关于这一概念，西方国家的传统说法是：即使在没有风险和通货膨胀的情况下，今天1元钱的价值也大于1年以后1元钱的价值，这就是货币的时间价值，即今天的1元钱永远比明天的1元钱要值钱。所以，在不考虑风险因素和通货膨胀的条件下，只要将货币有目的地进行投资，货币在不同时间的价值就不等，它会随时间的推移而发生增值。

现在，西方经济学家一般将货币的时间价值与消费心理因素联系在一起。他们认为，投资者进行投资必然推迟消费，对投资者推迟消费应该给予报酬，这种报酬的量与推迟的时间成正比。因此，单位时间的这种报酬与投资的百分比就是时间价值。

我国关于货币时间价值概念的一般表述：货币时间价值是扣除风险报酬和通货膨胀贴水后的真实报酬率。

银行存款利率、贷款利率、各种债券利率、股票的股利率都可以看作是投资报酬率。它们与货币的时间价值是有区别的，只有在没有风险和通货膨胀的情况下，时间价值才与上述各种报酬率相等。一般在研究时间价值问题时，假定没有风险和通货膨胀，则以利率代表时间价值。本书以此假设为基础。

2.1.2 相关概念

2.1.2.1 单利和复利

货币的时间价值一般都是按照复利的方式计算的。单利和复利是2种计息方法。单利是指只对本金按照规定的利率计算利息，计息期的利息不再累加到本金中重复计算利息，即本金不会增加。复利是指不仅对本金计算利息，而且以前各期的利息也要加到下一期的本金中计算利息，即本金在不断增加，俗称“利滚利”。

2.1.2.2 终值和现值

由于资金具有时间价值，同一笔资金在不同的时间具有不同的价值量，不同时点上的资金量也就不能直接进行比较和计算，因此，必须将其换算到同一时点上才能具有可比性，才能进行比较和计算。把资金换算到同一时点可以采取计算资金现值或资金终值的方法。

终值 是指按照一定的利率来计算的，未来某一时点的资金价值又称本利和。

现值 又称本金，是指未来某一时点上的一定量现金，折合到现在的价值。这一计算过程称为折现，在折现时使用的利息率成为折现率。

2.1.2.3 年金

年金是指在一定时期内等时间等金额的收入或者支出。折旧、利息、租金、保险费等都表现为年金的形式。按照资金收入或支出的时间点的不同，年金可分为先付年金、后付年金（普通年金）、递延年金和永续年金。

先付年金 是指一定时期内每期期初发生等额收入或支出。

后付年金 又称普通年金，是指一定时期内每期期末发生等额收入或支出。此种形式最为多见，故又称为普通年金。

递延年金 在一定时期内，前M期没有收入或支出，后N期每期期末有等金额的收入或支出。

永续年金 是后付年金的特殊形式，是指资金收入或支出没有终止期限的后付年金，如优先股的股利。

2.1.3 计算

2.1.3.1 单利的计算

货币的时间价值一般都是按照复利方式计算的。此处介绍单利的计算是为了更好地理解复利的计算。

这是只按本金计算利息，每期利息并不加入本金中增算利息的一种方法。

设：S——终值，即本利和；

PV——现值，即本金；

I——利息；

i——利率；

n——计息期数。

则：

$$I = PV \cdot i \cdot n$$

$$S = PV + I$$

$$= PV \cdot (1 + i \cdot n)$$

$$PV = \frac{S}{(1 + i \cdot n)}$$

【例2-1】 某饭店存入银行周转性资金100万元，年利率为5%，按照单利计算，3年后终值是多少？

$$S = PV \cdot (1 + i \cdot n)$$

$$= 100 \times (1 + 5\% \times 3)$$

$$= 115 \text{（万元）}$$

2.1.3.2 复利终值和现值的计算

（1）复利终值的计算

复利终值是指现在的一笔资金按照复利计算的在未来的某个时间点的价值。

【例2-2】 某饭店将100万元资金存入银行，银行当期存款利率为10%，按照复利计算，3年后到期本息和是多少？

第一年年初本金：100万元 第一年年末本息和 S_1：$100 \times (1 + 10\%) = 110$（万元）

第二年年初本金：110万元 第二年年末本息和 S_2：$110 \times (1 + 10\%) = 121$（万元）

第三年年初本金：121 万元　第三年年末本息和 S_3：$121\times(1+10\%)=133.1$（万元）

$$S_3=100\times(1+10\%)\times(1+10\%)\times(1+10\%)$$
$$=100\times(1+10\%)^3$$

∴ 复利终值 $S_n=PV\times(1+i)^n$

式中 $(1+i)^n$ 为复利终值系数，可查复利终值系数表获得。

【例 2-3】　某饭店存入银行 10 万元，银行利率为 5%，按照复利计算，5 年后终值是多少？

$$S_n=10\times(1+5\%)^5$$
$$=12.763\text{（万元）}$$

【例 2-4】　某饭店将 100 万元的资金存入银行，当期银行存款利率为 12%，一年复利 1 次，3 年后复利终值是多少？如果一个季度复利 1 次，3 年后复利终值又是多少？

一年复利 1 次：

$$S_n=PV\times(1+i)^n$$
$$=100\times(1+12\%)^3$$
$$=140.49\text{（万元）}$$

一个季度复利 1 次：

$$S_n=PV\times\left(1+\frac{i}{m}\right)^{m\cdot n}$$
$$=100\times\left(1+\frac{12\%}{4}\right)^{4\times3}$$
$$=142.58\text{（万元）}$$

∴ 一期复利 m 次的复利终值：$S_n=PV\times\left(1+\frac{i}{m}\right)^{m\cdot n}$

复利终值与利息率和计息期数成正比。即利息率越高，复利终值越大；计息期数越多；复利终值越大；一定时期内同样利息率，复利次数越多，复利终值越大。例如，半年复利一次的复利终值就大于一年复利 1 次的终值。

当利息在一期内（一般为一年）多次计息，年利率就有了名义利率和实际利率之分。其公布的年利率为名义利率，用 i 表示；按复利次数实际得到的利率称为实际利率，即在一年内实际所得利息总额与本金之比，用 r 表示。实际利率表示每 1 元实际负担的利息额，即

$$\text{实际利率}=\left(1+\frac{\text{名义利率}}{\text{每年计息次数}}\right)^{\text{每年计息次数}}-1$$，或用字母表示如下：

$$r=\left(1+\frac{i}{m}\right)^{m}-1$$

式中　r——实际年利率；

　　　i——名义年利率；

　　　m——每年计息次数。

利用复利终值的计算公式，不仅可以在已知 i 和 n 时计算复利终值，也可以在已知 i 和复利终值时计算 n，或在已知 n 和复利终值时计算 i。

【例2-5】　某饭店计划用1000万元对外投资一项目，预计该项目的投资报酬率为10%，经过多少年能使现有资金增加1倍？

$$S_n=PV\times(1+i)^n$$

$$1000\times2=1000\times(1+10\%)^n$$

$$\Rightarrow(1+10\%)^n=2$$

查复利终值系数表，在 $i=10\%$ 的项目下寻找最接近2的，结果是 $n=7$，对应的复利终值系数是1.9487。

【例2-6】　某饭店现有资金500万元，欲通过投资一项目使其10年后达到原来的5倍，该项目的投资报酬率至少是多少？

$$S_n=PV\times(1+i)^n$$

$$500\times5=500\times(1+i)^{10}$$

$$\Rightarrow(1+i)^{10}=5$$

查复利终值系数表，在 $n=10$ 的项目下寻找最接近5的，结果是 $i=18\%$，对应的复利终值系数是5.2338；$i=17\%$，对应的复利终值系数为4.8068，这2项都接近于5，无法做出判断。于是可以采取更加精确的方法确认 i 的值，即采用插值法来计算。

假设 $i-17\%=x\%$，那么

$$\left.\begin{array}{l}\left.\begin{array}{l}17\%\\ i\end{array}\right\}x\%\\ 18\%\end{array}\right\}1\%\qquad\left.\begin{array}{l}\left.\begin{array}{l}4.8068\\ 5\end{array}\right\}0.1932\\ 5.2338\end{array}\right\}0.427$$

$$\frac{x\%}{1\%}=\frac{0.1932}{0.427}$$

$$\Rightarrow x\approx0.45$$

$$\Rightarrow i=17\%+0.45\%$$

$$=17.45\%$$

（2）复利现值的计算

由复利终值公式可以推出复利现值：

$$PV = S_n \times \frac{1}{(1+i)^n}$$

式中$\frac{1}{(1+i)^n}$为复利现值系数，可查复利现值系数表获得。

【例2－7】 某饭店预计3年后获得2000万元对某项固定资产进行更新，假设投资报酬率为8%，那么该饭店现在应投入多少资金？

$$\begin{aligned}PV &= 2000 \times \frac{1}{(1+8\%)^3} \\ &= 2000 \times 0.7938 \\ &= 1587.6\text{（万元）}\end{aligned}$$

2.1.3.3 年金终值和现值的计算

（1）普通年金终值的计算

普通年金终值是指在每期期末收入或支出的系列等额款项，按照复利计算的未来总价值。即每次收入或支出款项复利终值之和。

【例2－8】 从现在开始每年年末存入银行1000元，银行存款利率为10%，3年后可以从银行取出的本利和是多少？

第一年年末存入的1000元，到第3年年末 $S_1 = 1000 \times (1+10\%)^2 = 1210$（元）

第二年年末存入的1000元，到第3年年末 $S_2 = 1000 \times (1+10\%) = 1100$（元）

第三年年末存入的1000元，$S_3 = 1000$（元）

∴ 普通年金终值：

$$\begin{aligned}S_A &= S_1 + S_2 + S_3 \\ &= 1000 \times (1+10\%)^2 + 1000 \times (1+10\%) + 1000 \\ &= 1210 + 1100 + 1000 \\ &= 3310\text{（万元）}\end{aligned}$$

以此类推，假设每年年末收支额为A，即年金，利率为i，期数为n，则普通年金终值计算公式为：

$$\begin{aligned}S_A &= A + A \times (1+i) + A \times (1+i)^2 + A \times (1+i)^3 + \cdots + A \times (1+i)^{n-1} \\ &= A \times \frac{(1+i)^n - 1}{i}\end{aligned}$$

式中$\frac{(1+i)^n - 1}{i}$称为利率为i，期数为n的年金终值系数，通常用（S/A，i，n）表示。

（2）普通年金现值的计算

普通年金现值是指每期期末收入或支出的系列等额款项，按复利计算的现在价值。即每次收入或支出款项的复利现值之和。

【例2-9】 某饭店计划投入250万元建设一项目，预计从今年开始连续3年每年年末可以获利100万元，当期银行利率为10%，试决策。

第一年年末的100万元，折现：$PV_1 = 100 \times \frac{1}{1+10\%} = 90.9$（万元）

第二年年末的100万元，折现：$PV_2 = 100 \times \frac{1}{(1+10\%)^2} = 82.6$（万元）

第三年年末的100万元，折现：$PV_3 = 100 \times \frac{1}{(1+10\%)^3} = 75.1$（万元）

3年收入的复利现值之和即年金现值 $PV_A = PV_1 + PV_2 + PV_3 = 248.6$（万元）

$\because$ 248.6万元<250万元 　　　$\therefore$ 该项目不可行

依此类推，假设每年收支款项为 A，利率为 i，期数为 n，则年金现值计算公式为：

$$
\begin{aligned}
PV_A &= A \times \frac{1}{1+i} + A \times \frac{1}{(1+i)^2} + A \times \frac{1}{(1+i)^3} + \cdots + A \times \frac{1}{(1+i)^n} \\
&= A \times \frac{1-(1+i)^{-n}}{i}
\end{aligned}
$$

式中 $\frac{1-(1+i)^{-n}}{i}$ 称为利率为 i，期数为 n 的年金现值系数。通常用 $(P/A, i, n)$ 表示。

（3）先付年金终值的计算

先付年金与普通年金的区别在于系列收支款项发生的时点不同，前者在期初，后者在期末。由于后付年金是最常用的，因此，对比 n 普通年金的终值计算公式，可以推导出先付年金终值的计算公式如下：

$$
\begin{aligned}
S_A &= A \times (1+i) + A \times (1+i)^2 + A \times (1+i)^3 + \cdots + A \times (1+i)^{n-1} + A \times (1+i)^n \\
&= A \times \frac{(1+i)^{n+1}-1}{i} - A \\
&= A \times \left[\frac{(1+i)^{n+1}-1}{i} - 1\right]
\end{aligned}
$$

【例2-10】 某饭店计划从现在起连续3年每年年初存入银行100万元，以便在第三年末购买一台新设备，银行存款利率为10%，计算该设备售价。

$$
S_A = 100 \times \left[\frac{(1+10\%)^{3+1}}{10\%} - 1\right]
$$

$$=100\times(4.6410-1)$$
$$=364.1\text{（万元）}$$

(4) 先付年金现值的计算

先付年金现值的计算公式同样可根据普通年金现值的计算公式推导出来。

$$PV_A=A+A\times\frac{1}{1+i}+A\times\frac{1}{(1+i)^2}+\cdots+A\times\frac{1}{(1+i)^{n-1}}$$
$$=A\times\frac{1-(1+i)^{-(n-1)}}{i}+A$$
$$=A\times\left[\frac{1-(1+i)^{-(n-1)}}{i}+1\right]$$

(5) 递延年金终值的计算

递延年金是普通年金的特殊形式，即前 m 期无收支，后 n 期每期期末有等额收支。因此，无论前 m 期有多长，后 n 期的递延年金终值与普通年金的年金终值的计算是一样的。

(6) 递延年金现值的计算

递延年金的现值有2种计算方法。

第一种计算思路是先假设前 m 期每年年末也有等额收支，计算（$m+n$）年的普通年金现值，之后再减去前 m 年的年金现值，余额即是递延年金的现值。其计算公式为：

$$PV_A=A\times\frac{1-(1+i)^{-(m+n)}}{i}-A\times\frac{1-(1+i)^{-m}}{i}$$

第二种计算的思路是先用普通年金的现值计算公式计算后 n 期的年金现值（该现值的时点为后 n 期的第一年年初），之后再用复利现值公式折现到现在。其计算公式为：

$$PV_A=A\times\frac{1-(1+i)^{-n}}{i}\times\frac{1}{(1+i)^m}$$

(7) 永续年金终值的计算

因为永续年金没有终止期限，故永续年金的终值无法计算。

(8) 永续年金现值的计算

永续年金的现值可根据普通年金现值公式推导出来。

$$PV_A=A\times\frac{1-(1+i)^{-n}}{i}$$

$\because n\to+\infty$ 时，$(1+i)^{-n}\to 0$

$\therefore PV_A=\dfrac{A}{i}$

2.1.4　时间价值的应用

在现实的经济生活中，资金时间价值的计算具有非常重要的现实意义，在财务管理中有广泛的用途。正确树立资金时间价值观念，能够帮助企业做出正确的经常决策。在项目投资决策中，资金时间价值观念可以帮助酒店采用合理的投资评价方案，做出正确的投资决策；在证券投资决策中，可以帮助酒店进行债券、股票的估价；在酒店购并时对被购并酒店进行科学的企业价值的评估；在酒店筹集资金时判断资金成本的高低；帮助酒店进行税务筹划、协助确定固定资产租金的高低，等等。

2.1.4.1　在项目投资决策分析中的应用

酒店进行的项目投资，通常是长期的固定资产投资。这种投资具有投入资金时间长，投资金额大，收益缓慢的特点，因此，这种投资会对酒店的经营带来重大的影响。项目投资一旦失败，可能使酒店遭受重创，甚至破产。

由于资金具有时间价值，不同时点上的资金实际经济价值不等，必须对投资项目全过程内的现金流量进行科学预测，并且考虑现金流量发生的不同时点，采用动态评估法来评价投资项目。如果不考虑资金时间价值，而采用静态分析法来评价项目投资，就会忽视从投入到产出这个时间差因素对资金价值带来的影响，使项目投资的分析评价缺乏科学性和合理性。因此，资金的时间价值对投资项目的评价非常关键。具体论述见第 4 章的项目投资决策部分。

2.1.4.2　在证券估价中的应用

资金时间价值在酒店进行资金筹集以及资金投放过程中，对证券的估价具有重要的经济意义。从资金筹集的角度来考虑，如果酒店需要通过发行证券从资本市场上筹集资金，首先要对发行的证券的价格进行确定。一旦定价不准确，不论是偏高和偏低都会对企业的资金筹集活动带来一定的负面影响。从资金投放的角度来观察，如果酒店将资金用于证券投资，证券的价值对于投资人来说非常重要，决定了投资是成功还是失败。

【例 2 – 11】　某酒店拟发行 3 年期债券筹集资金。债券面值 1000 元，票面利率 10%，每年支付一次利息，到期一次还本。发行时市场利率为 8%，发行价格是多少？

债券的发行价格取决于今后的现金流出量，即债券发行人在今后向债券持有人支付的利息与偿还的本金，以及债券期限和市场利率。

$$每年债券利息 = 1000 \times 10\% = 100\ （元）$$

$$\text{债券的发行价格} = 100\times\frac{1}{1+8\%}+100\times\frac{1}{(1+8\%)^2}+100\times\frac{1}{(1+8\%)^3}+1000\times\frac{1}{(1+8\%)^3}$$
$$=100\times0.9259+100\times0.8573+100\times0.7938+1000\times0.7938$$
$$=1051.5\text{（元）}$$

或

$$\text{债券发行价格} = 100\times\frac{1-(1+8\%)^{-3}}{8\%}+1000\times\frac{1}{(1+8\%)^3}$$
$$=100\times2.5771+1000\times0.7938$$
$$\approx1051.5\text{（元）}$$

由于债券发行时市场利率低于票面利率，吸引投资者购买债券，债券可以以高于票面价值的 1051.5 元的价格来发行。如果定价高于 1051.5 元，债券将无法发行，会导致发行失败，无法筹集到相应的资金；如果定价低于 1051.5 元，将会使筹资人的资金筹集数量遭受损失。

2.1.4.3 在企业价值评估中的应用

在现代财务管理理论中，企业财务管理的目标是企业价值的最大化。即通过财务上的合理经营，充分考虑资金时间价值和风险之后，在保证企业长期稳定发展的基础上使企业总价值达到最大。为了达到财务管理的目标，首先需要对企业价值进行衡量。企业价值的大小需要通过市场的评价来确定。企业价值是该企业未来在市场上能够带来的预期收益，可以通过计算其未来现金流量（预期收益）的现值来衡量。

$$\text{企业价值} = \sum_{t=1}^{n}\frac{\text{未来现金净流入量}}{(1+WACC)^t}$$

式中 $WACC$——加权平均资金成本。

对企业价值的衡量在酒店兼并中作用尤其重要。企业自由竞争、优生劣汰的市场经济基本规则已经形成，企业兼并行为也日趋为人们接受。在并购过程中，对被并购酒店的价值评估成为并购的关键。被并购酒店的估价取决于并购酒店对其未来收益的大小和时间的预期，这就需要在考虑货币时间价值的基础上确定酒店未来现金流量的现值。

2.1.4.4 在筹资决策中的应用

旅游企业在资金的筹集过程中，关注焦点往往在于个别资金成本和加权平均资金成本的比较以及风险的衡量。事实上，资金时间价值也应该成为筹资活动考虑的一个关键因素。比如，在选择利息支付方式的时候，资金时间价值就有不可忽视的作用。

【例2－12】 某企业计划从银行取得100万元借款，期限3年，银行借款年利率10%。

如果每年支付一次利息，则需要支付利息的现值为：

$$P_1 = 100 \times 10\% \times \frac{1-(1+10\%)^{-3}}{10\%}$$
$$= 10 \times 2.4869$$
$$= 24.869（万元）$$

如果每半年支付一次利息，则需要支付利息的现值为：

半年的利率为10%÷2＝5%，半年利息为100×5%＝5（万元），3年支付利息的次数为6次。

$$P_2 = 5 \times \frac{1-(1+5\%)^{-2\times3}}{5\%}$$
$$= 5 \times 5.0757$$
$$= 25.3785（万元）$$

可以看到，由于支付利息的频率不同，需要付出的资金总量也不相同，资金时间价值的作用体现其中。

2.1.4.5 在纳税筹划中的应用

既然资金具有时间价值，酒店就应该通过减少前期应税所得额，尽量减少前期所得税的交纳，从而达到降低所得税这笔不等额现金流出量现值的目的。而这一点往往被财务人员所忽视。通过合法、合理调整当期收入和成本费用，降低当期应税所得额，就可以在每期都使一部分所得税推迟交纳，可以认为每期都获得了一笔无息贷款。这样既增加了酒店可使用资金的总量，又帮助酒店具备了长远发展的可能。

除上述之外，利用资金时间价值的计算还可以帮助酒店更好地进行流动资产的管理，协助确定固定资产租金的高低，等等。随着财务管理人员素质的提高，货币时间价值观念也会日益增强。

2.2 风险价值

2.2.1 风险的含义

风险是在一定条件和一定时期内可能发生的各种结果的变动程度，也可以说是未来收益与预期收益的偏离程度。风险是客观存在的，是现代企业财务管理的每一个环节都不可避免地要面对的。人们通常认为风险就是不好的，总是带来损失的，这是对风险的片面理解。实际上，这种偏离可能是未来收益高于预期收益，也可能是未来收益低于预期收益，即机会与危险并存。

在激烈的市场竞争中，由于市场环境的变化和酒店经营决策的变动，酒店的各项财务活动由于难以预料或无法控制的因素作用，实际收益与预计收益之间会发生背离，从而使酒店蒙受经济损失。为此，酒店财务部门和人员不能厌恶风险、躲避风险，而应充分估计酒店可能发生的风险、运用科学的手段衡量和分析风险、采用科学的决策组合尽量规避风险。

2.2.2 风险的类别

从个别投资主体的角度看，风险分为市场风险和企业特有风险 2 类。

(1) 市场风险

市场风险是指那些影响所有企业的因素引起的风险，如战争、经济衰退、国家宏观经济政策的变动、通货膨胀等产生的风险。这类风险会影响所有的投资对象，不能通过多元化投资来分散，因此又称为系统风险或不可分散风险。例如，一个人投资于股票，不论买哪一支股票，他都要承担世界金融危机带来的股票价格不同程度下跌的市场风险。

(2) 企业特有风险

企业特有风险，是指那些由于个别企业的特有事件造成的风险。例如，罢工、新产品开发失败、投资失败、无力偿还债务、诉讼失败等造成的风险。这类风险是随机发生的，因而可以通过多元化投资来分散，因此又称为非系统风险或可分散风险。例如，以个人投资于股票，买几种不同的股票比只买一种要小。

从企业本身来看，风险分为经营风险和财务风险。

(1) 经营风险

经营风险是指生产经营的不确定性带来的风险，它是任何商业活动都有的，也叫商业风险。比如，原材料价格上涨、产品没有销路、设备事故、新技术出现等都会给企业带来一定的风险，这些风险使企业的盈利变得不明确。

(2) 财务风险

财务风险是指因负债筹资带来的风险，也称筹资风险。企业由于举债筹资，需要按照约定支付利息和偿还本金，从而产生还债压力，一旦企业不能按期支付利息或无法偿还本金，不仅信誉受损，还可能面临诉讼或破产的威胁。

2.2.3 风险价值的计量

2.2.3.1 风险与报酬的关系

风险价值或风险报酬是指投资者因冒险进行投资而获得的超过时间价值的额外收益。通常风险越高，投资者要求的风险报酬就越大；风险越低，投资风险报酬相应也越低。在不考虑通货膨胀的情况下，投资报酬率就是时间价值率与风险报酬率之和。货币的时间价值率是无风险的最低报酬率。

因此，风险和期望的投资报酬率之间的关系可以用分式表示为：

期望投资报酬率 = 无风险报酬率 + 风险报酬率（风险价值）

式中，无风险报酬率是最低的社会平均报酬率，也就是时间价值率。风险报酬率是风险 的函数，假设风险报酬率与风险的大小成正比，风险报酬率可以表示为：

风险报酬率 = 风险价值系数 × 风险程度

风险价值系数的大小取决于投资者对待风险的态度，如果愿意冒险，风险价值系数就可定得小一些；反之，如果不愿意冒险，则可将其定得高一些。

2.2.3.2 风险价值的计算

风险价值的计算是一个比较复杂的过程。现只做简单介绍。

（1）确定概率分布

一个事件的概率是指该事件发生可能性大小的数量描述，记为 P_i。事件的概率是客观存在的，它具有以下特点：

- 任何事件的概率不大于1，不小于0，即 $0 \leqslant P_i \leqslant 1$；
- 所有可能结果的概率之和等于1；
- 必然事件的概率等于1，不可能事件的概率等于0。

【例2－13】 某酒店进行一项投资，在不同的情况下，获得的利润额和取得该利润的概率如表2－1所示。

表2－1 概率分布表

可能获得的利润额（X_i）	概率（P_i）	可能获得的利润额（X_i）	概率（P_i）
600万元	20%	50万元	20%
300万元	50%	－200万元	10%

（2）计算投资报酬率的期望值

投资报酬率的期望值是指各种可能的报酬率按其概率加权计算的平均报酬率。它表示在一定风险条件下，期望得到的平均报酬率。其计算公式为：

$$\overline{E} = \sum_{i=1}^{n} X_i P_i$$

式中 $\overline{E}$——投资报酬率的期望值；

X_i——第 i 种可能结果的报酬率；

P_i——第 i 种结果的概率；

n——可能结果的个数。

根据表 2－1 的数据可计算出该投资项目的期望利润为：

$\overline{E}$ = 600 × 20% + 300 × 50% + 50 × 20% + (－200) × 10% = 260（万元）

(3) 计算标准离差

标准离差是各种可能的报酬率偏离期望报酬率的综合差异，是反映离散程度的一种量度，是对投资风险的绝对值的度量，用 δ 表示。通常在期望值相同的情况下，标准离差越大，风险越大；反之，风险越小。标准离差可用下列公式计算：

$$\delta = \sqrt{\sum_{i=1}^{n} (X_i - \overline{E})^2 \times P_i}$$

2.2.4 证券投资组合的风险

证券是指票面载有一定金额，代表财产所有权或债权，可以有偿转让的凭证。证券投资是酒店投资管理的重要组成部分，科学地进行证券投资管理，能增加酒店收益，减少风险，有利于财务管理目标的实现。

投资者在进行证券投资时，一般并不把其所有资金投资于一种证券而是同时持有多种证券，这种同时投资于多种证券的方式，称为证券的投资组合，简称证券组合或投资组合。由于投资组合能够降低风险，因此，绝大多数法人投资者（如工商企业、投资信托公司、投资基金等）都同时投资于多种证券；即使是个人投资者，一般也持有证券的投资组合而不只是投资于某一个公司的股票或债券。所以，酒店财会人员必须了解证券投资组合的风险与报酬率。

证券投资组合的风险可以分为 2 种性质完全不同的风险，即非系统性风险和系统性风险。

2.2.4.1 非系统性风险

非系统性风险又称为可分散风险或企业特有风险，是指某些因素对单个证券造成经济损失的可能性。例如，个别公司工人的罢工、公司在市场竞争中的失败等。这种风险，可通过证券持有的多样化来抵消。即多买几家公司的股票，其中某些公司的股票报酬上升，另一些股票的报酬下降，从而将风险抵消。因而，这种风险也可称为可分散风险。现举例说明如下。

假设 W 和 M 股票构成一个证券组合，每种股票在证券组合中各占50%，它们的报酬率和风险的详细情况如表 2－2 所示。

从表 2－2 可以看出，如果分别持有 2 种股票，都有很大风险，但如果把它们组合成一个证券组合，则没有风险。

表 2－2　完全负相关（$r=-1.0$）的 2 种股票以及由它们构成的证券组合的报酬情况

年（t）	W 股票 K_w	M 股票 K_m	WM 的组合 K_p
2005	40%	－10%	15%
2006	－10%	40%	15%
2007	35%	－5%	15%
2008	－5%	35%	15%
2009	15%	15%	15%
平均报酬率（K）	15%	15%	15%
标准离差（δ）	22.6%	22.6%	0.00%

W 股票和 M 股票之所以能结合起来组成一个无风险的证券组合，是因为它们收益的变化正好成相反的循环——当 W 股票的收益下降时，M 股票的收益正好上升；反之亦然。我们把股票 W 和 M 之间的关系称作完全负相关。这里相关系数 $r=-1.0$。与完全负相关相反的是完全正相关（$r=+1.0$），2 个完全正相关股票的报酬将一起上升或下降，这样的股票组成的证券组合，不能抵消任何风险。

从以上分析可知，当2 种股票完全负相关（$r=-1.0$）时，所有的风险都可以被分散掉；当2 种股票完全正相关（$r=+1.0$）时，从降低风险的角度来看，分散持有股票没有好处。实际上，大部分股票都是正相关，但不是完全正相关，一般来说，随机取 2 种股票相关系数为 +0.6 左右的最多，而对绝大多数 2 种股票而言，r 将位于 +0.5 ~ +0.7 之间。在这种情况下，把2 种股票组合成证券组合能降低风险，但不能消除全部风险，不过，如果股票种类较多，则能分散掉大部分风险，而当股票种类足够多时，几乎能把所有的可分散风险分散掉。

2.2.4.2　系统性风险

系统性风险又称为不可分散风险或市场风险，是指由于某些因素，给市场上所有的证券都带来经济损失的可能性。例如，宏观经济状况的变化、国家税法的变化、国家财政政策和货币政策的变化、世界能源状况的改变等都会使股票收益发生变动。这些风险影响到所有的证券，因此，不能通过证券组合分散掉。换句话说，即使投资者持有的是经过适当分散的证券组合，也将遭受这种风险。因此，对投资者来说，这种风险是无法消除的，故称为不可分散风险。但这种风险对不同的企业也有不同的影响。

不可分散风险的程度，通常用β系数来计量。β系数有多种计算方法，实际计算过程十分复杂，但一般情况下β系数不需投资者自己计算，而由一些投资服务机构定期计算并公布。表2-3列示了美国几家著名公司的β系数，表2-4列示了我国几家上市公司的β系数。

作为整体的证券市场的β系数为1。如果某种股票的风险情况与整个证券市场的风险情况一致，则这种股票的β系数也等于1；如果某种股票的β系数大于1，说明其风险大于整个市场的风险；如果某种股票的β系数小于1，说明其风险小于整个市场的风险。

表2-3　美国几家著名公司的β系数

公司名称	β系数
GENERAL MOTOR（通用汽车公司）	1.00
APPLE COMPUTER（苹果股份有限公司）	1.25
STORAGE TECHNOLOGY（储存科技公司）	1.50
CHRYSLER（克莱斯勒汽车公司）	1.35
IBM（国际商用机器公司）	0.95
AT&T（美国电话电报公司）	0.85
DUPONT（杜邦公司）	1.10

资料来源：VALUE LINE INVESTMENT SURVEY，MAY 31，1991.

表2-4　我国几家上市公司的β系数

股票代码	公司名称	β系数
600886	湖北兴化	0.5905
600887	伊利股份	0.6216
600742	一汽四环	0.7076
600874	渤海化工	1.1660
600871	仪征化纤	1.2528
600872	中山火炬	1.3548

注：本表中所列的β系数为中国人民大学β系数，由中国人民大学金融与证券研究所编制.

资料来源：方芳. 中国证券市场展望. 北京：中国人民大学出版社，1997，94～95.

至此，可以将证券投资组合风险总结如下。

第一，一个股票的风险由2部分组成，它们是可分散风险和不可分散风险。

第二，可分散风险可通过证券组合来降低，而大部分投资者正是这样做的。可分散风险随证券组合中股票数量的增加而逐渐减少。根据有关的统计资料，一种股票组成的证券组合的标准离差 δ_1 大约为28%；由所有股票组成的证券组合称为市场证券组合，其标准离差为15.1%，即 $\delta_m=15.1\%$。因此，如果一个包含40种股票而又比较合理的证券组合，大部分可分散风险都能消除。

第三，股票的不可分散风险由市场变动所产生，它对所有股票都有影响，不能通过证券组合来消除。不可分散风险是通过 β 系数来测量的，一些标准的 β 值如下：

$\beta=0.5$，说明该股票的风险只有整个市场股票风险的一半。

$\beta=1.0$，说明该股票的风险等于整个市场的风险。

$\beta=2.0$，说明该股票的风险是整个市场股票风险的2倍。

2.2.5　证券投资组合的风险报酬

投资者进行证券组合投资与进行单项投资一样，都要求对承担的风险进行补偿，股票的风险越大，要求的报酬就越高。但是，与单项投资不同，证券组合投资要求补偿的风险只是不可分散风险，而不要求对可分散风险进行补偿。因此，证券组合的风险报酬是投资者因承担不可分散风险而要求的超过时间价值的那部分额外报酬，可用下列公式计算。

$$R_p=\beta_p(K_m-R_f)$$

式中　R_p——证券组合的风险报酬率；

β_p——证券组合的 β 系数；

K_m——所有股票的平均报酬率，也就是由市场上所有股票组成的证券组合的报酬率，简称市场报酬率；

R_f——无风险报酬率，一般用政府公债利息率来衡量。

【例2-14】　某酒店持有由甲、乙、丙3种股票构成的证券组合，它们的 β 系数分别是2.0、1.0和0.5，它们在证券组合中所占的比重分别为60%、30%和10%，股票的市场报酬率为14%，无风险报酬率为10%，试确定这种证券组合的风险报酬率。

第一步，确定证券组合的 β 系数：

$$\begin{aligned}\beta_p&=60\%\times2.0+30\%\times1.0+10\%\times0.5\\&=1.55\end{aligned}$$

第二步，计算该证券组合的风险报酬率：

$$
\begin{aligned}
R_p &= \beta_p(K_m - R_f) \\
&= 1.55 \times (14\% - 10\%) \\
&= 6.2\%
\end{aligned}
$$

从以上计算中可以看出，在其他因素不变的情况下，风险报酬取决于证券组合的 β 系数，β 系数越大，风险收益就越大；反之亦然。

2.2.6 风险和报酬率的关系

在西方金融学和财务管理学中，有许多模型论述风险和报酬率的关系，其中一个最重要的模型为资本资产定价模型（Capital Asset Pricing Model，CAPM）。这一模型为：

$$K_i = R_f + \beta_i(K_m - R_f)$$

式中 K_i——第 i 种股票或第 i 种证券组合的必要报酬率；

R_f——无风险报酬率；

β_i——第 i 种股票或第 i 种证券组合的 β 系数；

K_m——所有股票或所有证券的平均报酬率。

【例2－15】 某公司股票的 β 系数为2，无风险利率为10%，市场上所有股票的平均报酬率为15%，那么，该公司股票的报酬率应为：

$$
\begin{aligned}
K_i &= R_f + \beta_i(K_m - R_f) \\
&= 10\% + 2 \times (15\% - 10\%) \\
&= 20\%
\end{aligned}
$$

也就是说，该公司股票的报酬率达到或超过20%时，投资者方肯定进行投资，如果低于20%，则投资者不会购买该公司的股票。

【本章小结】

本章阐述了酒店财务管理的两大基础观念：资金时间价值观念和风险价值观念。介绍了资金时间价值、单利、复利、年金、现值、终值等基本概念，为时间价值的计算打下基础；还重点介绍了时间价值的计算。不同时点上的资金价值不同，必须将不同时点的资金，按照一定的利率计算其终值或现值，将其换算到同一时点上，才能进行比较以及相加、相减的计算。同时介绍了风险价值观念，并简单介绍了采用概率法对风险进行衡量。

【关键性术语】

时间价值、复利、年金、普通年金、先付年金、递延年金、永续年金、现值、终值、风险价值、标准离差。

【思考题】

1. 如何理解资金的时间价值?
2. 学习资金的时间价值有哪些现实意义?
3. 复利和年金有何区别?
4. 风险有哪些类别?
5. 树立风险观念有何现实意义?
6. 如何用概率法来衡量风险?

【计算题】

1. 某酒店计划 5 年后偿还 2000 万贷款，当期银行存款利率为 5%，该酒店每年年末需提存多少偿债基金才能如期还贷?

2. 假设饭店以 10% 的利率借得 200 000 元，投资于某个寿命为 10 年的项目，每年至少要收回多少才有利?

3. 某饭店发行面值为 50 万元、期限为 3 年、月利率为 0.5% 的债券，到期后一次还本付息，当期市场利率为 5%，计算债券的发行价格；如每年支付利息，到期一次还本，债券发行价格应为多少?

4. 某饭店欲添置一台价值 100 万元的机器设备，有 2 种方案可供选择：一是借款 100 万元，三年期，年利率 15%，每年付息，到期还本；二是融资租赁，五年期，每年年末支付租赁费用 25 万元。当期市场利率 10%，请选择。

5. 某旅游饭店购置设备需借款 500 万元，年利率为 10%，建设工期为 3 年，第 4 年投产时开始还款，第 10 年年末还清，平均每年应还款多少?

6. 你打算 6 年后买一套住房，这种户型的住房当前价格为 25 万元，预计房价每年上涨 5%，如果你计划今后 6 年每年年末都存入一笔钱，年收益率为 10%，则每年年末应存入多少钱才能在 6 年后买下那种户型的住房?

【案例分析】

花园酒店的债务偿还

2009 年 1 月 10 日，花园酒店从建设银行获得贷款 1000 万元作为酒店设施的更新改造费。与银行签订的贷款协议规定，贷款年利率为8%，贷款期限为4年，但银行提出可由酒店方选择偿还贷款的方式。为此，该酒店的财务经理正在考虑采用以下哪种方式偿还这笔贷款才对酒店最有利，以便与银行正式签订合同。

银行提出的可供选择的方式有以下4种：

(1) 每年年末支付利息，到期一次还本；

(2) 到期一次性偿还全部本息；

(3) 债务期间每年年末等额偿还本息；

(4) 债务期间除每年年末偿还利息外，按10%偿还本金，余额债务期末一次付清。

【案例思考题】

假如你是该酒店的财务经理，将选用哪种方式偿还这笔贷款？

【本章推荐阅读书目】

1. 酒店业财务管理．马桂顺．清华大学出版社，2005.
2. 旅游企业财务管理．申思，何惠．郑州大学出版社，2006.
3. 饭店业管理会计．Raymond S. Schmidgall．徐虹 主译．中国旅游出版社，2002.
4. 旅游饭店财务管理．徐虹．南开大学出版社，2001.

第3章 酒店筹资管理

学习目标

知识目标： 通过本章的学习，掌握酒店企业筹资的原则、种类、方式；

掌握酒店企业资金需求量的预测；

掌握酒店企业资金筹集的方式与资金成本的确定；

掌握酒店企业资金结构决策。

技能目标： 掌握资金需求量预测的方法；

掌握酒店企业资金筹集的方式与资金成本的计算。

能力目标： 能灵活运用各方面知识和技巧，预测资金需求量，力求节约资金成本，使企业筹资达到最佳资金结构。

【章首案例】

首都旅游股份有限公司筹资收购海南南山文化公司股份

首都旅游股份有限公司（以下简称“首旅”）是由北京首都旅游集团有限责任公司作为主发起人，联合北京城乡贸易中心股份有限公司、清华同方股份有限公司、中国北京全聚德集团有限责任公司、北京昌平区十三陵旅游服务开发总公司四家发起人，经北京市人民政府批准，以发起方式设立的股份有限公司。2000年，首旅股份成功在上海证券交易所挂牌上市，股票代码600258。

首旅股份下辖的分公司有民族饭店、北京展览馆、物业管理等3个分公司，控股子公司有神舟国旅、海南南山文化旅游开发有限公司、神舟投资、京伦饭店、新京伦国际酒店管理有限公司等，参股子公司有首汽股份、清华同方等。其中民族饭店、北京展览馆等是由首旅股份租用首旅集团土地使用权进行经营。神舟国旅原是首旅股份下属企业，系首旅股份上市后用现金购买首旅集团股权而成的控股公司。另外，作为首旅股份发展战略中的一个重要组成部分，公司开始向旅游资源地的开发和经营方向转移，除在海南三亚开发南山文化旅游区外，2003年公司又成功地将位于宁夏回族自治区的沙湖景区收于旗下。这两个投资项目也是公司上市以来的两大重要投资项目。

根据公司提供的2001—2003年的中报和年报中的相关数据，以半年为一个周期，对公司的资产负债率、流动比率进行对比分析，具体数据如下图所示。

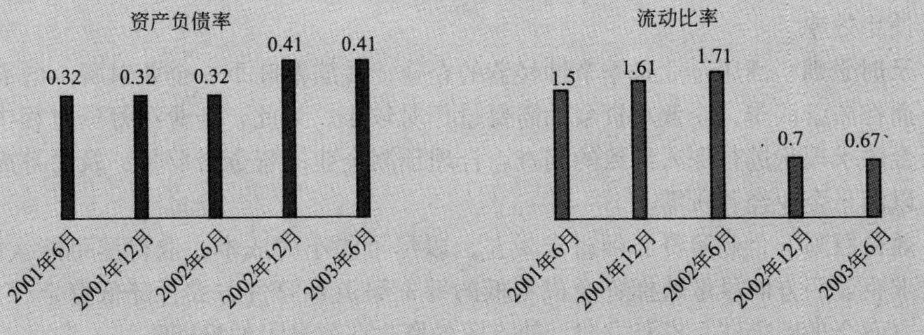

从上图中，我们可以看到，公司的资产负债率在2002年下半年有较大幅度的增加，这主要是因为公司自筹3.3亿元收购海南南山文化公司股份而增加的负债所致，在此负债中，短期负债约占2/3，长期负债约占1/3。由于短期负债的迅速增加，而且公司的流动资产规模也有一定下降，导致公司的流动比率迅速下降，只有0.7左右，这表明公司在短期范围内面临一定的财务风险，在对待债务的问题上需要引起一定的注意。

3.1 酒店资金筹集概述

资金筹集是酒店企业根据经营需要，通过金融市场，采用合理的融资方式，获得企业经营所需资金的一种财务活动。筹集适当的资金是酒店企业生存和发展的基础。对于新创建的酒店企业来说，需要筹集一定量的资金用于购建（如客房、餐厅等）房屋建筑物，需要购买设备设施以及维持企业经营周转的原材料、商品等物资，需要垫付员工薪金，并需要支付企业创建期的各种创办费用；对于现存酒店企业维持正常经营来说，需要筹集一定量的资金用于不断更新固定资产，以维持或扩大企业的经营能力，需要储备足够的原材料、商品并支付职工工资薪金，为客户提供服务，需要及时清偿债务，以维持企业的信誉等。

3.1.1 企业筹资的原则

企业资金筹集需要根据企业经营管理的需要，遵循下列基本原则。

适度原则 企业筹资需要确定合理的资金需要量，要根据企业经营需要合理预测企业资金需要量。资金不足，将会影响企业正常的经营，资金过剩，闲置不用，又会影响企业资金使用效率。所以适度筹资，需要既能保证企业经营需要，又能提高企业资金使用效率。

及时原则 酒店企业是季节性经营的企业，在旅游旺季，企业对资金的需要量较大，而在旅游淡季，企业对资金的需要量相对较小。为此，企业在筹资过程中，需要对资金供求现状进行深入细致的调查，合理预测企业的资金需要量，及时筹措所需资金，以满足企业经营所需。

效益原则 企业筹资必须讲求效益，以尽可能小的成本，取得尽可能大的收益。这要求企业一方面尽量选择资金成本低的筹资渠道和筹资方式，降低资金综合成本；另一方面合理确定资金投资方向，使有限的资金获取最大的投资收益。

结构合理原则 企业筹资必须考虑各种筹资渠道和筹资方式的合理比例结构，注意举债规模与资本结构和偿债能力相适应，避免不应有的财务风险。为此，企业需要从全局出发、从长远出发，合理安排企业的资本结构，既充分利用现有资金，又尽可能在合理的范围内利用社会资金，扩大企业经营规模。

合法原则 企业筹资要遵循国家法律法规，尤其是在向社会筹资时，要严格按国家规定执行，严格申报程序和操作规程，严禁违法筹资，保障国家金融秩序的稳定。

计划原则 企业筹资必须实行计划管理。企业需要首先做出周密详细的计划，预测所筹资金的未来经济效益，确定所筹资金的数额、使用方向、使用时间、资金使用预计收益、还本付息时间等，以保证所需资金顺利获得。

3.1.2 企业筹资的种类

企业可以依据不同的标准，对筹资进行分类。

(1) 按筹资的使用时间分为短期筹资和长期筹资

短期筹资是企业为了满足经营过程中临时资金需要而筹集的资金，筹资期限较短，一般在1年以内。

长期筹资是企业为了长期发展所需筹集的、使用期限较长（一般在1年以上）的资金。

将企业资金筹集划分为短期筹资和长期筹资，有利于企业的经营周转和长期发展需要，决定所筹资金的使用和偿还，并制定相应的财务政策。

(2) 按筹资对象的范围分为内部筹资和外部筹资

内部筹资是企业向有关投资者筹集的资金，又称权益筹资。

外部筹资是企业向外部有关金融和非金融机构、个人等筹集的资金，又称债务筹资。

(3) 按筹资的形态分为实物筹资、货币筹资和无形资产筹资

实物筹资是企业筹集的、以实物形式投入企业的资产，主要有固定资产和存货。

货币筹资是企业筹集的、以货币形式投入企业的资产，包括本币和外币。

无形资产筹资是企业筹集的、以无形资产形式投入企业的资产适合企业使用的资金形态。

3.1.3 企业筹资的渠道

酒店企业作为市场经济中的一类经济实体，其筹集资金的渠道主要有金融机构、非金融机构、社会居民、企业内部4种。

3.1.4 企业筹资的方式

筹资方式是指企业筹措资金所采用的具体形式和工具。企业筹资管理的重要内容是如何针对客观存在的筹资渠道，根据企业的性质和类型选择合适的筹资方式，并有效地进行筹资组合，降低资金成本，提高筹资效益。我国企业筹资方式主要有吸收直接投资、发行股票、银行借款、商业信用、发行债券、租赁筹资等。

3.2 酒店资金需要量的预测

企业在筹资之前，必须用特定的方法来预测其所需要资金的数量。只有根据预测的资金需要量筹集资金，才能够既保证满足生产经营的需要，又不会有太多的资金闲置。资金需要量的预测方法主要有两大类：定性预测法和定量预测法。

3.2.1 定性预测法

定性预测法主要是利用直观的材料，依靠个人经验的主观判断和分析能力，对未来资金的需要量做出预测。这种方法一般是在企业缺乏完备、准确的历史资料的情况下采用。因此，定性预测法又称为经验法或判断分析法。其一般程序：首先由熟悉企业财务情况和生产经营的专家，根据过去所积累的经验，进行分析判断，提出预测的初步意见，然后通过召开座谈会，对上述预测的初步意见修正补充，再得出最终的预测结果。

定性预测法的特点：计算工作量较少，主要根据人们积累的实际经验和掌握的科学知识进行判断。在实际工作中应用较少。

3.2.2 定量预测法

定量预测法，又称数量分析法，是指在完整掌握与预测对象有关的各种要素定量资料的基础上，运用现代数学方法进行数据处理，据以建立能够反映有关变量之间规律性联系的各类预测模型的方法。

3.2.2.1 销售百分比法预测资金追加需要量

资金追加需要量预测是指预测由于业务量的增加而必须相应增加的需要量，是企业现有资金的增加部分。资金追加需要量应等于资金需要总量扣除一些自然性筹资额和内部筹资额。

所谓自然性筹资额，是指因企业生产经营过程中，由于结算关系而形成的资金来源。所谓内部筹资额，是指企业留用利润和计提折旧所形成的资金来源。

资金追加需要量=资金需要总量-自然性筹资额-内部筹资额

在预测资金需要量时，我们可采用销售收入与资金总量之间的依存关系。实际上资金占用的各种形式都可能与销售收入有这种依存关系。而且销售收入的变化，也会引起利润和内部筹资额的变化。下面举例说明运用完整的销售百分比预测法来进行资金追加需要量的预测。

【例3-1】 某酒店企业2010年度实际的有关资料如下。

第一，2010年实际损益简化形式（见表3-1）。

表3-1 2010年实际损益

单位：元

项目	金额	占销售收入的百分比
销售收入	9 375 000	100
减：销售成本及费用	7 031 250	75
销售利润	2 343 750	25
减：期间费用	656 250	7
营业利润	1 687 500	18
减：所得税（25%）	421 875	4.5
税后利润	1 265 625	13.5

第二，2010年实际的资产负债表简化形式（见表3-2）。

表3-2 2010年实际的资产负债

单位：元

项目	金额	占销售收入的百分比	项目	金额	占销售收入的百分比
资产：			负债：		
货币资金	56 250	0.6	应付账款	1 650 000	17.60
应收账款	1 500 000	16	应付费用	126 000	1.344
存货	1650 000	17.60	长期负债	400 000	—
固定资产净值	2 850 000	30.40	所有者权益：		—
			实收资本	3 600 000	—
			留用利润	280 250	
合计	6 056 250	64.60	合计	6 056 250	18.944

第三，该酒店企业2011年预计销售收入14 000 000元，税后利润的留用比例为60%。

第四，该酒店企业2010年固定资产生产能力已经饱和，增加销售需要追加固定资产投资。预计 2011 年度计提折旧额为 400 000 元，其中 40% 用于更新改造。

试根据上述资料，对 2011 年度酒店企业需要追加的外部资金量进行预测。

预测过程如下：

第一步，分析确定损益表中各项目与销售收入的百分比，编制 2011 年度预计损益表（见表 3 - 3）。

表 3 - 3　2011 年度预计损益

单位：元

项　目	2010 年实际数	占销售收入的百分比	2011 年度预计数
销售收入	9 375 000	100	14 000 000
减：销售成本及费用	7 031 250	75	10 500 000
销售利润	2 343 750	25	3 500 000
减：期间费用	656 250	7	980 000
营业利润	1 687 500	18	2 520 000
减：所得税	421 875	4.5	630 000
税后利润	1 265 625	13.5	1 890 000

第二步，分析资产负债表中敏感项目与非敏感项目。

在资产负债表中，一部分项目与销售收入存在一定的依存关系，这些项目称为敏感项目，包括敏感资产和敏感负债。敏感资产一般包括货币资金、应收账款、存货；至于固定资产，则要看 2011 年固定资产生产能力是否饱和，若生产能力已饱和，固定资产也应作为敏感资产。敏感负债一般包括应付账款、应付费用等；其余的项目，如投资、长期负债、实收资本等都是非敏感项目。

从表 3 - 2 可以看出，该企业销售收入每增长 100 元，敏感资产将增加 64.60 元。这样每实现 100 元销售所需的资金量，可由敏感负债解决 18.94 元。这里敏感负债的增加是自动的，属于自然性筹资。每百元销售所需要资金与敏感负债的差额 45.656（64.60 - 18.944）表明销售每增长 100 元而需追加的资金净额。在本例中，销售增长 4 625 000 元（14 000 000 - 9 375 000），需净增资金来源 2 111 590 元（4 625 000 × 0.45 656）。

第三步，采用预测公式预测追加的外部筹资额。预测公式列示如下：

$$\text{需要追加的外部筹资额} = (VS)\sum\frac{RA}{S} - (VS)\sum\frac{RL}{S} - VRE - D$$

$$= VS\left(\sum\frac{RA}{S} - \sum\frac{RL}{S}\right) - VRE - D$$

式中　Σ——连加符号；

V——变动符号；

VS——预计年度销售额；

$\sum\frac{RA}{S}$——基年敏感资产总额除以基年销售总额；

$\sum\frac{RL}{S}$——基年敏感负债总额除以基年销售总额；

VRE——预计年度留用利润增加额；

D——预测期计提折旧。

运用简化公式，可直接计算出上例中该企业 2011 年需追加的外部筹资额为：

$$VF = 64.6\% \times 4\ 625\ 000 - 18.944\% \times 4\ 625\ 000 - 1\ 890\ 000 \times 60\% - 400\ 000\ (1 - 40\%)$$

$$= 737\ 590\ (元)$$

销售百分比预测法的主要优点是能为财务管理提供短期预计的财务报表，以适应外部筹资需要，且易于使用。其缺点：它假定预测年度非敏感项目、敏感项目及其销售的百分比均与基年保持不变，倘若存在固定比率的假定失实，则据以预测就会存在较大误差。因此，在有关因素发生变动的情况下，必须相应地调整。

3.3 酒店资金的筹集

酒店企业筹集资金可以通过自有资金筹资和借入资金筹资 2 种方式进行。自有资金筹资方式主要有留存收益、吸收直接投资、发行股票等几种。借入资金筹资方式主要有发行债券、长期借款、短期借款、融资租赁、商业信用等几种。

3.3.1 自有资金的筹集

自有资金筹资所筹集到的资金能增强企业的偿债能力，而且支付报酬的方式较为灵活，通常是企业经营状况好，支付的报酬多；企业经营状况不好，则可以少支付甚至是不支付报酬，有利于降低企业的财务风险；但自有资金筹资支付的报酬由于是在税后支付的，一般资金成本较负债融资高，而且股权过于分散，原股东容易丧失对企业的控制权。

3.3.1.1 吸收直接投资

吸收直接投资是指企业以协议等形式吸收国家、其他企业、个人和外商等直接投入的资金，形成企业资本金的一种筹资方式。吸收直接投资不以股票为媒介，适用于非股份制企业。它是非股份制企业筹措自有资本的一种基本方法。

(1) 吸收直接投资的种类

吸收国家投资 是国有企业自有资金的主要来源，主要是国家财政拨款形成的国家资本金。

吸收法人投资 是指吸收企业、事业单位等法人的直接投资。目前主要是指法人单位在进行横向经济联合和相互之间购买股票的投资。

吸收个人投资 是指吸收企业内部职工和社会个人的直接投资，由此形成个人资本金。个人投资具有与法人投资相同的目的，即参与企业的利润分配，而且参加投资的人数较多，但每人投资的数额相对较少。

吸收外商投资 是指外国投资者以及我国港、澳、台地区投资者投入的资金。

(2) 吸收直接投资的形式

吸收直接投资主要有以下几种形式。

吸收现金投资 企业有了货币资金，可用以购置各种资产，支付各种费用，比较灵活方便。因此，企业应尽量动员投资者采用现金方式投资。外国公司法或投资法对现金投资在资金总额中的份额一般都有规定。我国《有限责任公司规范意见》中规定，现金出资不得少于公司法定注册资本最低限额的50%。其他各种组织形式的企业，需要在投资过程中由出资各方协商确定。

吸收实物投资 即投资者以房屋、建筑物、设备等固定资产和材料、燃料、产品等流动资产作价投资。一般来说，企业的实物投资应符合以下条件：① 确系企业生产、经营所需；② 技术性能良好；③ 作价公平、合理。

无形资产投资 是指投资者以专利权、商标权、商誉、非专利技术、土地使用权等无形资产作价投入的资本。我国现行法律规定，企业吸收无形资产投资比例一般不得超过注册资本的20%，但特殊情况除外。

(3) 吸收直接投资的优缺点

吸收直接投资的优点：① 吸收直接投资所筹集的资金属于企业的自有资金，能增强企业的资信和借款能力，对扩大企业规模、壮大发展实力具有重要意义；② 出资形式多种多样，不仅可以筹取现金，而且能够直接获得所需要的先进设备和技术，有利于尽快形成生产能力，开拓市场；③ 吸收直接投资的财务风险较低，企业根据自己的经营状况向投资者支付报酬，支付多少与企业经营状况的好坏存在直接的关系，比较灵活。

吸收直接投资的缺点：① 吸收直接投资通常成本较高，因为向投资者支付的报酬是根据其出资数额和企业经营状况的好坏来确定的，所以在企业盈利多时，支付资金成本较高；② 吸收直接投资不利于产权流动；③ 吸收直接投资由于没有证券做媒介，产权关系有时不清晰，也不便于进行产权交易。

3.3.1.2 股票筹资

发行股票筹资是股份公司获取自有资金的基本方式。股票是股份公司发给股东证明其在公司投资入股并借以取得股息的一种有价证券，它代表持股人在公司中拥有的所有权。公司股东作为出资人按投入公司的资本额享有所有者的资产受益、公司重大决策和选择管理者的权利，并以其所持股份为限对公司承担责任。由于股票持有者从发行股票的股份公司那里获得一定的股息收入，因此，股票属于有价证券，可以在资本市场上自由转让和流通。

(1) 股票的特征

无期性 指股票投资的长期性。投资者一旦购买某一公司的股票，一般不能在中途随意要求退股。

风险性 指股票投资存在一定风险。股票一般不能退还本金，若发行股票公司经营亏损甚至破产，或股票市价波动，便形成股票投资的风险。

流通性 指企业股票作为一种有价证券，在资本市场上可以自由转让和流通。股票具有较强的变现性，其流通促进了社会资金的合理配置和高效利用。

参与性 指股票的持有者具有参与股份公司股利分配和承担有限责任的权利和义务。股东拥有权利义务的大小取决于其拥有公司股票数额的比例。比例越大，权利和义务越大。

(2) 股票的基本种类

股份公司根据投资者对风险的承受能力及需要，发行各种不同的股票，采用不同的方法和标准可将股票进行不同的分类。

股票按股东的权利和义务分类 股票按股东的权利和义务划分为普通股和优先股股票。普通股股票是公司发行的，代表着股东享有平等的权利、义务，不加特别限制，股利不固定的股票。普通股是最基本的股票，是公司资本中的基本部分，当公司只发行一种股票时，通常是普通股。

利用普通股筹资有以下优点。

第一，普通股没有固定的费用负担。公司对普通股没有一定支付股利义务。如果公司盈利，董事会认为可以支付股利，就宣布分配和支付股利；如果盈利少，或公司内部扩大经营需要资金，可以少付或不付普通股股利。这样，当公司财务状况不佳时，对公司的压力较小。

第二，普通股易于销售，筹资速度快。因为普通股的预期收益一般高于优先股和债券。同时，普通股代表公司资产的所有权，在通货膨胀的情况下，公司不动产的增值会使普通股的价值也随之提高，使投资者的投资得到保值，减少货币贬值造成的损失。

利用普通股筹资有以下不利之处。

第一，削弱原有股东对公司的控制权。由于普通股具有表决权，增加普通股就会使部分控制权转移给新股东。同时，普通股份增加以后，表决权分散，不易控制。

第二，普通股筹资成本高。利用普通股筹集资金，虽无财务风险，但是购买分散，筹资费用高，股利支出较多，因而其成本比采取其他方式筹资要高。

第三，发行过多的普通股，如果公司的盈利不能成正比例增加，则会使税后得利有更多的股份分享，降低每股获利能力进而会对股票的市场转卖价格产生不良影响，特别是在股票市价跌落时会加剧跌落。

优先股股票是公司发行的优先于普通股股东分取股利和公司剩余财产的股票，多数国家公司法规定，优先股可以在公司设立时发行，也可以在本公司增发新股时发行。但有些国家的法律则规定，优先股只能在特殊情况下，如公司增发新股时才准发行。

利用优先股筹资有以下优点。

第一，不会削弱原有股东的控制权。优先股股东没有表决权，不参加公司的经营管理，增发优先股对原有股东的权益没有影响，不会削弱原有股东的控制权。同时，权益资本的扩大，提高了企业未来借款的能力，为企业未来增加资金创造了条件。

第二，优先股的股利是固定的，具有财务杠杆作用。

第三，如果企业经营状况不佳，出现亏损时，企业可以停发股息而不会导致公司面临破产或法律清偿的后果，与负债相比，风险小。

利用优先股筹资有以下不利之处。

第一，与债券相比，优先股股息在税后支付，增加了企业所得税负担，因而筹资成本较高。

第二，优先股的股息一般情况下是固定的，当企业盈利较少时，仍要支付较高的股息（比普通股的红利高）。

股票按票面有无记名分类　股票按票面是否记名分为记名股票和无记名股票。

记名股票是在股票上记载股东姓名或名称的股票。对各种股票要同时附发股权手册，股东只有同时具备股票的股权手册才能领取股利。

我国《公司法》规定，公司向发起人、国家授权投资的机构、法人发行的股票，应为记名股票；向社会公众发行的股票，记名与无记名都可以。记名股票的转让、继承，必须办理过户手续。

无记名股票是在股票上不记载股东姓名或名称的股票，股东姓名或名称一般也不计入公司的股东名册，只记载股票数量、编号及发行日期。凡是持有无记名股票的人，即成为公司的股东。无记名股票转让、继承无需办理过户手续，只需将股票交给受让人，即成为公司的股东，实现股权的转移。

股票按票面是否标明面值分类 股票按票面是否标明金额划分为有面值股票和无面值股票。

有面值股票 是指股票票面上标明一定金额的股票，如股票票面上标明 100 元、200 元等。股票面值的主要功能是确定每股股票在公司中所占的份额。我国公司法规定，股票应当标明票面面值。

无面值股票 是指股票票面上不标明每股金额的股票。无面值股票仅表示每一股东在公司全部股本中所占有的比例，亦称“股份”，其价值随公司财产价值的增减而增减。在企业经营过程中，股份的实际价值与股票发行时的价值往往不一致，应根据股票股权来确定股份的实际价值。

股票按投资主体分类 可分为国家股、法人股、个人股和外资股。

股票按发行时间的先后分类 分为始发股和新股。

始发股是公司建立之初发行的股票。新股是公司增资时发行的股票。始发股和新股的股东在权利、义务上是一致的。

股票按发行对象和地区分类 股票按发行对象和上市地区划分为 A 种股票、B 种股票和 H 种股票，简称 A 股、B 股、H 股。

A 股股票即人民币股票，供我国个人或法人买卖，以人民币标明票面价值并以人民币认购和交易。

B 股即人民币特种股票，以人民币标明票面值，供外国和我国港、澳、台地区的投资者以外币认购和交易。B 股在上海、深圳两地的证券交易所挂牌上市。

H 股和 B 股相似，但 H 股在香港上市。

(3) 股票发行价格

股票的发行价格是股票发行时所使用的价格，也就是投资者认购股票时所支付的价格。股票发行价格通常由发行公司根据股票面额、股市行情和其他有关因素决定。以募集设立方式设立公司首次发行的股票价格，由发起人决定，公司增资发行新股的股票价格，由股东大会做出决议。

股票的发行价格一般有 3 种。

等价 就是以股票的票面额为发行价格，也称为平价发行。这种发行价格，一般在股票的初次发行或在股东内部分摊增资的情况下采用。等价发行股票容易推销，但无从取得股票溢价收入。

时价　也称市价，即以公司原发行同种股票的现行市场价格为基准来选择增发新股的发行价格。选用时价发行股票，考虑了股票的现行市场价值，可促进股票的顺利发行。美国已完全推行时价，德国、法国也经常采用。

中间价　是取股票市场价格与面额的中间值作为股票的发行价格。例如，某种股票的现行市价为60元，每股面额为45元，如果发行公司按每股52元的价格增发该种新股票，就是按中间价发行。显然，中间价兼具等价和时价的特点。

选择时价或中间价发行股票，可能属于溢价发行，也可能属于折价发行。溢价发行是指按超过股票面额的价格发行股票；折价发行是指低于股票面额的价格发行股票。如属溢价发行，则发行公司获得发行价格超过股票面额的溢价款列入资本公积金。

按照国际惯例，股票通常采取溢价发行或等价发行，很少折价发行，即使在特殊情况下折价发行，也必须施加严格的折价幅度和时间等限制。我国《公司法》规定，发行股票可以等价发行，也可以溢价发行，但不得折价发行。在美国，很多州规定折价发行股票为非法行为。

3.3.2　借入资金的筹集

借入资金融资的利息是在税前支付的，资金成本相对较低，当企业投资收益率大于负债筹资利息率时，扩大负债融资的比率，能扩大企业自有资金利润率，同时负债筹资能使股东保留对企业的控制权；但负债筹资需要定期偿还本金和利息，财务风险较高，而且筹资时受限制的条款较多，筹资额有限。

3.3.2.1　短期银行借款

向银行短期借款，是短期筹资的最主要的方式。短期银行借款是指借款期限不超过1年的借款。按借款的目的、用途，目前我国短期借款分为周转借款、临时借款、结算借款等。

按照国际惯例，短期银行借款按是否提供担保，可分为担保贷款和无担保贷款2种。担保贷款是必须有担保物作为担保的贷款。这主要是对一些信用不好，财务状况不佳的企业贷款时所采取的措施，在企业不能履行义务时，银行有权出售担保物，以获得贷款的偿还。无担保贷款是没有担保物做担保的贷款。这种贷款银行一般是对规模较大、信誉较好的企业提供的。

（1）短期银行借款的成本

按照国际惯例，短期银行借款的利率会因借款企业的类型、借款金额及时间的不同而有所不同。例如，银行向信用好、贷款风险低的企业只收取较低利率；而向信用差、贷款风险高的企业则收取较高的利率。由于贷款形式不同，利息支付方式不同，会导致名义利率和实际利率存在极大差异。因此，在考虑借款的成本时，仅仅考虑名义利率是不够的，必须重视实际利率。短期借款实际利率计算方法除单利法外还有以下几种。

贴现法 如果银行给予企业的是贴现贷款，则企业在借款时实际得到的借款数额小于其举借的数额。这样会提高贴现借款的实际利率。在贴现利率的情况下，银行预先扣除贷款的贴现息，而以贷款面值与贴现利息的差额贷给企业。

【例3-2】 某酒店从银行取得借款10 000元，期限1年，年利率（即名义利率）8%，利息额为800元（10 000×8%）；按照贴现法付息，酒店实际可利用的贷款为9200元（10 000-800），该项贷款的实际利率为：

$$\frac{800}{10\ 000-800}\times 100\% \approx 8.7\%$$

加息法 加息法是银行发放分期等额偿还贷款时采用的利息收取方法。在分期等额偿还贷款的情况下，银行要将根据名义利率计算的利息加到贷款本金上，计算出贷款的本息和，要求企业在贷款期内分期偿还本息之和的金额。由于贷款分期均衡偿还，借款企业实际上只平均使用了贷款本金的半数，却支付全额利息。这样企业所负担的实际利率便高于名义利率大约1倍。

【例3-3】 某酒店向银行借款名义利率为8%，期限1年的短期借款10万元，采用分期偿还方式，酒店每月归还贷款本金的1/12。则其实际利率计算为：

$$\frac{10\times 8\%}{10\div 2}\times 100\% = 16\%$$

补偿余额法 如果银行要求企业保持补偿性余额，就会提高借款的实际利率，其计算公式为：

$$\text{实际借款利率} = \frac{\text{利息费用}}{\text{借款金额}-\text{补偿性余额}}\times 100\%$$

（2）短期银行借款筹资的优缺点

短期银行借款与其他短期筹资方式和长期借款相比，具有一定的优点，主要是：① 筹资效率较高，企业获得短期借款所需时间要比长期借款短得多，因为银行发放长期贷款前，通常要对借款企业进行比较全面的调查分析，花费时间较长；② 筹资的弹性大，借款企业可以按需要随时借款，在现金充裕时及早偿还，便于企业灵活安排。但突出的缺点是成本较高。

3.3.2.2 长期借款

长期借款指企业向银行或其他非银行金融机构借入的使用期超过1年的贷款，主要用于购建固定资产和满足长期流动资金占用的需要。

（1）长期借款的种类

长期借款的种类很多，各企业可根据自身的情况和各种借款条件选用。我国目前各种金融机构的长期借款主要有以下 3 种方式。

第一，按照用途分为固定资产投资借款、更新改造借款、科技开发和新产品试制借款等。

第二，按提供贷款的机构分为政策性银行贷款、商业银行贷款等。

第三，按有无担保分为担保贷款和无担保贷款。

（2）取得长期借款的条件

我国金融部门对企业发放贷款的原则是：按计划发放、择优扶植、有物资保证、按期归还。企业申请贷款一般应具备的条件是：① 独立核算、自负盈亏、有法人资格；② 经营方向和业务范围符合国家产业政策，借款用途属于银行贷款办法规定的范围；③ 借款企业具有一定的物资和财产保证，担保单位具有相应的经济实力；④ 具有偿还贷款的能力；⑤ 财务管理和经济核算制度健全，资金使用效益及企业经济效益良好；⑥ 在银行设有账户，办理结算。

（3）长期借款的优缺点

长期借款的优点　① 借款所需时间较短。长期借款的手续比发行债券简单得多，得到借款所花费的时间较短。② 借款成本较低，利用长期借款筹资，利息可以在税前支付，因而可减轻企业利息负担，比股票筹资成本要低得多。同债券相比，如果借款数额小，则成本比债券低。③ 借款弹性大。公司与银行可以直接接触，可通过直接商谈来确定贷款的时间、数量和利息。在借款期间，如果公司的情况发生了变化，也可与银行再进行协商，修改借款数量及条件，这比与债券持有人协商要方便得多。

长期借款的缺点　① 风险大。与债券一样，必须定期还本付息，在企业经营不利时，可能会产生不能偿付的风险。② 限制条件较多。银行长期借款都有许多限制条款，这些条款可能会限制企业的活动或影响今后筹资的能力。③ 筹资数量有限。银行一般不愿借巨额的长期借款。当财务状况不好时，借款很困难，有时甚至根本不可能借到款。

3.3.2.3　商业信用

商业信用是指商品交易中的延期付款或预收货款而形成的借贷关系，是企业之间的一种直接信用行为。它是企业短期资金的重要来源。商业信用是由商品交换中货与钱在空间上和时间上的分离而产生的。在西方一些国家里，90% 的商品销售方式是商业信用。在我国，随着商品经济的不断发展，商业信用也正迅猛发展，已经成为企业短期筹资的一种重要方式。

（1）商业信用的主要表现形式

应付账款 买卖双方发生商品交易，买方收到商品后不立刻支付现金，可延至一定时期以后付款。在这段时间内，等于买方向卖方借了钱。这种方式可以弥补企业暂时的资金短缺，对于出售单位来说，也有利于把商品推销出去。但买方并不提供正式的具有法律效力的借据，卖方仅以买方签发的订货单和交易时产生的发票、账单为收款收据。买卖双方分别在会计账簿上记录“应付账款”和“应收账款”，完全依靠企业之间的信用来维护。一旦买方资金紧张，就会造成拖欠。所以采用这种方式，卖方要对买方的信用和财务状况做充分的了解后才能提供。

应付票据 是企业进行延期付款商品交易时开具的表明债权债务关系的票据。卖方要求买方开出正式的商业汇票，卖方也可自己开出，但必须由买方承诺在未来一定日期偿还贷款。双方依此票据作为债权债务的法律依据。在会计账簿和资产负债表上，买方列为“应付票据”，卖方列为“应收票据”。采用商业汇票，可以起到约期结算、防止拖欠的作用。

预付货款 是指销货企业按照合同或协议规定，在交付货物之前向购货单位预先收取部分或全部货款的信用形式。它等于销货单位向购买单位先借一笔款，然后用商品归还，这是另一种典型的商业信用形式。通常购买单位对于紧俏商品愿意采用这种形式，以便取得期货。对于生产周期长、售价高的商品，如电梯、轮船等，生产者经常要向订货者分项预收货款，以缓和本企业资金占用过多的矛盾。

（2）商业信用筹资的优缺点

商业信用筹资的优点 ① 非常方便，容易取得。商业信用是一种“自然性筹资”，伴随商品交易产生，无需另外办理正式筹资手续。② 成本相对较低。如果没有现金折扣，或者企业不放弃现金折扣，以及使用不带息应付票据，则企业采用商业信用筹资不发生实际成本。③ 限制条件较少。

商业信用筹资的缺点 ① 期限较短。② 在放弃现金折扣时所付出的成本较高。

3.3.2.4 发行债券

债券是经济主体为筹集资金而发行的，用以记载和反映债权、债务关系的有价证券。由企业发行的债券称为企业债券或公司债券。这里所说的债券，指的是期限超过1年的公司债券，其发行目的通常是为建设大型项目筹集大笔长期资金。

（1）债券的分类

公司债券有很多种形式，大致分类如下。

按发行方式分为记名债券和不记名债券 记名债券是在债券名册上登有债务人姓

名，凭名册姓名偿还本金或支付利息，债券转让时要办理过户手续。不记名债券是债券上没有姓名，凭券还本付息，流动转让无需过户。

按有无担保分为抵押债券和信用债券　抵押债券是以企业的不动产、证券等做抵押而发行的债券，如不能按期还本付息或破产清算，可以抵押物拍卖补偿。信用债券是无抵押物担保，全凭公司良好的信誉而发行的债券。

按能否转换为公司股票分为可转换债券和不可转换债券　若公司债券能转换为公司股，为可转换债券。反之，为不可转换债券。一般来讲，前种债券的利率要低于后种债券。按照我国《公司法》规定，发行可转换债券的主体只限于股份有限公司中的上市公司。

按利率的不同分为固定利率债券和浮动利率债券　将利率明确记载于债券上，按这一固定利率向债权人支付利息的债券，为固定利率债券。债券上明确利率，发放利息时利率水平按某一标准（如政府债券利率、银行存款利率）的变化而同方向调整的债券，为浮动利率债券。

按照偿还方式分为到期一次债券和分期债券　发行公司于债券到期日一次集中清偿本金的，为到期一次债券。一次发行而分期、分批偿还的债券为分期债券。

按能否上市分为上市债券和非上市债券　可在证券交易所挂牌交易的债券为上市债券。反之，为非上市债券。上市债券信用度高，价值高，且变现速度快，故而较吸引投资者。但上市条件严格，并要承担上市费用。

（2）债券发行价格

由于资金市场上的供求关系及利率的变化，有时债券的价格会与面值相背离，会高于或低于面值，但差额通常不会很大。因此，债券发行的价格有 3 种：等价发行、溢价发行、折价发行。等价发行是按债券面值发行；溢价发行是以高于债券的面值发行；折价发行是以低于债券的面值发行。

（3）债券的发行方式

企业债券发行方式有委托发行和自行发行。

委托发行即委托银行、投资公司或其他金融机构向社会公众发行债券。委托发行主要有代理发行、承销发行和包销发行 3 种形式。企业自行发行是指不经过金融机构，由债券发行的公司直接配售给投资个人和单位。这种发行没有承销人，可节约发行费用，手续简便，资金收取快。但这样做的最大缺点是工作量很大，风险也很大，发行的范围不够广泛。

（4）发行债券的优缺点

发行债券集资的优点　① 资金成本较低。利用债券集资的成本要比股票集资的成本低。这主要是因为债券的发行费用较低，利息在税前支付。② 保证控制权。债券持有人无权干涉公司的管理事务，如果现有股东担心控制权旁落，可采用债券集资的办法控制。③ 财务杠杆作用。不论公司赚钱多少，债券持有人只有收回固定的、有限的收入，而更多的收益可用于分配给股东，增加其财富，或留归企业以扩大经营。

发行债券集资的缺点　① 风险高。债券有固定的到期日，并定期支付利息。利用债券集资要承担还本、付息的义务。在公司营业不景气时，向债券持有人还本付息，会给公司带来更大的困难。② 限制较多。发行债券的契约书中往往有一些限制条款，这种限制比优先股及短期债券严得多，可能会影响公司的正常发展和以后的筹资能力。③ 筹资的有限性。利用债券集资有一定的限度，当公司的负债比率超过了一定程度后，债券集资的成本迅速上升，有时甚至会发行不出去。

3.3.2.5　融资租赁

租赁按其目的划分，可以分为经营性租赁和融资性租赁。

经营性租赁通常是一种短期租赁，它是以满足承租人临时使用资产的需要为目的而发生的租赁业务，又称服务租赁或营运租赁。在这种租赁方式下，承租人租入资产的目的仅仅是为了满足生产经营上短期的、临时的或季节性的需要，而不在于融通资金。但从承租人无需先筹资再购买设备而直接可享有设备使用权的角度来看，经营性租赁也有短期筹资的功效。

融资租赁通常是一种长期租赁，是指出租人按照签订的租赁合同或协议，购置承租人需用的资产，并将其租赁给承租人长期使用。承租人可在资产的大部分使用寿命期内，获得资产的使用权，最终可以获取所租赁的资产所有权，也称为“财务租赁”。

(1) 融资租赁的特点

- 融资性租赁不仅能获得租赁的使用权，而且租赁期满租赁资产的所有权可以归承租方；
- 租赁期长，一般是所租赁的资产大部分使用寿命的75%左右；
- 一般由承租人亲自挑选，然后由出租人代为购买；
- 租赁合同比较稳定，在租赁期内，承租人必须连续缴纳租金，未经双方同意，中途不得退租；
- 由于资产所有权可能发生转移，出租人一般不提供保养、维修、人员培训等服务。

(2) 融资租赁筹资的优缺点

融资租赁筹资的优点　① 迅速获取所需资产。租赁往往比借款后购置资产更迅速、更灵活。因为租赁是筹资与设备购置同时进行，可以缩短设备的购进、安装时间，使企业尽快形成生产能力，有利于企业发展。② 租赁筹资限制较少。企业运用股票、债券、长期借款方式筹资，都受到相当多的限制条件制约，而租赁筹资没有太多的限制。③ 保存企业的借款能力。利用租赁等筹资并不会使企业负债增加，不会改变企业的资本结构，不会直接影响承租企业的借款能力。④ 租金在整个租期内分摊，不用到期归还大量资金。⑤ 租金费用可在税前扣除，承租企业能享受税收上的优惠。⑥ 避免设备陈旧过时的风险。随着科学技术的不断进步，设备陈旧过时的风险很高，而产权租赁协议规定由出租人承担，承租企业可避免这一风险。

融资租赁筹资的缺点 ① 成本较高。这是租赁筹资的主要缺点，租金总额占设备价值的比例一般要高于同期银行贷款的利率。承租企业在经济不景气、财务困难时，固定的租金支付成为沉重的财务负担。② 难于改良资产。承租企业未经出租人同意，不得擅自对租赁资产加以改良。

企业筹资是需要综合考虑各种因素、权衡利弊的复杂过程，企业需要正确选择筹资渠道、比较各种筹资方式的利弊，使筹资成本尽量降低、筹集资金及时到位、资本结构逐步优化，并尽量避免所有权或控制权发生变更。

3.4 酒店资金成本

资金成本是指资金使用者为筹集和占用资金支付给资金所有者的报酬和资金筹集费用，称为筹集和使用资金而付出的代价。付给资金所有者的报酬指资金时间价值和投资风险报酬，如利息、股息、资金占用费等，即资金占用成本。资金筹集费用指资金使用者，在筹集资金过程中（如发行债券、股票）所支付的代办费、印刷费、注册费和银行贷款的手续费等，即筹资成本。

资金成本是资金使用者筹集资金权衡资金效益的标准和最低界限。为了便于对比分析，通常用资金成本率表示。资金成本率是指企业使用资金所负担的费用同筹集资金净额的比率，其基本公式为：

$$K=\frac{D}{P-F}\times 100\%$$

式中 K——资金成本率；

P——筹集资金总额；

D——占用成本（利息/股息）；

F——筹资成本（代办费/注册费/手续费）。

资金成本按成本习性来划分，有变动资金成本和固定资金成本。变动资金成本指与筹资金额、占用时间有直接联系的资金成本，如利息、股息等；固定资金成本指一般不与筹资金额、占用时间直接相联系的资金成本，如委托银行筹资的代办费、注册费（向银行借款的手续费）等。按筹集资金的渠道和方式来划分，有内部资金成本、借入资金成本、产权资金成本等。内部资金成本指企业内部集资的资金成本；借入资金成本主要是银行借款、发行债券的资金成本；产权资金成本主要是发行股票的资金成本。

3.4.1 资金成本的作用

(1) 资金成本是选择资金来源、确定筹资方式的依据

企业从不同的来源渠道取得资金，其成本是不同的。不同来源组合与构成，综合资金成本也是不同的。为了以尽可能低的代价筹集资金，企业在筹资时，就必须分析各种资金来源成本的高低，并合理地加以配置，尽可能选择单项或综合成本最低的筹资方式进行筹资组合。因而，资金成本就成为选择筹资方式、安排筹资来源的重要依据。

(2) 资金成本是评价投资项目是否可行的重要尺度

以投资收益（报酬）率与资金成本率相比较，如果投资项目预期的投资收益率大于资金成本率，则为可取；反之，如果小于资金成本率，则为不可取。所以，西方国家把资金成本率称为“取舍率”。

(3) 资金成本可作为评价企业经营成果的依据

从企业全局来看，资金成本还可以作为评价企业经营成果的依据。企业最低限度的收益率应该是综合资金成本率，如果低于这个水平就表明企业经营必须改善。

(4) 资金成本有引导社会资金流向的作用

从宏观经济管理来说，资金成本有引导社会资金流向，合理配置社会资金的作用。如国家财政、银行等部门根据资金市场的供求情况，运用调整利率等手段，适时调整资金成本以调节资金的供求，控制社会资金的流向和流量，实现社会资金的优化配置和有效运用。

3.4.2 资金成本的计算

企业资金来源的渠道不同，其资金成本也不同，为了比较不同资金来源的资金成本的高低，可以按税后资金成本来比较。下面介绍几种主要资金来源的资金成本率的计算方法。

3.4.2.1 银行贷款资金成本率

银行贷款基本上没有筹资费用，通常银行贷款的资金成本就是指利息，因而资金成本率可用贷款利率来表示。因为贷款利息进入产品成本或商品流通费，在税前扣除，抵消了一部分应税收益，企业实际负担的资金成本低于贷款利率。为了调整其课税影响，使其同其他资金成本有可比性，计算银行贷款资金成本率时，应将它换算为税后成本。其计算公式为：

$$C_{(借款)} = i(1-T)$$

式中 $C_{(借款)}$——银行贷款资金成本率；

i——贷款利率；

T——所得税率。

3.4.2.2 长期债券成本率

企业发行长期债券资金成本需要支付债券利息和债券发行费用。发行债券通常要事先规定债券利率。根据我国现行企事财务制度规定，债券利息也从税前利润中支付。债券资金成本率计算公式为：

$$C_{债券} = \frac{I(1-T)}{Q(1-F)}$$

式中 $C_{(债券)}$——债券资金成本率；

I——债券总额中每年利息支出；

T——所得税率；

Q——债券发行总额；

F——筹资费用率。

【例3-4】 某酒店平价发行长期债券300万元，筹资费用率为2%，债券利息率为13%，所得税率为25%，则长期债券成本率为：

$$长期债券资金成本率 = \frac{300 \times 13\% \times (1-25\%)}{300 \times (1-2\%)} \approx 9.95\%$$

3.4.2.3 优先股资金成本率

优先股股东比普通股股东有优先分配股息的权利，且股息是确定的。在法律上，优先股票的地位仅次于债券而优于普通股票。企业发行优先股需要支付股息和筹资费，如注册费、代销手续费等。股息是从税后净利中支付，因此，优先股资金成本率的计算公式如下：

$$C_{(\text{优先股})} = \frac{D_P}{P_P(1-F)}$$

式中 $C_{(\text{优先股})}$——优先股资金成本率；

D_P——优先股总额的每年股息支出额；

P_P——优先股股金总额；

F——筹资费用率。

【例 3-5】 某酒店发行优先股，股票面额为 500 万元，筹资费用率为 4%，年股息为 15%，则优先股资金成本率为：

$$\text{优先股资金成本率} = \frac{500 \times 15\%}{500 \times (1-4\%)} = 15.63\%$$

3.4.2.4 普通股资金成本率

普通股资金成本与优先股一样，包括股息和筹资费 2 部分。确定普通股成本率的方法，基本与优先股相同，但普通股的股利不固定，一般是逐年增长的，如果每年以固定比率增长，则普通股资金成本率可在优先股资金成本的基础上，加上普通股股息增长率，用下列公式表示：

$$C_{(\text{普通股})} = \frac{D_A}{P_A(1-F)} + G$$

式中 $C_{(\text{普通股})}$——普通股资金成本率；

D_A——下一年发放的普通股总额的股利；

P_A——普通股股金总额；

F——筹资费用率；

G——普通股股利每年增长率。

【例 3-6】 某酒店发行普通股股票面额 400 万元，筹资费用率为 2.5%，下一年的股利率为 14%，预计以后每年增长 3%，则普通股资金成本率为：

$$\text{普通股资金成本率} = \frac{400 \times 14\%}{400 \times (1-2.5\%)} + 3\% = 17.36\%$$

3.4.2.5 内部积累资金的资金成本率

企业税后利润的一部分要用于生产经营，以发展生产和扩大商品流通，形成了企业内部的资金来源，追加了投资。这部分资金从表面上看，似乎没有成本，但所有者对这一部分追加投资也要求给予相应的报酬，所以企业对这项资金并非无偿使用，也应计算资金成本。因为如果把这部分资金投放到别的企业或用于别的用途，将会获得一定的收入。这些收入就是企业放弃对外投资所丧失的潜在利益，相当于资金的一种成本，不过这种成本不需要实际支付，人们通常又称它是一种机会成本。通常以银行存款利率或资金再投资所获得的报酬率作为资金成本率。采用银行存款利率或资金再投资所获得的报酬率作为资金成本率，只是具有与各种资金成本比较以求标准统一的作用，不难看出，它是企业筹资的各种资金来源中最低的资金成本。

3.4.2.6　企业综合加权平均资金成本的计算

企业的资金来源是多渠道的，在有些情况下，需要考虑各种筹资的综合资金效益，需要计算各种筹资方案的综合加权平均资金成本率，将综合资金收益率与综合平均资金成本率相比较，如其差额为正值，说明企业筹资可以获得经济效益。正差越大，经济效益越大，筹资方案越可取；反之，则不可取。

企业综合加权平均资金成本率的计算公式如下：

$$\overline{C} = \sum_{i=1}^{n} W_j C_j$$

式中　$\overline{C}$——加权平均资金成本率；

W_j——第 j 种资金来源占全部资金的比率；

C_j——第 j 种资金来源的资金成本率。

【例 3－7】　某酒店的资金来源渠道有 5 种：银行贷款、发行债券、发行优先股、普通股及其他来源。从各种渠道筹资的数额分别为 300 万元，200 万元，250 万元，150 万元，100 万元，总额为 1000 万元的资金成本率分别为 10%，12%，13%，11%，8%。问该企业的综合资金成本率为多少？

该酒店资金成本的计算如表 3－4 所示。

表 3－4　某酒店资金成本

长期资金来源	资金成本率（%）	筹资数额（万元）	比重（%）	加权平均资金成本率
银行贷款	10	300	30	3
长期债券	12	200	20	2.4
优先股	13	250	25	3.25
普通股	11	150	15	1.65
其他来源	8	100	10	0.8
合计	—	1000	100	11.1

也可直接用公式计算如下：

$\overline{C}=10\% \times 30\% +12\% \times 20\% +13\% \times 25\% +11\% \times 15\% +8\% \times 10\% =11.1\%$

计算结果，该企业的综合资金成本率为11.1%。

企业综合资金成本的高低取决于个别资金成本的高低和各种渠道筹资数额占资金总额的比重。因此，企业在选择筹资渠道时，除了单项资金成本尽可能降低以外，还要考虑提高低资金成本率的比重，从而使综合资金成本率降低。

3.5 酒店资金结构决策

资金结构是指企业各种资金的构成及其比例的关系，是企业筹资决策的核心问题。在筹资决策中，企业应确定最佳资金结构，并在以后追加筹资中继续保持最佳结构。通常情况下，企业资本结构是否科学合理，直接决定企业资金成本率的高低，并直接影响企业筹资和投资风险的大小。若企业现有的资金结构不合理，则应通过筹资活动来调整，使其达到最优化。

3.5.1 财务杠杆

财务管理中的杠杆原理，是指由于固定成本（包括生产经营方面的固定成本和财务方面的固定成本）的存在，当业务量发生比较小的变化时，利润会产生比较大的变化。这种由于杠杆原理而产生的收益称为杠杆利益，但同时又存在一定相关的风险。资金结构决策就需要在杠杆利益与其相关的风险之间进行合理的权衡。这里将主要分析财务杠杆及筹资风险的关系，为资金结构决策打下基础。

(1) 财务杠杆的含义

无论企业息税前利润为多少，债务的利息和优先股的股息是固定不变的。当息税前利润增大时，每一元利润所负担的固定财务费用就会相对减少；反之，当息税前利润减少时，每一元利润所负担的固定财务费用就会相对增加。这样就会很大程度上减少普通股的利润。这种由于固定财务费用的存在，使普通股每股利润的变动幅度大于息税前利润的变动幅度的现象，叫财务杠杆。

运用财务杠杆，企业可以获得一定的财务杠杆利益，同时也承受一定的财务风险，这可以用财务杠杆系数来表示。

(2) 财务杠杆的计算

财务杠杆利益是指利用债务筹资这个杠杆给企业股东或企业所有者带来的额外收益。具体分析见表3-5。

表 3－5　财务杠杆利益分析

单位：万元

息税前利润	债务利息	所得税（25%）	税后利润
2	2	0	0
2.4	2	0.1	0.3
3	2	0.25	0.75
4	2	0.5	1.5

由表 3－5 可见，在资金结构一定、债务利息保持不变的条件下，随着息税前利润的增长，税后利润将以更快的速度增长。当然，与经营杠杆不同，财务杠杆影响的是企业的税后利润。

（3）财务杠杆与筹资风险

筹资风险是指与企业筹资相关的风险，尤其指利用财务杠杆导致公司股东或企业所有者收益变动的风险，其至可能导致企业破产的风险。由于财务杠杆的作用，当息税前利润下降时，税后利润下降得更快，从而给企业带来筹资风险。

影响筹资风险的主要因素有：① 资本供求变化；② 利率水平变动；③ 获利能力的变化；④ 资金结构的变化，即财务杠杆利用程度。其中，财务杠杆对筹资风险的影响最大。企业所有者要想获得财务杠杆利益，需要承担由此引起的筹资风险，因此，必须在财务杠杆利益与筹资风险之间做出合理选择。

（4）财务杠杆系数

财务杠杆系数又称财务杠杆程度，它是指普通股每股税后利润变动率相当息税前利润变动率的倍数，也就是每股利润的变动对息税前利润变动的反应程度。筹资风险的大小及其给企业带来的杠杆利益程度，通常用财务杠杆系数来加以衡量。财务杠杆系数越大，表明财务杠杆作用越大，筹资风险也就越大；财务杠杆系数越小，表明财务杠杆作用越小，筹资风险也就越小。财务杠杆系数的计算公式为：

$$财务杠杆系数=\frac{每股利润变动率}{息税前利润变动率}$$

或

$$=\frac{息税前利润}{息税前利润-利息}$$

$$DFL=\frac{EBIT}{EBIT-I}$$

式中　DFL——财务杠杆系数；

$EBIT$——息税前利润；

I——债务利息。

【例3-8】 某企业全部资本为300万元，负债比率为40%，负债利率为10%，当销售额为200万元时，息税前利润为40万元，则财务杠杆系数为：

$$DFL = \frac{40}{40 - 300 \times 40\% \times 10\%} \approx 1.43$$

上述结果表明：当该企业的息税前利润增加1倍时，每股利润将提高1.43倍。反之，当该企业的息税前利润降低1倍时，每股利润也将降低1.43倍。

在有优先股的条件下，由于优先股股利通常也是固定的，但应在税后利润支付，因此上述公式应为：

$$DFL = \frac{EBIT}{EBIT - I - PD/(I - T)}$$

式中 PD——优先股股利；

T——所得税税率。

从财务杠杆系数的计算公式可知，当资金结构、利率、息税前利润等因素发生一定变化时，财务杠杆系数也会变动，从而不同程度地影响财务杠杆利益和筹资风险。

3.5.2 最佳资金结构标准

所谓最佳资金结构，是指企业在一定时期使其综合资金成本最低，同时企业价值最大的资金结构。根据资本结构理论分析来看，企业最佳资本结构是存在的，在资本结构的最佳点上，企业的加权平均资金成本达到最低，同时企业的价值达到最大。

3.5.3 资金结构决策的方法

资金结构决策的方法分为两大类：一是定量分析法；二是定性分析法。定性分析方法是企业财务人员在进行定量分析的同时，首先要认真考虑影响资金结构的各种因素，并根据这些因素通过财务人员的判断，来确定企业资金结构的一种方法，是以定量分析方法为基础的。定量分析法可以采用比较资金成本法。

比较资金成本法是通过计算不同的资金组合的综合资金成本，并以其中资金成本最低的组合为最佳的一种方法。它以资金成本的高低作为确定最佳资金结构的唯一标准。其操作过程为：第一步，确定不同筹资方案的资金结构；第二步，计算不同方案的综合资金成本；第三步，选择资金成本最低的资金组合，即最佳资本结构。

【例3-9】 某酒店拟筹资组建一分公司，投资总额为500万元，有3个方案可供选择。其资金结构分别是，甲方案：长期借款50万元、债券100万元、普通股350

万元；乙方案：长期借款 100 万元、债券 150 万元、普通股 250 万元；丙方案：长期借款 150 万元、债券 200 万元、普通股 150 万元。3 种筹资方案所对应的资金成本分别为 6%，10%，15%，试分析何种方案资金结构最佳。

首先，计算各方案的综合资金成本。

甲方案的综合资金成本为：

$$\frac{50}{500}\times 6\% + \frac{100}{500}\times 10\% + \frac{350}{500}\times 15\% = 13.1\%$$

乙方案的综合资金成本为：

$$\frac{100}{500}\times 6\% + \frac{150}{500}\times 10\% + \frac{250}{500}\times 15\% = 11.7\%$$

丙方案的综合资金成本为：

$$\frac{150}{500}\times 6\% + \frac{200}{500}\times 10\% + \frac{150}{500}\times 15\% = 10.3\%$$

其次，根据计算结果，选择最佳筹资方案为丙方案，其综合资金成本最低。

应当看到，资金结构决策是企业财务决策中一项比较复杂的内容。上述方法直接以加权平均成本高低为依据，虽然考虑了资金成本，但不够全面，没有考虑资金结构弹性、财务风险大小及其相关成本等因素。因此，企业在进行资金结构决策时，要权衡利弊，统筹安排，并结合其他筹资方法最终合理地选择筹资方案。

【本章小结】

本章结合酒店企业的经营特点，主要阐述了：① 酒店筹集的基本知识，包括资金筹集的原则、种类、渠道、方式；② 在资金筹集过程中首先需要合理预测资金的需求量，其次需要选择合理的筹资方式；③ 资金成本是酒店筹资的代价，酒店筹资必须以尽量保证资金成本最低为原则。本章还阐述了各种不同筹资方式的资金成本的计算方法以及酒店采用多种筹资方式的综合资金成本的客观评价。

【关键性术语】

资本金、资金成本、资金结构、最佳资金结构。

【思考题】

1. 企业筹资的基本原则是什么？
2. 简述股票的特征及种类。
3. 什么是融资租赁？它与经营租赁有什么不同？
4. 什么是资金成本？资金成本有什么作用？

5. 不同资金来源的资金成本如何计算？

6. 什么是资金结构？最佳资金结构的衡量标准是什么？

【计算题】

1. 某酒店股份有限公司批准平价发行公司债券面额100元，年息为12%，平均每张债券发行费用为0.55元，所得税率为25%。假设该酒店又打算发行优先股，票面总额为100万元，筹资费用为1.5万元，年股息率为12.5%。计算债券的资金成本率，若酒店平均资金利润率为15.6%，分析发行该债券是否合算？计算优先股的资金成本率。

2. 某饭店欲筹集资金400万元建一项目，预计年投资利润率为10%。资金来源是向银行借款100万元，期限5年，利率为0.5%，筹资费用为4万元；平价发行债券300万元，债券利率15%，期限5年，每年付息一次，到期还本，发行费用率为2%，所得税税率为25%。试决策。

3. 某饭店投资6000万元，资金来源为自有资金3600万元，借入资金2400万元，预计投资息税前利润率为16%，借款年利率为10%。计算该饭店的自有资金利润率和财务杠杆率。

【案例分析】

上海锦江国际发展股份有限公司的筹资计划

上海锦江国际发展股份有限公司（以下简称“锦江国际”）是由上海新亚集团联营公司改制而成的。1993年6月，上海新亚集团联营公司以定向募集方式设立上海新亚集团股份有限公司，1994年11月，又改制为社会募集股份有限公司，发行B股1000万股，并于同年12月15日在上海交易所上市交易，1996年10月11日，公司A股2500万股在上海交易所上市交易。通过“送转股”、内部职工股上市、增发和股权分置等方式，截至2006年12月31日，公司总股本达到60 324.07万股，流通A股44 724.07万股，其中实际流通A股12 885.16万股，限售流通A股31 838.91万股；流通B股15 600万股。

“锦江国际”是国内酒店业的龙头企业，其经营范围涉及宾馆、餐饮、食品生产及连锁经营、旅游、国际贸易、物业管理、商务咨询、技术培训、工程设计、摄影、汽车出租。其中宾馆、餐饮、食品生产及连锁经营、旅游等为核心业务。截至2006年12月，“锦江国际”投资、加盟和管理的星级酒店总数达到92家，经济型酒店65家。2006年度，酒店投资业务、酒店管理业务及连锁餐饮业务的毛利率分别达到81.84%、92.33%、46.95%。

1. 行业发展趋势和市场竞争格局

2002年中国加入WTO之后，北京和上海又分别成功取得了2008年北京奥运会和2010年的世博会的举办权，中国与各国的经济文化交流将会更广泛、更深入。中国稳定的社会环境和丰富的旅游资源，持续吸引着世界各国的客人。1990~2006年间，我国城镇居民人均可支配收入年平均增长率为14.29%；农村人均纯收入年平均增长率为11.48%，我国居民收入不断提高，节假日增多以及带薪休假制度的执行，国内旅游呈现不断增长的趋势。根据国家有关部门统计，2006年我国入境旅游人数1.25亿人次，比上年增长15.945%。据预测，我国出入境旅游、国内旅游和商务旅游等市场仍会适度增长。可见公司所处行业发展趋势良好。

"锦江国际"近几年一直致力于提高投资效益、产业规模和竞争能力，这些举措给公司的发展提供了条件。但市场竞争也正在加剧，一些国际酒店集团将其发展战略的重点放在中国，国内酒店集团的发展步伐纷纷加快，公司在管理、品牌、网络、人才等方面的核心竞争力受到越来越大的挑战。

2. 公司战略规划

公司确立了"国际化、品牌化、市场化"的发展战略，以专业化的星级酒店管理为核心业务和发展方向，并通过投资"锦江之星"旅游有限公司和上海锦江国际旅馆投资有限公司分享经济型旅馆的发展成果，继续拓展连锁中西快餐的投资经营，进一步提升公司的核心竞争力，保持本公司在国内同行业市场的领先地位，实现公司价值最大化。

为实施上述发展战略，公司2005年第一次临时股东大会做出决议，拟将若干酒店资产增资于上海锦江国际旅游投资有限公司，并继续对旗下酒店投资业务进行整合，择机转让与酒店管理业务不匹配的酒店资产，转让所得用于收购酒店品牌、酒店管理公司及网络建设等。通过上述资产及业务的进一步整合，公司于控股股东之间的分工协作关系将更加明晰，酒店集团将会更专注于发展酒店资产投资及经济型旅馆等业务。

3. 公司2007度经营计划

在酒店管理业务方面，2007年公司将继续推进酒店管理公司规模化和国际化进程。年内新签管理合约不少于2000间客房；强化酒店品牌建设，同意和强化成员酒店品牌形象；实施"忠诚客户计划"，培养、扩大锦江品牌忠诚客户群；深化酒店标准和运作体系的建设与推广，继续在酒店推广实施品牌手册、核心标准；实现中央预订系统的全面应用，加大锦江酒店电子商务网站的推广力度；发挥锦江专业培训资源优势，强化酒店管理人才培养和储备。

在连锁餐饮业务方面，公司将继续发展中西快餐业务，上海"肯德基"将通过网络规划、优化布局，探索小店模式，持续开发新产品等方式，继续保持市场领头羊的地位；"新亚大家乐"将通过关店调整与新开网点并进的方式，狠抓质量、提升品牌，逐步开拓长三角市场、争取年内扭亏为盈；"吉野家"将集中力量确保新店铺开发，强化组织系统，提升营运品质；"静安面包房"将建立标准，尝试特许加盟业务，引进国内先进技术和管理方法，提升品牌形象。

在股权投资方面，做好武汉锦江国际大酒店的试运营工作；积极关注公司参股的长江证券有限责任公司被石家庄炼油化工股份有限公司以新增股份方式吸收合并的进程，做好相关工作。

4. 2006年公司经营战略所需的资金、使用计划及资金来源情况

公司预计在2007年需要投入5000万~10 000万元资金，主要用于控股酒店的更新改造、连锁餐饮门店新建及管理资源的投入等。这些资金来源渠道主要是自有资金和银行贷款。

【分析提示】

1. 股权融资。在股权融资中，对公司法人和股份持有人进行“双重纳税”，即股利要从税后盈余中支付。从控制权看，公司的管理结构将因新股东的加入而受到很大影响，导致控制权分散。因为，新增股东固然使得公司增加了可运用的资金，但同时也增加了分配公司利润的基数。而且新股东分享公司未发行新股前积累的盈余，转移部分股息和红利的收益会降低股票的每股净收益，从而可能引发股价下跌。

2. 银行贷款。从融资主动权看，企业在银行融资活动中，各种融资条款包括融资方式的选择、融资数量的多少、期限的长短、利率的高低，都要与银行进行长时间的谈判，最终由银行对企业借款申请审核后决定，主动权掌握在银行手里；我国银行贷款利率一般高于债券利率，因此融资成本相对较高。若是担保贷款或贷款按季付息，则需要支付的费用更高。

【案例思考题】

1. 通过本案例说明股权融资和银行贷款的特点。

2. 为上海锦江国际发展股份有限公司设计筹资10 000万元的筹资方案。

【本章推荐阅读书目】

1. 现代财务管理精华读本. 王建华. 安徽人民出版社，2002.

2. 企业财务管理. 于沛. 中国商业出版社，2004.

3. 财务管理. 袁建国. 东北财经大学出版社，2005.

第 4 章

酒店投资管理

学习目标

知识目标： 了解投资的意义、分类、基本原则；
掌握企业投资的基本原则、种类；
掌握酒店企业项目投资的基本方法与运用；
掌握酒店企业证券投资基本理论与决策。

技能目标： 酒店企业项目投资静态分析与动态分析指标运用；
掌握债券价值与股票价值的计算。

能力目标： 能灵活运用投资指标，进行项目投资分析与决策。

【章首案例】

产权式酒店的投资选择

由“中信国安集团”投资30亿元人民币历时13年建造的“天下第一城”位于河北省香河县，占地244hm^2，总建成面积36万m^2。始建于1992年，于2001年全面投入使用。包括旅游、商业、餐饮、会议、娱乐、休闲等。其建筑以明清两代北京城为蓝本，将老北京的城廊微缩过来，内九外七的城楼、城墙均按明代京城1:1修建，设有建国门、安定门、永定门等城楼，只是将城墙长度缩短，并改为内部两层的空腹长廊，作为客房、餐厅、办公场所，其设计由当初的老一辈建筑大师为其提纲。整个建筑外观古朴典雅、气势恢宏。截至目前，“天下第一城”的商业、餐饮、能容纳3000人的大型会议中心、影视拍摄以及娱乐休闲设施已全部投入使用，在售的只有部分产权式酒店。

据了解，“天下第一城”的产权式酒店于2003年开始销售，并提出了一种个人投资理财模式。即每份投资10万元，投资期限最低3年，最长8年，在投资期限内，投资者每年可获得6%的现金回报和2.3%的消费代金卡，现金回报每半年一返。投资期满，投资者如不选择继续投资，即可以与当初购买时同等的价比同时转售给经营公司。

4.1 酒店企业投资概述

酒店企业筹集资金的目的是为了将资金投资出去，获得投资报酬。酒店为了保证自身在激烈的市场竞争中生存下去，并不断获得发展，不断创造财富，需要将资金投放于一定的人、财、物上以获得相应的资金流入。这就是酒店企业的资金投放，也是酒店企业的投资活动。

4.1.1 投资的定义

投资是指以收回投入资金并取得收益为目的的资金流出。酒店企业的每一项资产都是酒店企业资金的占用，也就是“投资”，都要从中取得回报，使酒店企业获利。对投资活动的管理是酒店企业财务管理的核心，是酒店企业进行资金筹集的目的。酒店企业投资项目的成败，极大地影响着酒店企业的经营，甚至可以说影响到酒店企业的生存。

4.1.2 投资的分类

酒店企业投资按不同的标准，分类也不同。

（1）按照投资回收时间的长短，可以分为短期投资和长期投资

短期投资，指能够随时变现并且持有时间不准备超过 1 年的投资，如存货投资、短期有价证券投资。在酒店企业经营过程中会出现现金流入大于现金流出的情况，这时就会出现资金的闲置，闲置的资金可以增强偿债能力，但却降低了酒店企业的盈利能力，解决办法之一就是购买短期有价证券。在国外，短期有价证券投资是一种最基本的短期投资方式。在我国，随着证券市场的健全和完善，这种投资方式将成为酒店企业投资的重要形式。

长期投资，指短期投资以外的投资，如固定资产投资、无形资产投资、长期有价证券投资。就长期有价证券投资而言，如债券，有的到期期限较长，可以长达数十年之久，普通股票则根本没有到期的时间。在进行长期投资分析时，不仅要考虑投资的收益率和风险，还要从多种角度分析，做出最优的投资决策。

（2）按照资金投放的范围，可以分为对内投资和对外投资

对内投资是指将资金投放于酒店企业内部，以保证酒店企业正常的生产经营。包括流动资产投资、固定资产投资。对外投资是指酒店企业以现金、实物、无形资产或有价证券等方式向其他单位的投资。

对外投资的目的很多，但根本目的还是追求利益。随着酒店企业横向经济联合的开展，对外投资越来越重要。

（3）按照与酒店企业业务经营的关系，可以分为直接投资和间接投资

直接投资是酒店企业将资金投放于生产，从事经营，以获取利润的投资。

间接投资，又称证券投资，是指酒店企业将资金投放于证券等金融市场，获得利息或股利收入的投资。目前，我国规范的证券投资起步较晚，规模和数量有限，投资方式多以直接投资为主，直接投资约占整个投资的 6 ~ 7 成。

（4）按照不同投资之间是否相关，可以分为独立投资、互斥投资和相关投资

独立投资是在众多的投资项目中，只能选择一个项目。各个投资项目的现金流是独立的，不具有相关性，并且任何一个投资项目的采用与否都不影响其他投资项目的采用，因此，独立投资项目的投资决策就是比较选择最优项目。

互斥投资是指投资项目之间存在互不相容、互相排斥关系，或说“有你无我”的关系。相关投资是指必须依赖于其他项目的实施而存在的投资项目。

酒店企业的投资活动是为了更好地通过投资活动所获得的利益（包括股利和利息的获得，取得对另一企业的控制权等），来达到日常生产经营活动所不能达到的效果，为扩大再生产提供资金或其他方面的条件。

4.2 酒店企业项目投资

项目投资是对特定项目所进行的一种长期投资活动。主要是指对固定资产的投资，分为以新增生产能力为目的的新建项目投资和以恢复或改善生产能力为目的的更新改造项目投资两大类。

酒店企业是固定资产密集型行业，固定资产投资金额很大，通常占到总投资额的80%左右。相比之下，许多制造业公司的固定资产大约仅占其总资产的30%。固定资产投资是酒店企业的资本支出，固定资产投资金额较大，投资回收期较长，对建设期间的收支及其建成投产后的收支和盈亏都会产生较大的影响。因此，酒店企业固定资产投资的情况直接影响酒店企业的发展速度、获利能力，固定资产投资决策是酒店企业具有长远意义的战略性决策。所以，在进行固定资产投资前，要对投资方案进行可行性分析，选择最有利的投资方案，以最小的投入和最低的风险获得最大的收益。

4.2.1 项目投资的特点

项目投资是企业内部的长期投资，进行投资决策之前，首先要了解项目投资的特点。固定资产是酒店重要投资项目，是为生产商品、提供劳务、出租或经营管理而持有的，使用年限超过1年，单位价值较高的资产。通常固定资产的单位价值在2000元以上，持有期间超过2年。由于固定资产具有这样一些特点，项目投资相应具有如下3个特点。

(1) 投资金额较大

酒店企业进行固定资产项目投资需要投入大量资金，对企业的财务状况和现金流量产生很大的影响。

(2) 投资回收时间长

固定资产项目投资的回收期通常在2年以上，房屋、建筑物的投资回收期更长，需要十几年、甚至几十年才能收回投资。

(3) 变现能力差

酒店企业的固定资产项目投资一经完成，是很难变现的。

酒店企业投资固定资产的目的不是为了销售，而是为了酒店企业内部的生产经营，投放在固定资产上的资金需要在固定资产的使用过程中，逐渐转移到产品的价值中，通过产品销售，实现投资的收回。这是一个缓慢的投资回收过程。

4.2.2 项目投资应遵循的原则

酒店企业的项目投资是以获得收益，增加企业价值为目的的。项目投资决策是酒店企业具有长远意义的战略性决策，为了保证投资目的的实现，保证投资行为的正确与成功，酒店企业在进行项目投资之前，必须遵循以下原则。

(1) 认真进行市场调查，及时捕捉投资机会，提出投资项目

只有在对市场进行充分调查，及时了解市场供求状况，深入研究投资环境的前提下，才能保证投资决策的正确性和及时性。这是酒店企业进行固定资产投资的起点，也是投资决策的关键。

(2) 建立科学的项目投资决策程序，认真进行投资项目的可行性分析

在市场经济条件下，酒店企业的投资决策都会面临一定的风险。为了减少固定资产投资风险，保证投资决策的正确有效，固定资产投资必须按科学的投资决策程序，认真地进行投资项目的可行性分析。先由财务部门和工程部门，对投资项目技术上的可行性和经济上的有效性进行评价，运用各种投资决策评价方法，确定各个项目的优劣。然后，由酒店企业的高层领导人对固定资产投资项目的可行性研究报告进行审批，经总经理办公会或董事会研究讨论，对投资项目做出正确的决策。

(3) 及时足额地筹集资金，保证项目投资的资金供应

在固定资产投资项目实施之前，酒店企业必须科学预测投资所需资金的数量和时间，采用适当的方法筹集资金，保证投资项目顺利完成。

(4) 认真分析投资风险和投资收益的关系，适当控制投资风险

风险和收益是共存的。想要获得高额的收益，也必须承担较高的风险，收益的增加是以风险的增大为代价的。

4.2.3 现金流量

4.2.3.1 现金流量的含义

现金流量是项目投资经济评价指标的计算基础，项目投资决策是建立在一定时期内酒店企业的收益和支出的实际资金数量之上的。

所谓现金流量，是指在投资决策中一个投资项目引起的企业现金流入和现金流出的数量。这里的“现金”是广义的现金，不仅包括各种货币资金，还包括项目需要投入酒店企业的非货币资金的变现价值。

净现金流量（NFC）是指一定期间现金流入量和现金流出量的差额。一定期间可以是1年，也可以是投资项目持续的整个期限。当流入量大于流出量时，净现金流量为正值；若流入量小于流出量时，净现金流量为负值。如果以1年为单位计算净现金流量，公式如下：

某年净现金流量 = 某年的现金流入量 − 某年的现金流出量

4.2.3.2 现金流量的内容

从现金流量的定义可以看出，现金流量包括现金流出量和现金流入量2个部分。

在实务中，更需重视按照现金流量发生的时间划分的现金流量，通常分为初始现金流量、营业现金流量和终结现金流量。

(1) 初始现金流量

初始现金流量是指开始投资时发生的现金流量，具体包括：固定资产上的投资，即固定资产的购置或建造成本、运输成本和安装成本等；流动资产上的投资，即对材料、在产品、产成品等流动资产的投资；其他投资费用，即与固定资产投资有关的职工培训、注册费用等；原有固定资产的变价收入，即固定资产更新时原有固定资产变卖所得的现金收入。

(2) 营业现金流量

营业现金流量是指投资项目投入使用后，在其寿命周期内由于生产经营所带来的现金流入和流出的数量。这种现金流量一般按年度进行计算。这里现金流入一般是指营业现金收入；现金流出是指营业现金流出和交纳的税金。如果一个投资项目的每年销售收入等于营业现金收入，付现成本（主要指不包括折旧的成本）等于现金支出，那么，年营业净现金流量可用下列公式计算：

每年净现金流量（NCF）= 每年营业收入 − 付现成本 − 所得税

由于付现成本 = 营业成本 − 折旧

每年净现金流量 = 每年营业收入 −（营业成本 − 折旧）− 所得税

= 净利润 + 折旧

(3) 终结现金流量

终结现金流量是指投资项目完结时所发生的现金流量，主要包括：固定资产的残值收入、原来垫支在各种流动资产上的资金收回、停止使用的土地的变价收入等。

投资方案现金流量估算的一般步骤如下：① 根据投资方案的各项预计数，如投资额、销售收入、付现成本及有关税金等，计算各年度的现金净流量；② 将各年度的现金净流量按时间排序，并假定方案的现金流入与流出均发生在各年年末；③ 编制现金流量估算表。

【例4－1】 某酒店投资1 650 000元购入一套设备以扩充生产能力，设备使用寿命为5年，期满报废时有净残值250 000元，采用直线法计提折旧。此外，设备的正常运转，尚需第一年初垫支流动资金375 000元，期满全额收回。预计设备投资后，每年将实现销售收入1 050 000元，付现成本第一年为400 000元，以后每年增加50 000元。公司适用所得税率为25%。

根据上述资料，首先计算投资方案的每年营业现金净流量，如表4－1所示。

表4－1 投资项目的年营业现金流量计算表

单位：元

项目＼年份	1	2	3	4	5
销售收入①	1 050 000	1 050 000	1 050 000	1 050 000	1 050 000
付现成本②	400 000	450 000	500 000	550 000	600 000
折旧③	280 000	280 000	280 000	280 000	280 000
税前利润④＝①－②－③	370 000	320 000	270 000	220 000	170 000
所得税⑤＝④×25%	92 500	80 000	67 500	55 000	42 500
税后净利⑥＝④－⑤	277 500	240 000	202 500	165 000	127 500
营业现金净量⑦＝①－②－⑤或＝③＋⑥	557 500	520 000	482 500	445 000	407 500

现根据有关数据资料编制该项投资方案的现金流量表，如表4－2所示。

表4－2 投资项目现金流量计算表

单位：元

项目＼年份	0	1	2	3	4	5
固定资产投资	－1 650 000					
垫支流动资金	－375 000					
营业现金流量		557 500	520 000	482 500	445 000	407 500
固定资产残值						250 000
回收流动资金						375 000
现金流量合计	－2 025 000	557 500	520 000	482 500	445 000	1 032 500

4.2.4 项目投资决策的基本指标

企业进行项目投资决策，必须在事前运用科学的方法进行分析预测，其中对现金流量的分析至关重要。当项目的现金净流量确定之后，就可以采取一定的方法进行评价。项目投资评价的指标按是否考虑了资金时间价值，分为非贴现指标和贴现指标，或称静态指标和动态指标。

4.2.4.1 非贴现现金流量指标

非贴现现金流量指标是指不考虑资金时间价值的各种指标，也称静态分析指标。这类指标主要包括以下 3 项。

(1) 投资回收期

投资回收期是指收回全部初始投资所需要的时间，一般以年为单位。投资回收期越短越好，因为投资回收期短，说明投资所承受的风险较小，同时早收回的资金可用于再投资，能使企业获得更多的经济效益。因此，通常情况下，企业都应选择回收期短的投资方案。

投资回收期的计算，因各年的营业现金净流量是否相等而有所不同。

如果每年的营业净现金流量（NCF）相等，则投资回收期可按下式计算：

投资回收期 = 原始投资额/每年营业净现金流量（NCF）

如果各年的营业净现金流量（NCF）不相等，则应逐年累计每年的净现金流量，直至等于方案的投资总额，此时的年限即是方案的投资回收期。

【例 4-2】 设某酒店有甲、乙 2 个投资方案，它们预计的现金流量如表 4-3 所示，试分别计算 2 个方案的投资回收期。

表 4-3 现金流量表　　单位：万元

年份	0	1	2	3	4	5
甲方案每年现金净流量	-300	100	100	100	100	100
乙方案每年现金净流量	-300	100	145	180	150	160

表 4-3 的资料表明，甲方案每年营业净现金流量（NCF）相等，故：

甲方案投资回收期 = 原始投资额/每年营业净现金流量（NCF）

= 300/100

= 3（年）

乙方案每年营业净现金流量（NCF）不相等，所以应先计算其各年的累计净现金流量以及各年末尚未收回的投资额，如表4－4所示。

表4－4 投资回收期计算表 单位：万元

年份	每年现金净流量	累计现金净流量	年末尚未回收的投资额
1	100	100	200
2	145	245	55
3	180	425	
4	150	575	
5	160	735	

$$乙方案投资回收期=2+\frac{55}{180}\approx 2.31\ （年）$$

运用投资回收期指标时，酒店一般可先规定一个要求的回收期。若某方案的投资回收期短于要求的回收期，则该投资方案可接受；否则，就应放弃。若同时有几个方案，它们的回收期皆短于要求的回收期，并且只能选择其中之一，应选择回收期最短的方案。

投资回收期的概念容易理解，计算也比较简便，但这一指标没有考虑资金的时间价值，没有考虑投资回收期满后的现金流量状况。

（2）平均报酬率

平均报酬率是指投资项目寿命周期内的平均年投资报酬率，也称平均投资报酬率。其计算公式为：

平均报酬率＝年均净现金流量或净利润/原始投资额

现仍以上述【例4－2】甲、乙2方案的资料为例，说明平均报酬率的计算方法如下：

$$甲方案平均报酬率=\frac{100}{300}\times 100\%\approx 33.33\%$$

$$乙方案平均报酬率=\frac{(100+145+180+150+160)\div 5}{300}\times 100\%\approx 49\%$$

在采用平均报酬率这一指标时，应事先确定一个企业要达到的平均报酬率，或称期望平均报酬率。在进行决策时，只有高于期望平均报酬率的方案才能入选。而在有多个方案的互斥选择中，应选择平均报酬率最高的方案。

平均报酬率的优点是简明易懂。其主要缺点是没有考虑资金的时间价值，第一年的利润或现金流量与最后一年的利润或现金流量被看成有相同的价值。所以，根据这一指标有时会做出错误的决策。

(3) 投资回收额平均数

投资回收额平均数是指以投资回收年数的反顺序为权数而计算的年投资回收额的平均数。其计算公式为：

$$\bar{x} = \sum x[n-(y-1)]/\sum y$$

式中 $\bar{x}$——年投资回收额平均数；

x——年投资回收额；

n——投资回收期限；

y——投资回收额的年顺序（第一年为1，第二年为2……）。

【例4-3】 设某酒店有甲、乙2个投资方案，其各年的投资回收额资料见表4-5。

表4-5 投资回收额 单位：元

年　份	甲方案	乙方案
1	75 000	50 000
2	100 000	125 000
3	50 000	62 500
4	25 000	12 500
5	10 000	10 000
合　计	260 000	260 000

根据上述资料，计算甲、乙2个方案的年投资回收额平均数如下：

$$NPV_{乙} = \sum_{i=1}^{n} a_i C_i/(1+\gamma)^i + a_n S_n/(1+\gamma)^n - I$$

甲方案：

$$\overline{X}_{甲} = (75\ 000\times5+100\ 000\times4+50\ 000\times3+25\ 000\times2+10\ 000\times1)/(1+2+3+4+5)$$

$=65\ 667$（元）

乙方案：

$$\overline{X}_{乙} = (50\ 000\times5+125\ 000\times4+62\ 500\times3+12\ 500\times2+10\ 000\times1)/(1+2+3+4+5)$$

$=64\ 833$（元）

由于$\overline{X}_{甲} > \overline{X}_{乙}$，应选甲方案进行投资。

4.2.4.2 贴现现金流量指标

贴现现金流量指标是指考虑了资金时间价值的各种指标，也称动态指标。这类指标主要有净现值、现值指数和内含报酬率。

(1) 净现值

净现值是指投资方案投入使用后的净现金流量，按行业基准收益率或期望的投资报酬率或资本成本贴现成现值，然后减去投资现值总额后的余额，叫净现值。也就是方案未来报酬的总现值同投资额现值的差额。其计算公式为：

$$净现值 = \sum 现金流入量现值 - \sum 现金流出量现值$$

或净现值 = 未来报酬总现值 - 投资额的现值。即：

$$NPV = -C_0 + \sum_{t=1}^{n} \frac{NCF_t}{(1+i)^t}$$

式中 NPV——净现值；

C_0——投资额的现值；

NCF_t——第 t 年的净现金流量。

【例4-4】 某酒店有3个投资方案，有关资料如表4-6所示。

表4-6 某酒店投资方案 单位：元

期间	方案A		方案B		方案C	
	净收益	现金净流量	净收益	现金净流量	净收益	现金净流量
0	—	(-100 000)	—	(-100 000)	—	(-100 000)
1	5000	25 000	15 000	35 000	25 000	45 000
2	10 000	30 000	15 000	35 000	20 000	40 000
3	15 000	35 000	15 000	35 000	15 000	35 000
4	20 000	40 000	15 000	35 000	10 000	30 000
5	25 000	45 000	15 000	35 000	5 000	25 000

上述3个方案各自的使用年限均为5年，每年的折旧额均为20 000元。设资金成本为10%。现使用净现值指标对上述3个方案进行评价。

A、C 2个方案各年的现金净流量不等，应按复利现值分别计算各年现金净流量的现值，加总后计算方案的净现值（NPV）。即：

$$\begin{aligned} NPV_A &= (25\ 000 \times 0.909 + 30\ 000 \times 0.826 + 35\ 000 \times 0.751 + \\ &\quad 40\ 000 \times 0.683 + 45\ 000 \times 0.621) - 100\ 000 \\ &= 27\ 255\ (元) \end{aligned}$$

$$\begin{aligned} NPV_C &= (45\ 000 \times 0.909 + 40\ 000 \times 0.826 + 35\ 000 \times 0.751 + \\ &\quad 30\ 000 \times 0.638 + 25\ 000 \times 0.621) - 100\ 000 \\ &= 34\ 895\ (元) \end{aligned}$$

B 方案每年的现金净流量相等，其现值可按年金现值一次计算，然后计算方案的 *NPV*。即：

$$NPV_B = 35\ 000 \times 3.791 - 100\ 000 = 32\ 685 \text{（元）}$$

运用净现值指标进行投资决策的准则是：方案的 *NPV* 为正数，则表明方案可行；反之，方案的 *NPV* 为负数，则表明方案不可行。如果是相同投资的多方案比较，则在可行方案中，选择 *NPV* 值越大的方案越优。

根据上述准则，由于 A、B、C 3 个方案的 *NPV* 均为正数，故 3 个方案都可行，但以 C 方案为最优。

采用净现值指标评价各投资方案，不仅考虑了各方案的现金流量，还考虑了资金的时间价值。但是，当各投资方案的投资额不同时，只凭净现值的绝对量大小来衡量方案的优劣，有时不能做出正确的评价。

（2）现值指数

现值指数是指投资方案的未来报酬的总现值与投资额的现值之比，也称获利指数。其计算公式为：

现值指数 = 未来报酬的总现值/投资额的现值

即
$$PI = \left[\sum_{t=1}^{n} NCF_t \times (1+i)^{-t} \right] \Big/ C$$

现仍用上例资料，计算 A、B、C 3 个方案的现值指数如下：

$$PI_A = 127\ 255/100\ 000 = 1.27$$

$$PI_B = 132\ 685/100\ 000 = 1.33$$

$$PI_C = 134\ 895/100\ 000 = 1.35$$

运用现值指数指标进行投资决策的准则是：方案的 *PI* 大于 1，则表明方案可行；反之，方案的 *PI* 小于 1，则表明方案不可行。如果是相同投资的多方案比较，则在可行方案中，选择 *PI* 值越大的方案越优。

根据上述准则，由于 A、B、C 3 个方案的 *PI* 均大于 1，故 3 个方案都可行，但以 C 方案为最优。

现值指数指标的优点是考虑了各投资方案现金流量的资金时间价值，能够真实地反映投资方案的盈亏程度，并因采用了相对数指标而克服了投资额不同方案之间不能比较的问题。缺点主要是不能反映投资方案本身的报酬率水平。

（3）内含报酬率

内含报酬率是指使投资方案的净现值等于零的贴现率。其计算公式为：

$$-C_0 + \sum_{t=1}^{n} \frac{NCF_t}{(1+i)^t} = 0$$

内含报酬率的具体计算方法，因各年的营业现金净流量（NCF）是否相等而有所不同：如果投资方案各年的 NCF 相等，则首先求解年金现值系数，即：

年金现值系数 = 原投资额的现值/各年的 NCF

然后查阅年金现值系数表，在相应期数内，找出与上述年金现值系数相同的数值，即为该方案的内含报酬率。若找不出正好与上述年金现值系数相同的数值，则应先找出与上述年金现值系数值相邻的较大和较小的 2 个贴现率，再用插值法计算出投资方案的内含报酬率。

【例 4 – 5】 某酒店投资方案 B，原投资额为 100 000 元，5 年中每年的现金净流量为 35 000 元，期望的最低报酬率为 15%。则该方案的内含报酬率计算过程如下。

第一步，计算年金现值系数：

年金现值系数 = 100 000/35 000 = 2. 857

第二步，查年金现值系数表：经查，在期数为 5 时，与 2. 857 相邻的 2 个系数值 2. 991 和 2. 689 所对应的 2 个贴现率分别为 20% 和 25%。可见，所求内含报酬率将介于 20% 和 25% 之间。

第三步，利用插值法计算该投资方案的内含报酬率：

贴现率			年金现值系数		
20%	x%	5%	2.991	0.314	0.302
?			2.857		
25%			2.689		

$$\frac{x\%}{5\%} = \frac{0.134}{0.302}$$

$$\Rightarrow x \approx 2.22$$

B 方案的内含报酬率 = 20% + 2. 22% = 22. 22%

如果投资方案各年 NCF 不相等，则首先应预计一个贴现率，并按此计算投资方案的净现值。若计算所得的净现值为正数，则表明预计的贴现率低于方案的实际内含报酬率，应予适当提高，再行测试；反之，若计算所得的净现值为负数，则说明预计的贴现率高于方案的实际内含报酬率，应予适当降低，再行测试。如此反复，直至找到一个净现值大于零、另一个净现值小于零的 2 个相邻的贴现率。然后，采用插值法即可计算出投资方案的内含报酬率。

【例4-6】 某酒店投资方案A，原投资额100 000元，使用期为5年，各年的净现金流量分别为25 000元、30 000元、35 000元、40 000元、45 000元，期望的最低报酬率为15%。则该方案的内含报酬率测试及计算过程如下。

由于方案A每年的现金净流量（NCF）不相等，故必须逐次测试，具体测试过程如表4-7所示。

表4-7 净现值计算表 单位：元

年度	NCF_t	按16%贴现		按18%贴现		按20%贴现	
		复利现值系数	现值	复利现值系数	现值	复利现值系数	现值
0	-100 000	1.000	-100 000	1.000	-100 000	1.000	-100 000
1	25 000	0.862	21 550	0.847	21 175	0.833	20 825
2	30 000	0.740	22 200	0.718	21 540	0.694	20 820
3	35 000	0.641	22 435	0.609	21 315	0.579	20 265
4	40 000	0.552	22 080	0.516	20 640	0.482	19 280
5	45 000	0.476	21 420	0.437	19 665	0.402	18 090
NPV	—	—	9 685	—	4 335	—	-720

表4-7的测试表明，该投资方案的内含报酬率一定在18%~20%，现用插值法计算如下：

$$\left.\begin{matrix}\left.\begin{matrix}18\%\\ ?\end{matrix}\right\}x\%\\ 20\%\end{matrix}\right\}2\% \qquad \left.\begin{matrix}\left.\begin{matrix}4335\\ 0\end{matrix}\right\}-4335\\ -720\end{matrix}\right\}-5055$$

所以：$\dfrac{x\%}{2\%}=\dfrac{-4335}{-5055}$

$\Rightarrow x\approx 1.72$

A方案的内含报酬率 $=18\%+1.72\%=19.72\%$

运用内含报酬率指标进行投资决策的准则是：如果方案的内含报酬率大于企业所期望的投资报酬率或资本成本，则方案可行；反之，如果方案的内含报酬率小于企业期望的投资报酬率或资本成本，则方案不可行。如果是相同投资的多方案比较，则在可行方案中，选择内含报酬率越高的方案越优。

根据上述准则，由于A、B 2方案的内含报酬率均大于企业所期望的投资报酬率15%，故2方案均为可行方案，但以B方案为优。

内含报酬率指标的优点是：充分考虑了资金的时间价值；采用比率形式克服了净现值指标所产生的不可比性；不需要选择一个特别的折现率计算净现值，而只需要确定一个能接受的最低报酬率作为决策标准即可。其缺点是：计算过程比较复杂，特别是遇到使用年限长且各年现金净流量又不相等的情况，要进行多次测试才能完成。

4.2.5 项目投资决策指标的运用

在前面的内容中，我们已经介绍了考虑资金时间价值的项目投资决策指标。这些方法在实际工作中都有不同程度的运用。下面主要介绍固定资产更新决策、风险投资决策。

4.2.5.1 固定资产更新决策

随着科学技术的不断发展，企业固定资产更新周期大大缩短。这是因为旧设备往往消耗大、维修费用高；当生产效率更高，原材料、燃料、动力的消耗更低的高效能设备出现时，尽管旧设备还能继续使用，但企业也会对固定资产进行更新。因此，固定资产更新决策便成为企业长期项目投资决策的一项重要内容。固定资产更新决策可直接采用净现值法，或平均年成本法等，现分别说明如下。

(1) 净现值法

固定资产更新决策的净现值法，就是通过直接计算和比较新旧2个方案的净现值来进行更新决策的方法。

【例4-7】 某酒店原使用一台旧设备，其原购置成本为100 000元，已使用5年，已计提折旧50 000元，估计尚可使用5年，假定使用期满后无残余值；如果现在销售可得价款25 000元，如果继续使用该设备每年可获收入125 000元，每年的付现成本75 000元。该公司现准备用一台新设备来代替原有的旧设备，新设备的购置成本为150 000元，估计可使用5年，期满有残值25 000元；使用新设备后，每年收入可达200 000元，每年付现成本为100 000元。假定该公司的资本成本为10%，所得税率为25%，新、旧设备均采用直线法计提折旧。试做出该企业是继续使用旧设备，还是对其进行更新的决策。

现根据上述资料，分别计算使用旧设备和使用新设备的净现值如下：

使用旧设备的年折旧额：$\frac{100\ 000}{10}=10\ 000$（元）

使用旧设备的年净现金流量：

$$(125\ 000-75\ 000-10\ 000)\times(1-25\%)+10\ 000=40\ 000\text{（元）}$$

$$\begin{aligned}\text{使用旧设备的 NPV}&=40\ 000\times\frac{1-(1+10\%)^{-5}}{10\%}\\&=40\ 000\times3.7908\\&=151\ 632\text{（元）}\end{aligned}$$

使用新设备的年折旧额：$\frac{150\ 000}{5}=30\ 000$（元）

使用新设备的年净现金流量：

$$(200\ 000-100\ 000-30\ 000)\times(1-25\%)+30\ 000=82\ 500\text{（元）}$$

$$\begin{aligned}\text{使用新设备的 NPV}&=82\ 500\times\frac{1-(1+10\%)^{-5}}{10\%}+25\ 000\times\frac{1}{(1+10\%)^{5}}-(150\ 000-25\ 000)\\&=(82\ 500\times3.7908+25\ 000\times0.6209)-125\ 000\\&=203\ 263.5\text{（元）}\end{aligned}$$

上述计算结果表明，使用新设备的 NPV 大于使用旧设备的 NPV，故该企业应采用更新的方案。

（2）平均年成本法

固定资产更新的平均年成本法就是通过计算和比较新、旧 2 个方案平均年成本来进行更新决策的方法。

在固定资产的更新决策中，对现金流量的估算一般以现金流出量为主，现金流入量（主要是旧设备的残值变价收入）相对来说很少，而且是作为支出的抵减，并非实质性收入增量。由于没有适当的现金流入，再加上新设备的使用年限与旧设备的剩余使用年限往往不同，因此，很难采用净现值、内含报酬率等动态分析法进行评价选择。在这种情况下，可采用平均年成本法进行固定资产的更新决策，即通过比较继续使用或更新这 2 个方案的平均年成本，选择其较低者为佳。设备的年平均成本由使用该设备的保有成本和运行成本构成。其计算公式为：

$$\text{设备年平均成本}=(\text{设备价值}-\text{预计残值})/\text{年金现值系数}+\text{预计残值}\times\text{年利率(或资金成本)}+\text{年运行成本}$$

若计算旧设备的年平均成本，上式中的设备价值应为该旧设备的变现价值。

【例 4－8】 某酒店一台在用的旧设备原始价值为 25 000 元，已经使用了 10 年，尚可使用 4 年，每年运行成本为 1250 元，预计净残值为 2500 元，目前的变现价值估计为 10 000 元。现市场上有一种新的设备，其性能优于现有旧设备，但购置成本为

50 000元，可使用10年，每年运行成本为1125元，预计净残值为3750元。若资金成本为10%，试进行该设备是否更新的决策。

根据上述资料现计算如下：

继续使用旧设备的年平均成本 = (10 000 − 2500)/3170 + 2500 × 10% + 1250
= 3866（元）

采用新设备的年平均成本 = (50 000 − 3750)/6.145 + 3750 × 10% + 1125
= 9026（元）

上述计算结果表明，由于新设备购置成本较高，以致年平均成本远远超过使用旧设备的成本水平，因此，该厂应继续使用现有的旧设备。

4.2.5.2　风险投资决策

前面我们在讨论投资决策时，通常假定投资项目的现金流量是确定的，即可以确知现金收支的金额及其发生时间。实际上，投资活动充满了不确定性。当决策面临的不确定性比较小时，一般可忽略它的影响，将决策视为确定情况下决策。但如果决策面临的不确定性较大，视为风险投资决策，此时应该对它们进行计量并在决策时加以考虑。

风险投资决策的分析方法很多，主要有风险贴现率调整法和肯定当量法，它们一般都以净现值法为基础，现分别予以介绍。

(1) 风险调整贴现率法

这种方法的基本思路是：对于高风险的项目采用较高的贴现率去计算净现值，然后根据净现值法的规则来选择方案。即将与特定投资项目有关的风险报酬，加入到资本成本或企业要求达到的报酬率中，构成按风险调整的贴现率，并据以进行投资决策分析。其净现值的计算公式如下：

$$NPV = \sum_{i=1}^{n} C_i/(1+\gamma+\theta)^i + S_n/(1+\gamma+\theta)^n - I$$

式中　NPV——净现值；

C_i——第I年的收益；

S_n——项目净残值；

I——原投资额；

γ——无风险的贴现率；

θ——风险补偿率。

【例4-9】　某酒店有甲、乙2个投资方案可供选择。甲方案投资240万元，使用寿命为10年，每年现金净流量为48万元，到期净残值为12万元；乙方案投资240万元，使用寿命也为10年，每年现金净流量为50.4万元，到期净残值为7.2万元；贴现率为10%；甲方案风险补偿率为6%，乙方案风险补偿率为4%。

现计算2个方案的净现值如下：

$$NPV_{甲} = 480\,000/(1+10\%+6\%)^{10} + 120\,000/(1+10\%+6\%)^{10} - 2\,400\,000$$
$$= (480\,000 \times 4.833 + 120\,000 \times 0.227) - 2\,400\,000$$
$$= -52\,920\ (元)$$

$$NPV_{乙} = 504\,000/(1+10\%+4\%)^{10} + 72\,000/(1+10\%+4\%)^{10} - 2\,400\,000$$
$$= 504\,000 \times 5.216 + 72\,000 \times 0.270 - 2\,400\,000$$
$$= 248\,304\ (元)$$

上述计算结果表明，甲方案的风险未能获得全额补偿，故方案不可取；乙方案除了补偿原风险情况下的利息和相应的风险报酬外，尚可获得净现值248 304元，故方案是可取的。风险调整贴现率法计算简便，便于比较，并且比较符合逻辑。但对每个方案的风险以及相应的风险补偿率，投资者难以确定；同时，将时间价值与风险价值混在一起，并据此对现金流量进行折现，意味着风险随时间的推移而加大，有时与事实不符。

(2) 肯定当量法

为了克服风险调整贴现率法的缺点，人们提出了肯定当量法，也称系数法。这种方法的基本思路是：先用一个系数将有风险的现金收支调整为无风险的现金收支，然后用无风险的贴现率计算项目的净现值，以便用净现值法的规则判断投资机会的可取程度。

运用这种方法，投资者必须首先确定有风险情况下的单位收益相当于多少风险情况的收益，即肯定当量系数（α）。它表示有风险的1元现金流量相当于让投资者满意的无风险的现金流量的系数。其公式如下：

$$\alpha = 无风险情况下的收益/有风险情况下的收益$$

一般而言，$0 \leqslant \alpha \leqslant 1$。$\alpha$值越小，风险越大；$\alpha$值越大，风险越小。在进行评价时，可根据各年现金流量风险大小，选用不同的肯定当量系数：当现金流量确定时，可取$\alpha = 1.00$；当现金流量的风险很小时，可取$0.80 \leqslant \alpha \leqslant 1$；当现金流量的风险一般时，可取$0.40 \leqslant \alpha \leqslant 0.80$；当现金流量很大时，可取$0 \leqslant \alpha \leqslant 0.4$。

肯定当量的选择可能会因人而异，敢于冒险的分析者会选用较低的肯定当量系数，而不愿冒险的投资者可能选用较高的肯定当量系数。为了防止因决策者的偏好不同而造成决策失误，有些企业根据标准离差率来确定肯定当量系数。因为标准离差率是衡量风险大小的一个很好指标，因而，用它来确定肯定当量系数是较合理的。标准离差率与肯定当量系数的经验对照关系如表4-8所示。

表 4－8 标准离差率与肯定当量系数的经验对照关系

标准离差率	肯定当量系数	标准离差率	肯定当量系数
0.00～0.07	1	0.33～0.42	0.6
0.08～0.15	0.9	0.43～0.54	0.5
0.16～0.23	0.8	0.55～0.70	0.4
0.24～0.32	0.7		

这样，在有风险的情况下，净现值的计算公式为：

$$NPV = \sum_{i=1}^{n} C_i/(1+\gamma+\theta)^i + S_n/(1+\gamma+\theta)^n - I$$

$$= \sum_{i=1}^{n} a_i C_i/(1+\gamma)^i + a_n S_n/(1+\gamma)^n - I$$

【例 4－10】 某酒店投资 2 400 000 元，有甲、乙 2 个方案可供选择，2 个方案的使用寿命均为 10 年，无风险贴现率为 10%。甲方案每年现金净流量为 840 000 元，肯定当量系数为 0.6；乙方案每年现金净流量为 600 000 元，肯定当量系数为 0.8。现分别计算 2 个方案的净现值如下：

$$NPV_{甲} = 0.6 \times 840\ 000/(1+10\%)^{10} - 2\ 400\ 000$$
$$= 504\ 000 \times 6.145 - 2\ 400\ 000$$
$$= 697\ 080\ (元)$$
$$NPV_{乙} = 0.8 \times 600\ 000/(1+10\%)^{10} - 2\ 400\ 000$$
$$= 480\ 000 \times 6.145 - 2\ 400\ 000$$
$$= 549\ 600\ (元)$$

$NPV_{甲} > NPV_{乙}$，故甲方案优于乙方案。

4.3 酒店企业证券投资管理

随着我国经济的发展和证券市场的开放，多元化的投资渠道为企业提供了投资环境和投资方向。正是在这种条件下，证券投资越来越广泛，逐渐成为现代投资活动中的重要组成部分。所谓证券，主要是指在金融交易中发行的以融资为目的的金融工具，它代表一定权益或债权，可以在证券市场自由转让，并且能够带来一定的货币收益。证券投资是指酒店企业把资金用于购买股票、债券等金融资产，是一种间接投资。我们这里主要介绍债券投资和股票投资。

4.3.1 债券投资

债券是发行者为筹集资金，向债权人发行的，承诺按照约定时间和利率支付利息，并在到期日偿还本金的一种有价证券。债券的票面标明债券面值，包括币种和金额，代表债券到期日应偿还给债权人的债务金额，代表债券持有人与发行人之间的债权债务关系。酒店企业进行债券投资主要是为了调节酒店企业的现金余额，在保证资金流动性的前提下，获得稳定的收益。

4.3.1.1 债券价值的计算

债券的价值，也是债券的内在价值，是指持有债券带来的未来现金流入的现值，是在持有期间，每期利息的现值和债券本金的现值之和。投资者之所以愿意购买债券，是因为它能够为其持有人带来预期收益。因此，债券的价值就取决于其未来收益的大小。

在进行债券投资时，需要考虑债券的价值是否大于购买价格，只有在债券价值大于购买价格的前提下，投资行为才有意义。因此，债券价值是债券投资决策时使用的主要指标之一。在计算债券价值的时候，首先要估计债券每一时期的现金流量，债券的现金流量包括到期偿还的本金以及定期支付的利息。债券价值计算的基本公式如下：

$$P=\frac{I_1}{(1+i)^1}+\frac{I_1}{(1+i)^2}+\cdots+\frac{I_n}{(1+i)^n}+\frac{M}{(1+i)^n}$$

式中 P——债券价值；

I——每年的利息；

M——债券的面值；

i——折现率，表示当时的市场利率或者投资者要求的必要报酬率；

n——表示债券到期前的期限。

如果债券每年按照固定利率计算并支付利息，在到期日归还本金，其价值的计算公式为：

$$债券价值=\frac{债券面值}{(1+i)^n}+\sum_{t=1}^{n}\frac{债券年利息}{(1+i)^t}$$

式中 i——折现率，表示投资者要求的必要报酬率；

n——表示债券到期前的期限；

t——表示实际支付利息的时间。

债券年利息等于债券面值与票面利率的乘积。

【例4－11】 风华酒店拟购买一张面值为1000元的5年期债券，票面利率为14%，每年4月1日计算并支付一次利息。假设当时市场利率为12%，那么该债券的价值为：

$$债券价值 = \frac{1000}{(1+12\%)^5} + \sum_{t=1}^{n} \frac{1000 \times 14\%}{(1+12\%)^t}$$

$$= 1000 \times 0.5674 + 140 \times 3.6048 = 1072.072（元）$$

当市价低于债券价值1072.072元时，风华酒店企业可以考虑购买该债券。

当投资者的必要报酬率高于票面利率时，债券价值低于票面价值，此时投资者愿意采用折价方式购买债券。当投资者的必要报酬率低于票面利率时，债券价值高于票面价值，此时投资者愿意采用溢价方式购买债券。当投资者的必要报酬率等于票面利率时，债券价值等于票面价值，此时投资者采用等价方式购买债券。

若上例中必要报酬率变为14%，则债券价值为：

$$债券价值 = \frac{1000}{(1+14\%)^5} + \sum_{t=1}^{n} \frac{1000 \times 14\%}{(1+14\%)^t}$$

$$= 1000 \times 0.519 + 140 \times 3.433$$

$$= 999.62（元）$$

如果继续提高必要报酬率为16%，那么债券价值为：

$$债券价值 = \frac{1000}{(1+16\%)^5} + \sum_{t=1}^{n} \frac{1000 \times 14\%}{(1+16\%)^t}$$

$$= 1000 \times 0.479 + 140 \times 3.279 = 937.36（元）$$

从上例看出必要报酬率的变化会对债券价值产生影响，但是债券的到期时间也会对债券价值产生影响。债券的到期时间是指当前日到到期日之间的时间间隔。债券的到期日随着时间的推移逐渐缩短。在必要报酬率不变的条件下（不管必要报酬率大于还是小于票面利率），债券的价值会随着时间的推移逐渐接近债券票面价值，在到期日时，债券价值等于票面价值。

4.3.1.2 债券投资收益率的计算

债券投资收益率是指投资收益与债券投资额的比率。

(1) 本期收益率

本期收益率又称本期息票收益率，是指每年支付的息票利息与本期债券价格的比率。它是以目前的市价为基础来衡量投资者购买债券后每年可带来的现金收入。其计算公式为：

$$本期收益率 = \frac{每年息票利息}{本期债券价格} \times 100\%$$

【例 4-12】 某酒店职员以 900 元的价格买到一张面值为 1000 元的债券，票面利率为 9%，计算其本期收益率：

$$本期收益率 = \frac{1000 \times 9\%}{900} \times 100\% = 10\%$$

（2）持有期收益率

持有期收益率是指在一个持有期（如 1 年）内的收益率。其计算公式为：

$$持有期收益率 = \frac{卖出价格 - 买进价格 + 债券利息}{买进价格} \times 100\%$$

【例 4-13】 某酒店职员于 2009 年 1 月 1 日以 960 元的价格买进一张面值为 1000 元、票面利率为 10% 的债券，并于当年 12 月 31 日以 1060 元的价格卖出，求该投资者持有期收益率。

$$持有期收益率 = \frac{(1060 - 960) + 1000 \times 10\%}{960} \times 100\% = 20.83\%$$

（3）到期收益率

到期收益率又称内在收益率，是指债券面值与每年债券利息的现值之和等于该债券目前市价的折现率。

由于涉及现值的计算，到期收益率的计算比较复杂，为简化计算，可用下列公式求其近似值：

$$到期收益率 = \frac{每年平均资本利得（或损失）+ 每年债券利息}{平均投资额} \times 100\%$$

【例 4-14】 某酒店职员于 2009 年以 950 元的价格购进一张面值 1000 元、票面利率为 10%、期限为 5 年的债券，求到期收益率。

$$到期收益率 = \frac{(1000 - 950)/5 + 1000 \times 10\%}{(950 + 1000)/2} \times 100\% = 11.28\%$$

上述公式适用于每年付息的情况。在我国，国库券是到期一次还本付息，因此，我国国库券到期收益率计算公式为：

$$到期收益率 = \frac{面值 + 利息总额 - 购买价格}{购买价格 \times 剩余年数} \times 100\%$$

【例 4-15】 某酒店职员于 2001 年 7 月 5 日以 125 元购进一张面值为 100 元、票面利率为 10%、期限为 5 年的 1999 年发行的国库券（于 2004 年 6 月 1 日到期），计算到期收益率。

$$到期收益率 = \frac{100 + 100 \times 10\% \times 5 - 125}{125 \times \left(2 + \frac{330}{365}\right)} \times 100\% = 6.89\%$$

4.3.1.3 债券投资的优缺点

（1）债券投资的优点

酒店企业进行债券投资的优点主要表现在以下3个方面。第一，债券投资本金安全性高。对债券的发行方来说，债券是契约性的债务，契约的约束力使得债券发行人为了维护自身的信誉，而避免违约。因此，对于投资者而言，相比股票投资，债券投资风险较小；购买质量高，流动性强的债券，可以避免无法收回本金的风险。而且，债券投资人在发行人破产清算时，有剩余财产的优先求偿权，本金损失很小。如果投资于政府债券，基本没有风险。第二，投资收益比较稳定。债券持有人，可以在约定的时间，按照票面规定的面值和固定的利息率计算，取得利息收入。第三，很多债券具有很好的变现能力，也可以说有很好的流动性。政府和大企业发行的债券一般都可以在金融市场上迅速出售，变现能力强。西方国家通常都将闲置的现金进行短期债券投资，以保证资金的盈利能力和变现能力。

（2）债券投资的缺点

酒店企业进行债券投资的缺点主要有2点。第一，购买力风险较高。由于债券的面值和利息率在发行时就规定好，如果投资期间通货膨胀较高，则本金和利息的购买力将不同程度地受到降低，甚至会给投资者带来损失。第二，债券持有人没有经营管理权。债券持有人只是发行公司的债权人，无法对发行公司加以控制。

4.3.2 股票投资

股票是股份公司为了筹集自有资金而发给股东的一种有价证券。股票的持有人是该公司的股东，股票代表了持股人对该公司之间的所有权，股东凭借所持股票取得股利，拥有对该公司财产的所有权。

4.3.2.1 股票价值的计算

股票投资给持有人带来的现金流入包括股利收入和出售股票时的资本利得。股票的价值等于未来预期现金流入的现值，包括未来一系列的股利和出售时得到的价格收入的现值。如果持有人不出售股票，永远持有，那么他只有股利收入。股票价值就表现为永续的股利流入的现值。如果投资者准备在一段时间后出售股票，则该股票价值是持有期间几次股利和出售时的股价的现值。不论投资者是长期持有还是持有一段时间后出售，都可以用公式表示为：

$$P_0 = \frac{D_1}{(1+R_S)^1} + \frac{D_2}{(1+R_S)^2} + \cdots + \frac{D_n}{(1+R_S)^n}$$
$$= \sum_{t=1}^{\infty} \frac{D_t}{(1+R_S)^t}$$

式中 P_0——股票价值；

R_S——贴现率，即投资者要求的必要报酬率；

D_t——第 t 年的股利；

t——年份。

这个公式是股票价值估价的一般模式，不论股利是固定、固定增长还是不固定，都可以套用这个公式计算股票价值。在实际应用时，需要解决的主要问题是如何预计未来每年的股利，贴现率的确定。股利的确定取决于每股盈余和股利支付率 2 个因素，可通过统计分析历史资料得到；贴现率是投资者要求的收益率，通常采用市场利率作为贴现率。

(1) 零成长股票的价值

假设未来股利不变，其支付过程是一个永续年金，则股票价值为：

$$P_0 = \frac{D}{i}$$

【例 4-16】 若酒店某职员每年分配股利 3 元，最低报酬率为 15%，则：

$$P_0 = \frac{3}{15\%} = 20 \text{（元）}$$

说明：该股票每年带给投资者 3 元的收益，在市场利率为 15% 的条件下，相当于 20 元资本的收益，其价值为 20 元。当市价不等于股票价值时，该股票的预期收益率会不等于最低报酬率。例如，市价为 12 元，每年固定股利 2 元，则其预期报酬率为：

$$R = 2 \div 12 \times 100\% = 16.67\%$$

这说明当市价低于股票价值的时候，预期报酬率高于最低报酬率。

一般情况下，股票发行方对普通股股票的持有人不会每年支付相等金额的股利，因此零成长股票很受限制。对于优先股，由于其每年的股利较为固定，因此可以使用该模型计算股票价值。

(2) 固定成长股票的价值

如果公司的经营状态较好，盈利能力稳定，股利每年增长。假设股利年增长率为

一个常数 g，且永续固定增长，这种股票被称为固定成长股票。该种股票的价值可以表示为：

$$P_0 = \frac{D_1}{R_S - g}$$

式中　g——每年股利增长率；

D_1——最近一次支付股利的金额。

【例 4 - 17】　天宏酒店企业的股票报酬率为 15%，股利年增长率为 10%，第一年股利为每股 2 元，计算股票的内在价值。

因为 $D_0 = 2$，$D_1 = D_0 \times (1 + g) = 2 \times (1 + 10\%) = 2.2$ 元，代入公式，得

$$P = 2.2 \div (15\% - 10\%) = 44 \text{ 元}$$

（3）非固定成长股票的价值

在现实生活中，股利通常是不固定的，在这种情况下，就要分段计算，按照不同的情况确定股票的价值，这里不详述。

4.3.2.2　股票投资收益率

股票投资收益率的高低可能通过本期股息收益率、持有期收益率和拆股后的持有期收益率 3 个指标来反映。

（1）本期股息收益率

本期股息收益率是指每股派发的股息（包括现金与红股）与股票市价之比。其计算公式为：

$$\text{本期股息收益率} = \frac{\text{每股股息}}{\text{本期股票市价}} \times 100\%$$

本期股票市价可用目前的股票市价，每股股息按道理应该是指未来一年内将得到的股息，但由于未来一年将得到多少股息现在不知道，因此，常用过去一年所得到的股息来代替。

【例 4 - 18】　某酒店投资者购买的某公司股票，现行市价每股 60 元，去年该公司每股派息 4 元，求该股票本期股息收益率。

$$\text{本期股息收益率} = \frac{4}{60} \times 100\% = 6.67\%$$

（2）持有期收益率

持有期收益率是指投资者在一定持有期内所获资本或损失和股息收入与投资额之比。股票没有到期日，所以不可能有投资者永远持有一种股票，股东可以持有一种或几种股票若干时间。其计算公式为：

$$持有期收益率 = \frac{出售价格 - 购买价格 + 每股股息}{购买价格} \times 100\%$$

【例4－19】 某酒店投资者199×年2月5日以每股35元的价格购入某公司的股票，第二年2月5日该股票每股市价40元，当年该公司每股派息4元，求该股票在这一年的持有期收益率。

$$持有期收益率 = \frac{40 - 35 + 4}{35} \times 100\% = 25.71\%$$

如果199×年2月5日以每股40元的价格购入，第二年2月5日该股票市价30元，当年该公司每股派息2元，则该股票在这一年的持有期收益率为：

$$持有期收益率 = \frac{30 - 40 + 2}{40} \times 100\% = -20\%$$

（3）拆股后的持有期收益率

投资者在购买某公司的股票后，对该公司进行股票分割（即拆股），这样就会影响到投资者持有该公司股票的数量和价格。因此，投资者在拆股后应做相应的调整，重新计算拆股后的持有期收益率。其计算公式为：

$$拆股后的持有期收益率 = \frac{调整后的资本收益或损失 + 调整后的股息}{调整后的购买价格} \times 100\%$$

【例4－20】 某酒店199×年8月10日购买普通股，每股价格145元，第二年1月5日，发行公司将每股拆成10股，到第二年8月10日，拆股后的每股市价为10元，当年发行公司拆股后每股派息0.8元，求该酒店股票拆股后的持有期收益率。

$$拆股后的持有期收益率 = \frac{10 - 145 \div 10 + 0.8}{145 \div 10} = -25.52\%$$

4.3.2.3 股票投资的优缺点

（1）股票投资的优点

股票投资是一种高风险、高报酬的投资方式。酒店企业进行股票投资的优点主要有3个。第一，能获得比较高的报酬。从长远看，发行公司应该是持续稳定发展的，股票价格是趋于上涨的，只要选择正确，就能够取得丰厚的投资收益。第二，通过股票投资，可以在一定程度上降低购买力风险。由于普通股股利的支付是根据发行公司的经营状况而定，在通货膨胀较高的情况下，股利支付会随着发行公司盈利的增加而增加。因此，股票投资比收益固定的债券投资能够降低通货膨胀对投资收益的影响。第三，股东拥有一定的经营控制权。

（2）股票投资的缺点

企业进行股票投资的缺点主要是风险大，主要体现在以下3个方面。第一，普通股收入不稳定；普通股股利的支付随发行公司经营状况和财务状况而定。第二，普通股的价格受多种因素影响，使得投资风险较高。第三，普通股持有者对发行公司剩余财产的求偿权和利润的分配权都居于最后。

【本章小结】

本章对投资的意义、分类、基本原则以及投资决策做了简要的介绍；阐述了在确定项目投资现金流量的基础上，利用投资决策指标对投资决策项目进行分析与评价，判断投资项目是否可取。介绍了投资决策指标按其是否考虑资金时间价值分静态方法与动态方法。其中，静态方法包括回收期法、投资报酬率法等；动态方法包括净现值法、现值指数法、内含报酬率法等。介绍了债券投资价值与股票内在价值以及投资收益率的计算及债券与股票投资的优缺点。

【关键性术语】

净现金流量、净现值、现值指数、内含报酬率、债券价值、股票价值。

【思考题】

1. 企业投资的基本原则有哪些?
2. 项目投资的特点有哪些?
3. 简述现金流量与净现金流量的含义。
4. 项目投资决策指标有哪些?
5. 简述债券价值的概念。如何计算债券价值?
6. 简述股票价值的概念。如何计算股票价值?

【计算题】

红光酒店一直以来经营状况良好，为了扩大经营范围，红光酒店准备投资购买一批健身设备，构建一个健身房。经过对健身设备投资的相关情况的调查，得到以下有关资料：该健身设备的购买价格为12.5万元，一次性投入，年底可完成建设并正式投入营业。正常营业后，每年可获得营业收入30万元，每年发生的经营成本为27万元，其中包括2万元折旧费。该设备可使用5年，5年后残值忽略不计。在健身设备使用期间，需要垫支流动资金2.5万元，这笔资金在投资项目结束时可全数收回。在对该酒店取得资金的各种来源进行分析之后，得出该酒店的加权平均资本成本率为10%。

要求：

根据上述资料，计算该投资项目的净现金流量、投资回收期、净现值，判断该投资是否可行。

【案例分析】

晨鸣大酒店股份有限公司投资决策

晨鸣大酒店股份有限公司是享有一定声誉的四星级酒店，该酒店服务质量优、价格合理，长期以来客源络绎不绝。为了满足顾客的需求，晨鸣大酒店准备扩大服务项目，筹建一个西餐厅。

于滔是该酒店的助理会计师，主要负责筹资和投资工作。总会计师张宽要求于滔搜集建设西餐厅的有关资料，写出投资西餐厅的财务评价报告，以供领导决策参考。

于滔经过十几天的调查研究，得出以下有关数据。该西餐厅的初始投资是12.5万元，建设期1年，分2次投入。第一次在建设期初投入10万元，第二次在建设期末投入2.5万元。第一年年末可完成建设并正式投产。投入经营后每年可获营业收入30万元。投资项目可使用5年，5年后残值2.5万元。在投资项目经营期间要垫支流动资金2.5万元，这笔资金在项目结束时可如数收回。该西餐厅年总成本的构成情况如下：

原材料费用	20万元
工资费用	3万元
管理费（可扣除折旧）	2万元
折旧费	2万元

于滔又对晨鸣大酒店的各种资金来源进行了分析研究，得出该酒店加权平均的资金成本为10%。

于滔根据以上资料，计算出西餐厅投资的净现金流量、净现值（详见下表，单位：元），并把这些数据资料提供给全酒店各方面领导参加的投资决策会议。

项目	第1年	第2年	第3年	第4年	第5年
营业收入	300 000	300 000	300 000	300 000	300 000
付现成本	250 000	250 000	250 000	250 000	250 000
其中：原材料	200 000	200 000	200 000	200 000	200 000
工　资	30 000	30 000	30 000	30 000	30 000
管理费	20 000	20 000	20 000	20 000	20 000
折旧费	20 000	20 000	20 000	20 000	20 000
税前利润	30 000	30 000	30 000	30 000	30 000
所得税（税率为40%）	12 000	12 000	12 000	12 000	12 000
税后利润	18 000	18 000	18 000	18 000	18 000
现金流量	38 000	38 000	38 000	38 000	38 000

项目	0	1	2	3	4	5	6
初始投资	-100 000	-25 000					
流动资金垫支							
营业现金流量			38 000	38 000	38 000	38 000	38 000
设备残值		-50 000	38 000	38 000	38 000	38 000	25 000
流动资金回收	-100 000						25 000
现金流量合计							88 000

时间	现金流量	10%的贴现系数	现值
0	-100 000	1.0000	-100 000
1	-500 000	0.9091	-45 455
2	38 000	0.8264	31 403
3	38 000	0.7513	28 549
4	38 888	0.6830	25 954
5	38 000	0.6209	23 594
6	88 000	0.5644	49 667
净现值=13 712			

在酒店领导会议上，他对提供的有关数据做了必要的说明。他认为筹建西餐厅有13 712元的净现值，故这个投资项目是可行的。

酒店领导会议对于滔提供的资料进行了分析研究，认为于滔在搜集资料方面做了很大努力，计算方法正确，但却忽略了物价变动问题，这便使得于滔提供的信息失去了客观性和准确性。

餐饮部经理认为，由于物价变动的影响，原材料费用每年将增加14%，工资费用也增加10%。

财务主管认为，扣除折旧以后的管理费用每年将增加4%，折旧费用每年仍为20 000元。

酒店董事长要求于滔根据以上人员的意见，重新计算投资西餐厅项目的净现金流量和净现值，提交下次会议讨论。

【分析提示】

于滔接到这项任务后，应根据酒店相关部门领导的意见、分析影响筹建西餐厅项目的各因素；根据影响因素，重新计算投资项目的营业现金流量、现金流量和净现值等；根据分析、计算结果，确定筹建西餐厅投资是否可行，以便为酒店领导提供更为有力的决策依据。

【案例思考题】

1. 于滔接到这项任务后，应如何进行测算？
2. 在考虑物价变动后，你认为晨鸣大酒店投资西餐厅是否可行？

【本章推荐阅读书目】

1. 酒店企业财务管理．张玉凤．北京大学出版社，2006.
2. 企业财务管理．汤谷良．经济科学出版社，2004.
3. 企业财务管理．于沛．中国商业出版社，2004.
4. 财务管理教学案例．王化成．中国人民大学出版社，2001.

第 5 章
酒店资产管理

学习目标

知识目标： 了解流动资产的含义、特征；外汇的业务和风险管理；无形资产的分类及摊销、长期待摊费用的分类及摊销；理解应收账款、存货、固定资产、无形资产、外汇、汇率的含义；
理解现金的持有动机、现金成本、存货成本；
掌握固定资产的日常管理、应收账款的日常管理、存货的日常管理。

技能目标： 掌握酒店现金收支计划的编制；
掌握最佳现金持有量的计算；
掌握信用政策的确定方法；
掌握存货的日常控制方法；
掌握固定资产的折旧方法。

能力目标： 学会运用 2 种方法进行酒店现金最佳持有额的确定；
学会运用经济批量模型进行存货的日常控制；
学会现金收支计划编制，并会分析现金余额是否恰当；
学会如何进行固定资产的日常管理。

【章首案例】

人民币升值对义乌经济型酒店产生的压力

2008年5月，来自人民币升值的外贸压力已开始考验义乌企业及经营户的抗风险能力，义乌酒店业也遭到一定的冲击。2008年以前义乌对外贸易蓬勃发展，数以万计的客商拉动了义乌经济型酒店的需求。锦江国际旗下知名连锁经济型酒店“锦江之星旅馆”看到此次商机，便酝酿在义乌开一家直营店。2008年7月，尽管外贸趋冷压力对义乌各大专业市场的影响已日渐显现，但眼光长远的“锦江之星”还是在宾王路开出了一家新店。

锦江之星旅馆义乌店拥有相对完善的管理模式，加之其房间设施较新，装修风格也有一定的特色，酒店开业不久，立即在与同类型酒店的竞争中占得一定市场份额。“尽管如此，在总体需求萎缩的背景下，酒店开业以来的日均入住率仍然不算高，约为60%。”这家酒店的销售部经理盛聪坦言，这样的运营情况显然低于酒店的市场预期。据悉，这家连锁经济型酒店的投资规模较大，目前共有244个房间。“按照这样的规模，其平均每天入住率须在70%以上才能真正赢利。”一位从事酒店业多年的人士估算。他还说，经济型酒店一般每隔5年左右就要来一次大型翻修，也就是说折旧的隐性成本也比较大。因此按照目前的运作状态，该酒店面临较大的生存挑战。

5.1 酒店流动资产管理

5.1.1 酒店流动资产管理概述

5.1.1.1 酒店流动资产的概念

资产是指过去的交易、事项形成并由企业拥有或者控制的资源，该资源预期会给企业带来经济利益。流动资产则是企业在生产经营过程中短期置存的资产。由此，酒店流动资产是指可以在1年或者超过1年的一个营业周期内变现或运用的资产，主要包括货币资金（现金、银行存款、短期有价证券）、应收及预付账款、存货、待摊费用等。酒店流动资产是酒店经营活动的必备，其数额大小及构成情况在一定程度上制约酒店的财务状况，反映酒店的支付能力与短期偿债能力。

5.1.1.2　酒店流动资产的特点

（1）流动资产的周转具有短期性

流动资产的消耗与补偿期限很短，可以在 1 年或者 1 个营业周期内收回，对酒店经营的影响时间较短。根据这一特点，酒店可以采用商业信用、银行流动资金借款等短期筹资方式来解决投放于流动资产上的资金。

（2）流动资产的易变现性

流动资产中的货币资金具有 100% 的变现能力，其他如应收账款、短期投资、存货等也具有较强的变现能力，当酒店出现资金周转不灵、现金短缺时，可以迅速变卖这些资产来获取现金，以解决问题。

（3）流动资产的数量具有波动性

随着酒店内外部条件的变化及酒店业务经营量的起落，流动资产的占用量时高时低，起伏不定，具有波动性。

5.1.1.3　酒店流动资产的类型

（1）现金

现金是指可以用来购买物品、支付各项费用或用来偿还债务的交换媒介或支付手段。主要包括库存现金和银行存款，有时也将即期或到期的票据看作现金。

（2）短期投资

短期投资是指各种准备随时变现并且持有时间不准备超过 1 年（含 1 年）的投资，包括股票、债券、基金等。其中主要是指有价证券投资。

（3）应收及预付账款

应收及预付账款是指酒店发生的各种债权，包括应收票据、应收账款、其他应收款和预付货款。

（4）存货

存货主要指酒店持有各种原材料、商品、燃料及物料用品、低值易耗品等物资。

以上是按资产的占用形态分类，这种分类是计算流动资产需要量和分析流动资产周转的基础，有利于酒店按合理组织生产经营活动的要求来供应和管理流动资产。

5.1.2　酒店现金管理

5.1.2.1　酒店现金管理的意义

现金是指酒店各种占用在货币形态上的资产，主要包括酒店的库存现金和银行存款以及其他货币资金等。现金可以随时投入流通领域进行交换，用来购买商品、劳务、偿还债务等。它是流动性最强的资产，也最容易出现问题。因此，现金流动得是否合理，对酒店的资金周转和经营活动至关重要。

(1) 现金的持有动机

交易性动机 是指满足酒店日常业务的现金支付需要，如用于购买材料、支付工资、缴纳税金等。酒店每天的现金收支量不可能等额发生，所以保留一定的现金余额，可使酒店在现金支出大于现金收入时，不致中断经营活动。

预防性动机 是指为应付意外事件对现金的需要而保持适量的现金。酒店在生产经营活动过程中有许多意外事件，有时会出现意料不到的开支，这就需要持有适当数量的现金，使酒店更好地应付这些意外事件。

投机性动机 是指酒店为获得特殊的购买机会或投资机会而保持一定量的现金。如遇到廉价原材料或其他物资采购的机会，便可用手头持有的现金进行交易从中获利。

(2) 现金的成本

酒店持有现金的成本通常由持有成本、转换成本、短缺成本 3 个部分组成。

持有成本 是指酒店因保留一定数量的现金而增加的管理费用以及丧失再投资而取得收益的机会成本。

酒店持有一定量现金，就需要对现金进行管理，这样就会发生一定的管理费用，如管理人员的薪酬以及必要的安全措施的费用。这部分费用基本上是固定的，与所持有的现金量的多少一般没有密切联系。

酒店在持有现金的同时就不能用这些现金进行有价证券投资，这样就会产生机会成本，这种成本在数额上等同于资金成本，这属于变动成本，与现金持有量呈正比例关系。

转换成本 是指酒店购入或出售有价证券时支付的交易费用，这种费用就是现金同有价证券之间相互转换的成本。

转换成本并不都是固定费用，有的具有变动成本的性质，如委托买卖佣金或手续费用。这些费用通常是按照委托成交金额计算的，因此，在证券总额既定的条件下，无论变现次数多少，所需支付的费用是相同的。这类转换成本属于决策无关成本。与证券变现次数密切相关的转换成本只包括其中的固定性交易费用，固定性转换成本与现金持有量成反比关系。也就是说，现金持有量越多，证券变现的次数就越少，需要的转换成本也就越小。反之，现金持有量越少，进行证券变现的次数就越多，相应的转换成本也就越大。

短缺成本 是指在现金持有量不足而又无法及时通过有价证券变现加以补充而给

酒店造成的损失，包括由于现金短缺而使酒店的生产经营及投资受到影响而造成的直接损失；也包括由于现金短缺而给酒店带来的无形损失。例如，由于现金短缺而不能按期支付货款，给酒店的信用和形象造成损害。

(3) 现金管理的内容

现金管理的内容包括：① 编制现金收支计划，合理估计现金需求，以保证现金收入与现金支出在时间和数量上协调；② 做好现金的日常管理工作，尽量做到收支匹配，力求现金收支按计划进行并且能加速收款；③ 确定最佳的现金余额，当酒店实际的现金余额与最佳现金余额不一致时，采用合适的办法加以解决。

5.1.2.2 酒店现金收支计划的编制

(1) 编制现金收支计划表

现金收支计划是用来预计未来一定时期酒店现金的收支状况，并进行现金平衡的计划；是酒店现金管理的重要手段。现金收支计划可按年度分季、分月编制。月现金收支计划是根据每月的生产经营活动及现金收支变动的趋势进行编制，是管理现金收支活动的主要工具，是季度和年度现金收支指标实现的重要保证。表5－1为现金收支计划表的基本格式。

表5－1 现金收支计划表

年　　月　　　　　　　　　　　　　　　　　　　　　　　　单位：万元

序号	现金收支项目	上月实际	本月计划
1	(一) 现金收入		
2	1. 营业现金收入		
3	当月销售和应收账款的收回		
4	以前月份应收账款的收回		
5	营业现金收入合计		
6	2. 其他现金收入		
7	固定资产变价收入		
8	租金收入		
9	利息收入		
10	股利收入		
11	其他现金收入合计		
12	3. 现金收入合计		
13	(二) 现金支出		

（续）

序号	现金收支项目	上月实际	本月计划
14	4. 营业现金支出		
15	材料采购支出		
16	其中：当月支付的采购材料支出		
17	本月支付的以前月份采购材料支出		
18	工资支出		
19	管理费用支出		
20	销售费用支出		
21	财务费用支出		
22	营业现金支出合计		
23	5. 其他现金支出		
24	设备等投资支出		
25	税款支出		
26	利息支出		
27	归还债务		
28	股利支出		
29	证券投资		
30	其他现金支出合计		
31	6. 现金支出合计		
32	（三）净现金流量		
33	7. 现金收入减现金支出		
34	（四）现金余缺		
35	8. 期初现金余额		
36	9. 净现金流量		
37	10. 期末现金余额		
38	11. 最佳现金余额		
39	12. 现金多余或短缺		

（2）净现金流量及现金余额

净现金流量是指现金收入与现金支出的差额。其计算公式如下：

$$\text{净现金流量} = \text{现金收入} - \text{现金支出}$$

现金余缺是指计划期现金期末余额与最佳现金余额之间的差额。如果期末现金余额大于最佳现金余额，说明现金多余，应进行投资或归还债务；如果期末现金余额小于最佳现金余额，则说明现金短缺，应进行筹资给予补足。期末现金余缺的计算公式为：

现金余缺数额 = 期末现金余额 - 最佳现金余额

5.1.2.3 酒店现金余额的控制及利用

（1）最佳现金余额的确定

最佳现金余额即最佳现金持有量，是指在正常情况下保证酒店生产经营活动的最低限度需要的现金和银行存款的数额。通常确定最佳现金持有量的方法有成本分析法、存货模型等。

成本分析法 是通过分析持有不同量现金时的成本，选择总成本最低时的现金持有量的方法。

运用成本分析法确定现金最佳持有量，只考虑因持有一定量的现金而产生的持有成本及短缺成本，不考虑转换成本。持有成本中的机会成本是指因持有现金而丧失的再投资收益，与现金持有量成正比例变动关系，用公式表示即：机会成本 = 现金持有量 × 有价证券利率（或报酬率）；持有成本中的管理费用与现金持有量之间无明显变化关系。短缺成本与现金持有量呈反比例变动关系。因此，在成本分析法下，最佳现金持有量就是持有现金而产生的持有成本与短缺成本之和最小时的现金持有量。

运用该种方法确定最佳现金持有量的具体步骤如下：

第一，根据不同现金持有量测算并确定有关成本数值。

第二，按照不同现金持有量及其有关成本资料编制最佳现金持有量测算表。

第三，在测算表中找出相关总成本最低时的现金持有量，即最佳现金持有量。

【例5-1】 宏泰酒店现有A、B、C、D 4种现金持有方案，有关成本资料如表5-2所示。

表5-2 现金持有量备选方案 单位：元

项目	A	B	C	D
现金持有量	60 000	70 000	80 000	90 000
机会成本	8%	8%	8%	8%
管理费用	2400	2400	2400	2400
短缺成本	4300	3200	1600	0

根据表5-2编制该酒店最佳现金持有量测算表，如表5-3所示。

表5-3 最佳现金持有量测算表 单位：元

方案	现金持有量	机会成本	管理费用	短缺成本	总成本
A	60 000	4800	2400	4300	11 500
B	70 000	5600	2400	3200	11 200
C	80 000	6400	2400	1600	10 400
D	90 000	7200	2400	0	9600

通过比较表5-3中各方案的总成本可知，D方案的相关总成本最低，因此，90 000元为该酒店的最佳现金持有量。

存货模型 是由美国经济学家威廉·J·鲍莫尔（William J Baumol）首先提出的。他认为公司现金持有量在许多方面与存货相似，目标现金持有量可通过存货经济订货批量模型来确定，并以此为出发点，建立了存货模型。值得注意的是，存货模型中对管理费用和短缺成本不予考虑，只考虑机会成本和转换成本。

在存货模型中，现金管理相关总成本最低时的现金持有量为最佳现金持有量。可以通过公式计算出现金管理相关总成本。设T为一个周期内现金总需求量；F为每次转换有价证券的固定成本；Q为最佳现金持有量（每次证券变现的数量）；K为有价证券利息率（机会成本）；TC为现金管理相关总成本。则有关计算公式如下：

$$TC=(Q/2)\times K+(T/Q)\times F \tag{5-1}$$

$$Q=\sqrt{2TF/K} \tag{5-2}$$

将（5-2）式代入（5-1）式得：

$$TC=\sqrt{2TFK} \tag{5-3}$$

现金与有价证券的转换成本为每次500元，有价证券的年利率为10%，则：

$$最佳现金持有量（Q）=\sqrt{2TF/K}$$

$$=\sqrt{2\times 1\ 000\ 000\times 500\div 10\%}=10\ 000（元）$$

$$最低现金管理相关总成本（TC）=\sqrt{2TFK}$$

$$=\sqrt{2\times 1\ 000\ 000\times 500\times 10\%}=10\ 000（元）$$

$$转换成本=(1\ 000\ 000\div 100\ 000)\times 500=5000（元）$$

$$持有机会成本=(100\ 000\div 2)\times 10\%=5000（元）$$

有价证券交易次数（T/Q）$=1\ 000\ 000 \div 100\ 000 = 10$（次）

存货模型可用来解决酒店现金的最佳存量和一定时期内有价证券的最佳变现次数问题。它对加强酒店的现金管理有一定的作用，但这种模式是以现金支出均匀发生、现金持有成本和转换成本易于预测为前提的。因此，只在上述因素比较确定的情况下才能采用。

(2) 酒店现金的日常控制

加速现金的回收　酒店为了加速现金的回收，要确定合理的收款策略，要尽可能缩短收款的时间。确定收账策略将在应收账款管理中进行阐述，而缩短收款的时间主要考虑：① 如何减少客户付款票据邮寄时间；② 如何缩短票据停留在酒店的时间；③ 如何加快现金存入酒店银行账户过程。

延迟现金支出时间　酒店在加速现金回收速度的同时，应尽可能地延迟现金支出的时间，主要做法如下：

第一，利用现金浮游量。现金浮游量是指酒店账户现金与银行账户上所示的存款余额之间的差额，是当酒店开出支票，收款人收到支票交给银行，至银行将款项划出酒店账户，在此期间所占用的现金。当然，在使用现金浮游量时，一定要正确预测并控制使用，否则会发生银行存款的透支现象。

第二，利用商业信用，控制付款时间。这是指酒店在交易活动中，尽可能地利用商业信用推迟应付款的支付时间。

力争使现金流入与流出同步　酒店在安排现金支出时，应考虑现金的流入时间，采取有效措施尽量使现金流出与现金流入同步。这样可以使其所持有的交易性现金余额降到最低水平，提高现金的使用效率。

建立健全现金的内部控制制度　在现金管理中，要实行账、钱、章、证分管的原则。管钱的不管账，管账的不管钱，使出纳人员与会计人员职责分开，相互制约，相互监督。现金收付要按规定的程序严格完成，现金管理要做到日清月结。要建立现金的清查核对制度和抽查制度等。

5.1.3 酒店应收账款管理

5.1.3.1 应收账款的功能

应收账款是酒店流动资产的一个重要项目。它是指酒店由于对外赊销产品、劳务等而应向购货或接受劳务方收取的款项，是酒店的一种短期债权，具有如下功能。

（1）增加销售

酒店在销售产品和提供劳务时可采取 2 种方式，即现销方式和赊销方式。在激烈竞争的市场经济条件下，酒店过分信赖现销的方式是不可能的。酒店在增加销售时，除了依靠较好的服务设施、价格、服务质量、广告等手段外，也可以将赊销作为扩大销售的手段之一。这就为买方提供了可以在一定时期内无偿使用的资金，对其将产生很大的吸引力，赊销方式会对促销产生十分明显的效果。

（2）减少存货

赊销在促进销售的同时，加快了存货向销售收入的转化速度，从而降低了存货和管理成本。并且客房作为酒店最大的存货，具有不可储存的特点，即当天没出租，该天的效用就自然失去，其当前的价值永远不会在今后收回来。因此，酒店客房出租率较低时，一般可采用较为优惠的信用条件进行赊销，把存货转化为应收账款，减少存货，节约支出。

5.1.3.2 信用政策的确定

酒店应收账款的多少很大程度上是由酒店的应收账款策略决定的，即酒店的信用政策。信用政策宽松时，就会促进销售，那么应收账款的数量、应收账款成本也会随之增加；信用政策严格，酒店的应收账款数量、应收账款成本会降低，但销售额也会随之减少。所以，酒店应建立适合酒店需要的信用政策，充分利用应收账款的积极面，促进酒店的销售。

（1）信用期间

信用期间是指酒店允许客户从购买产品或接受劳务到其支付货款的时间间隔，即酒店给予顾客的付款期间。一般情况下，较长的信用期限会在一定程度上增加酒店的销售，但不恰当的延长信用期间，会使酒店的平均收账期延长，从而增加应收账款的数量，引起机会成本的增加，也会引起坏账损失和收款费用的增加。因此，酒店应在比较信用期限的边际收入和边际成本的情况下来确定是否延长客户的信用期间。

【例 5－2】 兴城旅游酒店有客房 400 间，平均房价 500 元，平均每间每天变动成本率 12%，原信用期为 30 天，客房出租率为 50%。现将信用期增加到 60 天，客房出租率达 80%，假设客房出租率的增加无需再增加固定成本，酒店最低报酬率为 15%，坏账损失率为 0.3%，信用期限为 30 天、60 天时预计发生的收账费用分别为 1 万元和 1.5 万元。现进行决策，是否延长信用期间。

根据上述资料计算不同信用期限时酒店各项指标值，如表 5－4 所示。

表5-4 不同信用期限兴城旅游酒店各项指标计算表

项目	信用期限	
	30天	60天
年销售（出租）间次	72 000	115 200
年营业收入额（万元）	3600	5760
年变动成本（万元）	432	691.2
毛利（万元）	3168	5068.8
预计发生的年收账费用（万元）	1	1.50
可能发生的年坏账损失（万元）	10.8	17.28

分析信用期间变化前后收益增加值=5068.8-3168=1900.8（万元）

分析信用期间变化前后应收账款的应计利息增加值=17.28-5.4=11.88（万元）

其中，应收账款占用资金的应计利息为：

应计利息=应收账款平均余额×变动成本率×资金成本率

=每日收入额×平均收款期×变动成本率×资金成本率

30天信用期间的应计利息=3600/360×30×12%×15%=5.4（万元）

60天信用期间的应计利息=5760/360×60×12%×15%=17.28（万元）

计算收账费用和坏账损失增加值：

收账费用增加值=1.5-1=0.5（万元）

坏账损失增加值=17.28-10.8=6.48（万元）

改变信用期间的净损失：

收益增加-成本费用增加=1900.8-11.88-0.5-6.48=1881.94（万元）

由于收益增加大于成本增加，故可以延长信用期间。

(2) 信用标准

信用标准是指客户获得酒店商业信用的最低标准。如果酒店将信用标准定得太高，虽然会减少应收账款的成本，但不利于扩大销售；若酒店将信用标准定得太低，虽然会增加销售，但也会相应增加应收账款的持有成本。一般酒店在确定信用标准时，应考虑以下3方面因素：

第一，同行业竞争对手的情况。酒店如果在竞争中处于优势地位，信用标准就可较严格一些；反之，则应松一些。

第二，酒店承担违约风险的能力。酒店具有较强的承担违约风险能力，则可以选择较低的信用标准来提高竞争力；反之，则选用严格的信用标准。

第三，客户的信用程度。客户的信用程度由其信用品质、偿付能力、资本、抵押品、经济状况5方面决定。酒店在制定信用标准时，应在对客户的信用程度进行调查、分析的基础上确定是否给客户信用优惠。

(3) 现金折扣

现金折扣是指酒店在利用信用的方式扩大销售的同时，为了加速资金周转，及时收回账款，降低应收账款成本，往往采取现金折扣的方式鼓励客户及早支付所欠账款。即对在规定的折扣期限内提前偿付欠款的客户给予一定比率的现金折扣。这种信用条件的基本表现方式如“2/10，*n*/30”，就是规定如果在发票开出后10天内付款，可享受2%的折扣；如果放弃折扣优惠，全部货款要在30日内付清。在这里，30天为信用期限，10天为现金折扣期限，2%为现金折扣率。

5.1.3.3 应收账款的日常管理

信用政策建立以后，酒店还要在对顾客进行信用调查和信用评估的基础上做好应收账款的日常管理工作，从而加速账款的回收，降低风险。

(1) 做好应收账款的日常记录和核算工作

酒店应设置“应收账款”总账，汇总记载酒店所有客户的往来账款数额及其增减变动情况；同时设置“应收账款明细账”，分门别类地详细记录客户的往来款项变动情况，以便及时了解掌握情况，采取措施。另外，酒店还应做好客户的基础信息记录。这些基础信息包括信用标准、信用期限、经办人员、付款时间、应收账款余额、客户名称、单位地址、联系方式、合同编号、记录账页页次等。这些信息有助于财务人员对信用政策及收账政策的执行效果以及客户的信用状况进行分析与评价。

(2) 确定合理的收账程序

催收账款的程序一般是：信函通知、电话催收、登门拜访、法律行动。酒店在催收账款时，应针对不同过期时间的客户采取不同的催账态度和手段，以取得最佳的收账结果。

酒店在进行应收账款收回时，还应及时将付款通知书及账单寄出（这是一个常被忽略的一个问题）。很多客人以及没有设置应付账款制度的酒店、旅行社，往往只在接到付款通知书时才会知晓付款期已到。因此，酒店要及时寄送付款通知书，否则将无法要求客户按时付款。

(3) 建立应收账款坏账准备制度

无论酒店采取怎样严格的信用政策，只要存在商业信用行为，坏账损失的发生总是不可避免的。确认坏账损失有以下3个条件：① 债务人死亡，其遗产清偿后仍无法收回；② 债务人破产，其破产财产清偿后，仍不能收回；③ 债务人拒付，逾期未履行偿债义务超过时间较长，且有足够证据证明无法收回或收回的可能性很小。

酒店会计制度规定应在期末分析各项应收账款的可收回性，并预计可能发生的坏账损失，计提或准备计提坏账准备。酒店计提坏账准备的方法和计提比例由酒店自己确定。酒店应当列出目录，具体注明计提的范围、提取的方法和计提比例，按照管理权限，经股东大会或董事会等机构批准确定，并按照法律、行政法规的规定报有关各方备案。坏账准备提取方法一经确定，不得随意变更。

5.1.4 酒店存货管理

5.1.4.1 存货管理的内容

(1) 存货的概念

存货是指酒店在正常服务经营过程中持有的以备出售的产品、商品或者为了出售仍然处于生产过程中的在产品，或者为耗用而储备的各种物资。

存货具体包括原材料、燃料、物料用品、低值易耗品、商品等。原材料主要包括食品原材料，即食品原料、调料、配料等；燃料主要指酒店消耗的各种固体、液体、气体燃料；物料用品主要指酒店用于服务、办公及日常管理等方面的用品，包括为客户备用的物品、各种办公用品、营业部门的日常用品、纺织品、包装物品等；低值易耗品是指酒店中不作为固定资产的各种工具、用品及家具等；商品是指酒店为销售而储存的各种商品。酒店储备存货一方面是为了保障酒店经营需要，以便为客人提供服务的过程中随时使用，不至于因物资短缺而使服务中止，影响酒店服务质量；另一方面是为了获得价格上的优惠。

(2) 存货管理的内容

存货管理的内容包括：① 根据企业生产经营的特点，制定存货管理的程序和办法；② 合理确定存货的采购批量和储存期，降低各种相关成本；③ 对存货实行归口分级管理，使存货管理责任具体化；④ 加强存货的日常控制与监督，充分发挥存货的作用。

5.1.4.2 存货成本的构成

酒店要想持有一定数量的存货，必定会有一定的成本支出。与存货管理有关的成本主要包括以下4项。

(1) 采购成本

采购成本是指由买价和运杂费等构成的成本。其总额取决于采购数量和单位成本。为了降低采购成本，酒店应研究材料的供应情况，做到货比三家，价比三家，最终使所购材料达到质量好、价格低。

(2) 订货成本

订货成本是酒店为购买存货取得订单的成本，如办公费、差旅费、邮资、电话费等。在订货成本中，有些与订货次数无关，是固定成本，如办公支出、员工工资；有些与订货次数有关，是变动成本，如采购人员的差旅费。

(3) 储存成本

储存成本是指酒店为储存存货而发生的相关成本，包括存货占用资金的资金成本即应计利息；由于保管存货而发生的仓储费用、保险费用、搬运费用、保管工人工资等；存储过程中存货破损和变质损失等。存货的储存成本也分为变动成本和固定成本。固定成本与存货的储存数量无关，如仓库的折扣、仓库员工的工资；变动成本与存货储存的数量有关，如存货占用资金的利息、存货破损和变质损失等。

(4) 缺货成本

缺货成本是指酒店由于存货供应中断而造成的损失，包括因此而丧失的销售机会、对酒店信誉的影响等。

5.1.4.3 存货的控制

酒店存货控制的目的就在于以最小的成本保证存货的最佳水平，提高存货利用效率。

(1) 存货的定额控制

存货的定额控制通过存货的定额管理实现。存货的定额管理是指酒店在一定时期、一定技术水平和管理水平下，为完成经营服务所必须消耗的存货数量标准。存货定额包括存货消耗定额和存货仓储定额。酒店在经营过程中应对存货进行定额管理，其目的在于找出存货消耗的规律，降低存货消耗量，节约成本，提高酒店经济效益。下面以存货消耗定额为例，阐述酒店的定额管理。

影响酒店存货消耗定额的因素 在酒店经营管理过程中，很多因素都会影响酒店存货消耗定额，其中与酒店存货消耗定额成同向增长的因素有酒店等级规格、存货折损率；与消耗定额成反向增长的因素有操作技术水平；存货的生命周期；存货的储存或保养条件；设备性能。

确定酒店存货消耗定额的程序 ① 将存货消耗定额下达到各部门并说明含义及重要性，根据各部门存货消耗工作的要求，确定存货消耗定额标准；② 详细制定单位产品或商品、单位接待能力所需存货配备表；③ 确定一次性用品单位时间或单位产品消耗定额，确定多次性用品在寿命周期内的损耗率或更新率；④ 对所有数据进行汇总，确定存货消耗定额。

确定酒店存货消耗定额的方法 包括经验估计法、统计分析法和实物实验法。

经验估计法　即依据工作中积累的经验，在考虑客源淡季与旺季之间差别的基础上，对酒店中有些存货的消耗做出估计。这种方法适用于受主观因素影响而消耗量变动较大的存货。其优点是简单、省力；缺点是缺乏精确性。

统计分析法　即根据历史数据，对一定时期内实际消耗存货的数量进行统计、分析，根据分析、计算的结果查找规律，从而制定存货定额。这种方法适用于多次性消耗存货的消耗定额的制定。这种方法的优点是具有一定的准确性和科学性；缺点是如果缺乏历史数据或历史数据记录不全面、分析不透彻，其结果会存在很大的偏差。

实物实验法　是在酒店经营的实际条件下，通过反复地操作、考查，并对实际消耗存货进行分析汇总，确定存货的消耗定额。运用这一方法时，要有足够的次数，取不同操作水平人员的加权平均值。

另外，在确定酒店存货消耗定额的过程中，应区分客用存货和店用存货。客用存货消耗定额应尽量放宽，以应付特殊情况的发生；店用存货的消耗定额应从严，可以在员工中树立节约的观念。

（2）存货的经济批量控制

经济批量法是一种控制存货收发采购的方法。经济批量即经济订货量是指一定时期储存成本和订货成本总和最低的采购批量。酒店计算存货经济订货量指标时，应建立如下假设：① 市场需求与供给比较稳定；② 酒店存货的耗用或者销售比较均衡；③ 存货的市场价格相对稳定；④ 进货日期完全由酒店自行决定，订货可以随时补充；⑤ 酒店现金充足，仓储条件不受限制；⑥ 不允许出现缺货情况；⑦ 所需存货的购置成本和短缺成本都是决策无关成本。

因此，与存货订购批量、批次直接相关的成本只有变动性订货费用和变动性储存成本。当相关订货费用与相关储存成本相等时，存货成本最低，此时的订购批量就是经济订货批量。基本模型如下：

假设 Q 为经济订货批量；D 为某种存货年度计划进货总量；K 为平均每次进货费用；K_C 为存货年单位储存成本；U 为进货单价；则：

$$经济订货批量(Q)=\sqrt{\frac{2KD}{K_c}}$$

$$经济订货批量的存货相关总成本(TC)=\sqrt{2KDK_c}$$

$$经济订货批量平均占用资金(I)=\frac{UQ}{2}$$

$$年度最佳进货批次(N)=\frac{D}{Q}=\sqrt{\frac{DK_c}{2K}}$$

【例5－3】天华酒店销售某种商品，预计全年销量为49 000件，该商品进货单价为 5 元，每次订货成本为 1000 元，每件商品平均年储存成本为 0.5 元，则：

$$经济订货批量(Q)=\sqrt{\frac{2KD}{K_c}}=\sqrt{\frac{2\times1000\times49\,000}{0.5}}=14\,000\ (件)$$

(3) ABC 控制法

酒店存货品种众多，收发频繁，如果对每一件存货都进行严格的规划与控制，不但费时费力，占用过多的资金和人力，还容易抓不住重点，忽视重点物资的管理，从而造成经营活动的重大损失。针对这一问题可通过 ABC 控制法（即对存货进行区分重点的管理方法）来实现。

ABC 控制法就是将酒店品种繁多的存货按其重要程度、消耗数量、价值大小、资金占用等情况划分为 A、B、C 3 类，对不同类存货采用不同控制的一种管理方法。首先，计算每一种存货在一定时期内（一般为 1 年）的资金占用额；其次，计算每一种存货占用额占全部资金占用额的百分比，并按大小排序；再次，按事先测定好的标准，把最重要的存货划分为 A 类，把一般存货划分为 B 类，把不重要的存货划分为 C 类；最后，对 A 类存货进行重点规划和控制，对 B 类存货进行次重点管理，对 C 类存货进行一般管理。

如果把结果用表表示出来，即如表 5－5 所示。

表 5－5　酒店存货分类

物资类别	数量占总量	资金占总量	管理方式
A	10%左右	70%左右	重点
B	25%左右	20%左右	次要
C	65%左右	10%左右	一般

5.1.4.4　酒店存货的日常管理

(1) 存货的归口分级管理

存货归口分级管理是指在总经理、财务总监的领导下，以财务部门为核心，根据使用资金和管理资金相结合，物资管理和资金管理相结合的原则，按各职能部门分工将所涉及的业务归口管理，然后各部门再根据具体情况将存货资金计划指标进行分解，实行分级管理。具体包括存货资金的归口管理、存货资金的分级管理。

存货资金的归口管理　酒店存货资金归口管理的分工一般为原材料、物料用品归口采购部门；修理用备件归口工程设备部门；在用棉织品归口洗涤部门；在用餐具归口餐饮部门；客房家具、电器归口客房部门；劳保用品归口劳动工资部门。

存货资金的分级管理　即在资金归口管理的前提下，各归口部门根据具体情况进一步对各资金计划指标进行分解，分配给所属单位或个人，层层落实，实行分级管理。

（2）建立严格的存货管理责任制度

酒店要建立物资的收入、发出、领用、退还等责任制度，任何物资入库都必须经专门人员验收。仓库保管人员应根据存货的品种、规格、价值等特征，统一编号，分类存放。并按规定做好种类存货的收、付、存记录，力求账实相符。

（3）认真做好存货的日常清查工作

酒店存货品种较多，有些还是易腐烂变质产品，为了保证存货的安全与完整，对存货要进行经常性清查。对盘盈、盘亏、毁损的存货，应当及时查明原因，追究责任。对于积压物资或存量低于安全线的存货，要及时组织销售或调整，争取做到物尽其用，以加速资金周转。

5.2 酒店固定资产管理

5.2.1 酒店固定资产管理概述

酒店是一个综合性的服务企业，其主要的经营业务是为客人提供住宿、娱乐场所和设备。酒店固定资产是酒店重要的劳动资料和物质基础，其固定资产投资一般占酒店总投资额的70%～80%，作为高固定资产投资的酒店，其巨额投资一般需要经过长期的经营活动才能收回，所以酒店对固定资产管理的水平和效果如果，将直接影响酒店的整体发展水平。

5.2.1.1 酒店固定资产概念及特点

（1）固定资产的概念

根据《旅游、饮食服务企业财务制度》规定，酒店固定资产是指使用年限在1年以上的房屋、建筑物、机器、机械、运输工具和其他与生产经营活动有关的设备、器具、工具等。不属于生产经营主要设备的物品，单位价值在2000元以上，并且使用年限超过2年的，也应当视为固定资产。

（2）酒店固定资产的特点

固定资产的投资目的是为了在较长的时期内业务经营的需要，它在周转使用过程中具有以下特点。

第一，一次性投资大，使用期限长。

第二，在较长的使用期限中不明显改变原来的实物形态。

第三，价值以双重形式存在，一部分随实物磨损程度，以折旧形式逐步地、部分计入费用或成本，并从营业收入中得到补偿，另一部分仍留存在实物形态上，直至报废才能脱离出来。

第四，投资的集中性和回收的分散性。固定资产的价值补偿和实物更新在时间上是分别进行的，酒店购置固定资产是一次全部垫支资金，即体现投资的集中性，但由于其价值是逐渐转移，因此，固定资产的收回是分次逐步实现的。

另外，酒店的大部分设备既是固定资产，也是出租商品。这些设备设施是直接为客人服务的，如饭店向客人出售客房，是同一种商品的反复经销，客人只得到某一阶段、某一时间的住宿权利，实物资产并没有发生转移，客人对所购买产品质量的评价与一般意义上的产品评价方式不同，再加上客人不断地变动、客人的需求因习惯等存在差异，形成了酒店固定资产自身的特点。这种特点决定了酒店的设备无形损耗大、更新周期短、维修费用大，必须做好日常维修工作，保持全新状态，或在一定时期内进行更新改造。

5.2.1.2 酒店固定资产的分类

(1) 按经济用途分类

按经济用途分类，酒店的固定资产可以分为营业用固定资产和非营业用固定资产。营业用固定资产是指直接参与经营过程或服务于酒店经营过程的固定资产，如客房、餐厅、各种健身娱乐设施、供水、供电设施及运输工具等。非营业用固定资产是指不直接服务于酒店经营的固定资产，如员工宿舍、员工食堂等。

这种分类有利于掌握酒店固定资产的总体构成情况，以便促使酒店更加合理地进行固定资产配置。

(2) 按使用情况分类

按使用情况分类，可分为在用固定资产、未使用固定资产和不需用固定资产。在用固定资产是指正在使用的固定资产，包括由于季节性和大修理等原因暂停使用以及存放在使用部门以备替换使用的机器设备，其需计提折旧。未使用的固定资产是指酒店购入而尚未使用、尚待安装及进行改建扩建的固定资产和经批准停止使用的固定资产。不需用固定资产是指酒店不需要而准备处理的固定资产。后2类固定资产不需计提折旧。

这种分类可以有效地反映酒店固定资产的使用情况，促使酒店合理有效地利用固定资产，提高固定资产使用效益。同时也便于明确固定资产计提折旧的范围。

(3) 按实物形态进行分类

在实际工作中，为管理和核算的需要，酒店固定资产在采用经济用途和使用情况相结合分类的前提下，按固定资产的实物形态将固定资产分为7类：房屋及建筑物、机器设备、交通运输工具、家具设备、电器及影视设备、文体娱乐设备和其他设备。这样可以反映酒店固定资产的不同类别，为确定固定资产折旧年限奠定了基础。

5.2.2 酒店固定资产折旧

5.2.2.1 固定资产计价

为正确反映酒店固定资产增减变动情况和实际成本，必须对固定资产进行计价。这是真实反映酒店财产状况的必要条件，也是计提折旧的重要前提。在固定资产核算中，通常采用以下 3 种计价标准。

（1）按原始价值计价

原始价值是指在购置、建造固定资产时支付的货币总额。由于固定资产来源不同，其原始价值的确定方法也不同，新增固定资产应按下列标准计价：① 新购置的固定资产，以购入价加支付的运费、途中保险费、包装费、安装费及缴纳的税金为原价；② 投资者投入的固定资产，按评估确认的价值或合同、协议约定的价格计价；③ 自行建造的固定资产，按在建造过程中发生的全部费用计价；④ 在原有基础上改建、扩建或技术改造完工的固定资产，按原有固定资产原值加上由于改造、扩建或技术改造发生的全部支出，减去因固定资产改造、扩建中发生的变价收入；⑤ 融资租入的固定资产，按租赁协议或合同确定的价款，加上发生的运输费、途中保险费、安装调试费等计价；⑥ 接受捐赠的固定资产，按受捐赠固定资产的市场价格或根据捐赠者提供的有关凭证加受赠酒店负担的运输费、保险费和安装调试费等计价。

这种计价方法反映酒店固定资产原始投资的规模和经营能力。

（2）按固定资产净值计价

固定资产净值又称固定资产折余价值，是固定资产原值减累计折旧后的净额，其反映酒店固定资产的现有价值。

（3）按重置完全价值计价

重置完全价值又称重估价值，是指按当前生产条件和价格标准新购置固定资产所需的全部支出。对于酒店来讲，以下几种情况可用重置完全价值计价：① 原始价值记录不全，无法正确反映实际情况的固定资产；② 现有固定资产经改造、扩建后，如果实际价值与原来账面价值相差悬殊，经批准可以采用重置完全价值计价；③ 盘盈的固定资产按照同类固定资产的重置完全价值计价。

5.2.2.2 固定资产折旧

（1）固定资产折旧概念

固定资产折旧是指固定资产在使用过程中，由于损耗而转移到费用中去的那部分价值。这部分价值通过提供服务从营业收入中得到补偿。

固定资产在使用过程中发生损耗的因素有2类：一类是有形损耗；一类是无形损耗。有形损耗是指由于生产使用或自然力的作用而发生的物质磨损。无形损耗是指由于生产工艺进步、劳动生产率提高或技术进步而引起的固定资产的价值损耗。

(2) 固定资产折旧的计算

固定资产折旧除了考虑固定资产的原始价值和使用年限这2个主要因素外，还要考虑报废清理时的净残值。目前酒店采用的固定资产折旧方法主要有以下几种方法。

平均年限法 也称直线法，是根据固定资产预计使用年限（折旧年限）和预计净残值，按年平均分摊固定资产折旧总额的一种方法。采用这种方法各个计算期的折旧额是相等的。平均年限法计提折旧的办法是直线折旧法的一个典型代表。其计算公式如下：

$$固定资产年折旧额=\frac{固定资产原值-(预计残值-预计清理费用)}{预计使用年限}$$

或

$$固定资产年折旧额=\frac{固定资产原值-净残值}{预计使用年限}$$

为简化计算，实际工作中通常采用折旧率来计算固定资产折旧额。其计算公式如下：

$$固定资产年折旧率=\frac{1-预计净残值率}{预计使用年限}\times 100\%$$

或

$$固定资产年折旧率=\frac{固定资产年折旧额}{固定资产原值}\times 100\%$$

$$固定资产月折旧率=\frac{固定资产年折旧率}{12}$$

$$固定资产月折旧额=固定资产原值\times 固定资产月折旧率$$

固定资产的折旧率，有个别折旧率、分类折旧率和综合折旧率3种。个别折旧率是按每项固定资产分别计算的，能真实反映固定资产实际损耗情况，但工作量大；综合折旧率是就全部固定资产综合计算，这种方法工作量小，但无法真实反映酒店固定资产损耗情况；综合二者利弊，可采用分类折旧率，就是将性质、结构相同和使用年限大体相同的固定资产归为一类进行计算。

【例5-4】 某酒店某项固定资产原始价值为200 000元，预计净残值为5%，预计使用年限为5年，则：

$$该固定资产年折旧额=\frac{固定资产原值\times(1-预计净残值率)}{预计使用年限}$$

$$=\frac{200\ 000\times(1-5\%)}{5}$$

$$=38\ 000（元）$$

$$年折旧率 = \frac{38\ 000}{200\ 000} = 19\%$$

$$月折旧率 = \frac{19\%}{12} \approx 1.583\ 333\%$$

$$月折旧额 = \frac{38\ 000}{12} \approx 3166.67\ (元)$$

或 $$月折旧额 = 200\ 000 \times 1.583\ 333\% \approx 3166.67\ (元)$$

工作量法 是根据固定资产用于生产经营的使用程度，按比例计提折旧的方法；即用每单位工作量相同的折旧额乘以一定时期内的实际工作量，求出此时期应提折旧额。该折旧法主要适用于磨损程度与工作量有密切关系的固定资产。其计算公式如下：

$$单位工作量折旧提取额 = \frac{原值 \times (1 - 预计净残值率)}{预计总工作量}$$

$$年折旧额 = 单位工作量折旧提取额 \times 该年工作量$$

【例 5－5】 北方酒店一清洗设备原值 100 000 元，预计净残值为 3%，预计总工作时数 200 000h，预计今年工作了 50 000h，则：

$$单位工作小时折旧提取额 = \frac{100\ 000 \times (1 - 3\%)}{200\ 000} = 0.485\ (元/h)$$

$$今年的折旧额 = 0.485 \times 50\ 000 = 24\ 250\ (元)$$

上述 2 种折旧方法是我国目前普遍采用的方法。但酒店的固定资产为满足服务对象的需求，达到服务标准，其设备、设施的使用期限不可太长，所以酒店的固定资产无形损耗大，要求更新期限短。为此，部分设备在经批准后，可以采用加速折旧的方法计提折旧。双倍余额递减法和年数总和法是酒店常用的 2 种加速折旧方法。酒店采用加速折旧方法需报财政部门批准。

双倍余额递减法 就是在不考虑固定资产预计净残值的情况下，根据每年年初固定资产净值和双倍的直线法折旧率计算固定资产折旧额的一种方法。采用这种方法计算折旧额时，由于每年年初固定资产净值没有扣除预计净残值，所以在计算折旧额时，应在其折旧年限到期前 2 年内，将固定资产净值扣除预计净残值后的余额平均摊销。其计算公式如下：

$$年折旧率 = \frac{100\%}{预计使用年限} \times 2$$

$$当年折旧额 = 当年年初账面净值 \times 年折旧率$$

$$当年月折旧额 = 当年折旧额 \div 12$$

【例5－6】 绿野酒店某项固定资产原始价值为10万元，预计净残值为5%，预计使用年限为5年，则其各年折旧率和折旧额计算如下：

$$年折旧率=\frac{10\%}{5}\times 2=40\%$$

第一年年初账面净值＝10万元　　第一年应提的折旧额＝10×40%＝4（万元）

第二年年初账面净值＝10－4＝6（万元）　　第二年应提的折旧额＝6×40%＝2.4（万元）

第三年年初账面净值＝6－2.4＝3.6（万元）　　第三年应提的折旧额＝3.6×40%＝1.44（万元）

第四年年初账面净值＝3.6－1.44＝2.16（万元）　　第四年应提的折旧额＝2.16×40%＝0.864（万元）

第五年年初账面净值＝2.16－0.864＝1.296（万元）　　第五年应提的折旧额＝1.296－10×5%＝0.796（万元）

采用双倍余额递减法时需注意，由于账面净值逐年递减，在折旧率不变的情况下，净值永远无法摊完。所以，计算中如果某期按这种方法计算的应提折旧额小于用平均年限法计算计提的折旧额，可以从该期开始，改用平均年限法计提折旧，使固定资产使用期满时，其账面净值与预计净残值相等。有时为简化核算过程，可以在折旧年限到期前2年改用直线法计提折旧。如上题第四、第五年改成平均年限法计提折旧额，计算如下：

$$\frac{2.16-10\times 5\%}{2}=0.83\ （万元）$$

年数总和法 是根据固定资产在预计使用年限内的折旧总额，乘以每期递减的折旧率，计算每期固定资产折旧额的方法。递减折旧率的分母为固定资产使用年限的各年年数之和，即年数总和；递减折旧率的分子为固定资产尚可使用的年数。其计算公式如下：

$$当年折旧率=\frac{年初尚可使用年数}{预计使用年数总和}=\frac{折旧年限-已使用年限}{折旧年限\times(折旧年限+1)/2}\times 100\%$$

$$年折旧额=(固定资产原值-预计净残值)\times 当年折旧率$$

【例5－7】 同【例5－6】内容。其折旧额计算见表5－6。

表5－6　绿野酒店各年折旧额计算表　　单位：万元

年份	尚可使用年限（年）	原值－净残值	年折旧率	年折旧额	累计折旧额	期末折余价值
1	5	9.5	5/15	3.166 667	3.166 667	6.833 333
2	4	9.5	4/15	2.533 333	5.7	4.3
3	3	9.5	3/15	1.9	7.6	2.4
4	2	9.5	2/15	1.266 667	8.866 667	1.133 333
5	1	9.5	1/15	0.633 333	9.5	0.5

无论采用直线折旧法还是加速折旧法，在固定资产使用年限内所计提的折旧总额是一样的，但采用加速折旧法，前期计提的折旧费较多，可以使大部分投资及早地收回。

5.2.3　酒店固定资产的日常管理

固定资产占酒店总资产的比例非常高，是酒店资产的主要组成部分，只有对其进行有效的日常管理，才能保证各部门的固定资产正常运营，减少报损。酒店固定资产的日常管理应做好以下几方面工作。

5.2.3.1　建立固定资产管理责任制，实行归口分级管理

管好固定资产不能仅靠个别职能部门，必须建立和健全固定资产管理制度，本着管用结合的原则，将固定资产的日常管理的权限和责任分解到各个使用部门、使用单位和个人。

实行归口管理就是以财务部门为核心，将各项固定资产按照类别归口管理。如将机器设备、生产用具交由设备部门管理；管理用具交由行政部门管理。各部门对种类固定资产进行调配、管理、维修，定期对固定资产的使用和管保情况进行检查。

在进行归口管理时，要配合使用部门管理责任制，实行分级管理。将固定资产的管理权限和责任落实到每个班组、每个人，并将其结果纳入到岗位考核中。

5.2.3.2　建立固定资产卡片

固定资产卡片是固定资产日常管理的一项有效措施。其作用是记录固定资产的基本信息，进一步落实固定资产的管理责任。

酒店应以每项固定资产为对象设立固定资产卡片，登记固定资产的编号、名称、规格型号、技术特征、使用单位、所在地点、建造年份、开始使用日期、原始价值、预计使用年限、折旧率、大修理次数和日期、转移调拨、报废清理记录等。

财会部门除了按固定资产类别管理卡片外，还应将卡片按使用部门分级存放，遇有变动，应随时登记在相关的卡片上，以便及时记录和掌握固定资产的存放和变动情况。财会部门还要做好固定资产的检查工作，加强与使用部门的联系，以便保证卡、物相符。

5.2.3.3　建立固定资产的定期盘点制度

酒店使用的固定资产种类繁多，数量很大，并且分散到各个部门，同时固定资产

也会随着酒店的经营出现报损和新增，酒店必须建立定期盘点制度，以便及时了解固定资产的状况，保证账账相符、账物相符。

酒店在对固定资产进行盘点时，一般采用账账核对、账物核对的办法进行，对于盘点中的盘盈、盘亏和毁损要查明原因，及时处理。盘盈的固定资产，按其原始价值减估计折旧的差额计入营业外收入；盘亏和毁损的固定资产按其原始价值扣除累计折旧和过失人及保险公司赔款后的差额计入营业外支出；酒店对于出售或清理报废固定资产所获得的变价收入与固定资产净值间的差额，计入营业外收入或营业外支出。

5.2.3.4 做好固定资产的维护保养，提高其完好率和利用率

酒店固定资产的完好程度直接影响酒店产品的质量，尤其是为客人直接使用的一些设备，更应注意保持清洁、安全整齐等。因此，要制定必要的维修保养制度。对于有故障的固定资产要做到及时维修，防止小故障不修理，日后大修理增加支出。做好维修保养工作，可以有效地提高固定资产的利用率和完好率。

5.3 酒店外汇资产管理

5.3.1 外汇概述

5.3.1.1 外汇的概念

根据《中华人民共和国外汇管理条例》的定义，外汇是指一国持有的以外币表示的用以进行国际之间结算的支付手段和资产。具体有：① 外国货币，包括纸币、铸币；② 外币支付凭证，包括票据、银行存款凭证、邮政储蓄凭证等；③ 外币有价证券，包括政府债券、公司债券、股票等；④ 其他外汇资产等。

5.3.1.2 外汇汇率

外汇汇率是指一国货币单位兑换另一国货币单位的比率或比价，是外汇买卖的折算标准。它也是一种货币用另一种货币表示的价格，也称汇价、外汇牌价或外汇行市。汇率作为一种交换或兑换比率，实质上反映的是不同国家货币之间的价值对比关系，它在国际经贸往来中发挥着重要的作用。

一个国家的汇率是以外国货币表示本国货币的价格，还是以本国货币表示外国货币的价格，就是汇率的标价方法。国际上有 2 种标价方法，即直接标价法和间接标价法。

(1) 直接标价法

直接标价法也称应付汇价或本国币汇价，是指以一定单位的外国货币为标准，折算成若干单位的本国货币的一种汇率表示方法。世界上绝大多数国家都采用直接标价法，我国也采用这种方法。在直接标价法下，外币的数量固定不变，折合本币的数量则随着外币价值的变化而变化，外汇汇率升降与本国货币币值的升降呈反方向变化。

(2) 间接标价法

间接标价法也称应收汇价或外币汇价，是指用若干数量的外币表示一定单位本国货币的标价方法。在间接标价法下，本国货币的数量固定不变，折合成外币的数量则随着本币和外币价值的变动而变动。当一定单位的本国货币可以兑换较多的外国货币时，说明汇率上升，本国货币升值。反之，本国货币则贬值。

5.3.1.3　汇率制度

汇率制度是指一国对本国货币与外国货币的汇率变动的基本方法所做出的规定或安排。汇率制度可分为固定汇率制度和浮动汇率制度。固定汇率制度是指因某种限制而在一定的幅度之内进行波动的汇率；浮动汇率制度是指根据市场供求关系的变化各国货币之间的汇率自由涨落不受限制。我国实行的汇率制度是以市场供求为基础的、单一的、有管理的浮动汇率制度。

5.3.2　酒店外币业务管理

酒店要严格按照国家规定对外汇进行管理，做好外汇支出日常管理、外币兑换管理和资本金折算管理。

(1) 日常外汇收支业务管理

酒店日常外汇收支业务管理要做好以下几方面工作：① 每天营业收入中的外币，收款员必须详细记录在营业收入日报表中，连同收费单据一并交出纳入库。夜班的外币收入，存入在财务部特殊保险柜中，于第二天上缴出纳入库。② 营业收入中的外汇转账凭证，从收到凭证的第二天即委托银行转账。③ 外币现金必须当天存送银行，不得坐支。④ 对国内外业务单位外币的结算办法，必须经双方协商以合同或协议的形式加以约束。⑤ 负责外币结算工作的人员，必须及时把对外结算单证按合同或协议办理结算，并在委托银行结算后的第六天（国外业务单位在委托银行的第十天）核对是否收妥，凡在上述时间内未接到银行收款通知单的，应即刻通知管理部门协助办理催收，同时向财务负责人报告。⑥ 凡用外汇购进的商品、原材料、各类物品等，必须按经批准的外汇收支预算进行；特殊情况需要的，也必须由部门经理提出申请，经总经理批准。⑦ 严格实行外币使用审批分工制度。⑧ 宾客以外币结付账单者，一律按当日中国银行兑换现钞的汇率折算人民币。⑨ 宾客以企业受理的银行信用卡签付账单的，一律按账单实际金额填列“认购单”，并让客人签付，不另收手续费。⑩ 酒店及所属部门在银行开立的外汇账户，不准外单位或个人借用进行核算。

(2) 酒店外汇兑换管理

酒店外币兑换代办处兑换外汇的范围包括人民币旅行支票、外国货币、信用卡、旅行支票、旅游信用证。外汇兑换需做好以下几方面工作。

第一，酒店同银行签订外币兑换周转金限额协议，遵守银行外汇管理规定，专设外币保险柜。要求做好管理制度和出入库管理手续，每日外汇周转金的领取、存入、取送清点应准确无误，签字手续完整。

第二，收款员每天早上按时收录银行公布的当日外汇牌价，及时填写、调整和向客人公布当天外币兑换牌价表。正式上岗前，准备好连续编号的外币兑换水单，不同面值和币别的兑换周转金。

第三，客人前来兑换外币，先查看客人有效证件，然后核对客人外币兑换水单内容、币别、数额是否准确无误，辨别真假外币和旅行支票，最后按当日不同币别的牌价计算，收款员和复核员二级复核，唱收唱付，当面点清。

第四，每班兑换的外币及人民币，分别按水单号码、现金支票、币别和兑换牌价制作外币兑换表，核对准确无误。现金按币别打捆包装，签字上交。交接班报表、账单、数额清点应该无任何差错。

(3) 资本金折算管理

酒店外币投入资本属于外币非货币性项目，酒店收到投资者以外币投入的资本，采用交易日即期汇率折算，不再采用合同约定汇率折算，外币投入资本与相应的货币性项目的记账本位币金额之间不产生外币资本折算差额。

5.3.3 酒店外汇风险管理

5.3.3.1 外汇风险的概念及种类

(1) 外汇风险的概念

外汇风险广义上说是由于资金投放所引起的信用风险、利率风险和汇率风险。从狭义上说，主要是指汇率风险。外汇的汇率风险是指在国际经济交往中，以外币计价的资产或负债，由于外汇市场汇率的变动而蒙受损失的可能性。

(2) 外汇风险的种类

交易风险　是指以外币计价的交易，由于该币与本国货币的比值发生变化，即汇率变动而引起的损益的不确定性。交易风险主要表现在以下 2 个方面。

第一，商品或劳务进出口贸易风险。这种风险是指在商品进出口交易成立时，按照国际通行的管理延期付款所形成的债权债务，由于汇率发生变化，在清算交割时所导致的风险。

第二，外币借、贷款的风险。这种风险是指酒店与银行、金融机构之间因外币借款、贷款形成的债权债务，在尚未清偿前，因汇率变动的不确定性所导致的风险。

折算风险　是指根据会计制度的规定，把不同的外币余额，按一定的汇率折算为本国货币的过程中，由于交易发生日的汇率和折算日的汇率不一致，使会计账簿上的有关项目价值发生变动的风险。

经济风险　是指由于汇率的突然变化，引起酒店未来的销售单价、销售量、生产成本、国际市场竞争地位等方面产生的变化。

经济风险是一种相当复杂、具有潜在性的风险，其影响是长期的，而交易风险和会计折算风险是一次性的、短期的。因此，从酒店的长期利益考查，经济风险的影响比交易风险和会计折算风险的影响更为重要。

5.3.3.2　外汇风险的管理

酒店防范外汇风险的办法，归纳起来有以下几种。

（1）选择有利的货币结算

在办理国际结算时，根据预测汇率的变动趋势，选择适当的货币结算的办法。在结算货币中，有硬货币和软货币之分。前者是指该种货币汇率比较稳定，而且有上升趋势；后者是指该种货币汇率不稳定，而且有下降趋势。酒店在合同谈判时，应尽量争取出口合同以硬货币结算，进口合同以软货币结算，或采取软硬货币搭配的方式结算，以使交易双方共同承担外汇风险。

（2）提前错后法

提前错后法是指通过预测汇率变动趋势，提前或延迟付款的方式，来改变外汇资金的收付时间，以抵补外汇风险。

（3）利用外汇保值条款

利用外汇保值条款是指企业在与外商谈判时，在双方所签合同中加入适当的保值条款。包括黄金保值、硬货币保值、附加合同保值。

（4）平衡法和组对法

平衡法是采用特定的方法，使酒店资产负债表上的受汇率变动影响的资产与负债数额相等。组对法是通过 2 种资金的流动对冲来抵消或减少风险的方法。平衡法是基于同一种货币的对冲；组对法是基于 2 种货币的对冲。

(5) 利用外汇交易进行保值

这是目前国际上普遍采用的控制外汇风险的方法，主要有利用远期外汇交易和利用外汇期权交易。

5.4 酒店无形资产及长期待摊费用管理

5.4.1 酒店无形资产管理

5.4.1.1 无形资产的概念及特点

无形资产是相对有形资产而言的，是指被特定主体占有的不具实物形态，对生产经营持续发挥作用的经济资源。其特点是：① 无形资产是企业的非实物性资源，即没有实物形态；② 无形资产将在较长的时期内为企业提供经济利益；③ 无形资产价值和收益水平具有不确定性；④ 无形资产取得的有偿性。

5.4.1.2 无形资产的分类

(1) 按无形资产的性质与内容分类

知识产权 主要包括专利权、商标权和著作权。

技术知识 主要包括非专利技术、计算机软件等。

特许权利 主要包括聘请国际酒店管理集团管理的特许权、土地使用权、专营权。

商誉 是指酒店由于拥有某种优势，在其有形资产上能获得高于正常投资报酬率能力所形成的价值。

(2) 按其是否能确认分类

可辨认无形资产 主要有知识产权、实物产权及专有技术。

不可辨认无形资产 主要指商誉。

(3) 按无形资产有无期限分类

有期限的无形资产 是指法律规定有一定有效期限的无形资产，如专利权、商标权、著作权、土地使用权等。一般来说，专利权的期限为15年，注册商标权的期限为10年。

无期限的无形资产 是指法律没有规定其有效期限的无形资产，如商誉和自创非专利技术等。

(4) 按其所有权能否被转让分类

可转让的无形资产 指可根据法律程序，办理转让或出售的无形资产，如著作权、专利权等。

不可转让的无形资产　指需附属于某特定的酒店，不能脱离酒店而单独存在的无形资产，如土地使用权。

(5) 按无形资产来源分类

自创的无形资产　指酒店自行开发创造的无形资产，如商誉、专利技术等。

外购的无形资产　指酒店从外部取得的无形资产，如土地使用权等。

5.4.1.3　无形资产的管理

(1) 无形资产的投资管理

酒店对无形资产的投资管理应针对无形资产的不同形态，结合各自特点采用不同的管理方法。切实做好无形资产投资的可行性研究，进行充分的技术经济论证，认准目标，积极投入。

(2) 无形资产的摊销

无形资产从开始使用之日起，在有效期限内采用平均方式进行摊销，计入管理费用。无形资产的摊销一般采用直线法，这样各期负担的费用均衡，使财务指标具有更强的可比性。所以在无形资产摊销上主要解决的问题是摊销期限的确定。确定摊销期限应考虑以下因素：① 法定和合同条文限制的最长使用年限；② 因法律和合同条文的修改或延续，可能改变对使用年限的具体限制；③ 因过时、竞争或其他经济因素可能会缩短无形资产使用年限；④ 使用年限可能与有关职员的预计服务年限相对应；⑤ 竞争对手的行动可能会抑制目前的竞争优势；⑥ 难以确定使用年限的无形资产是不可辨认的，其收益不能合理预期。有限寿命的无形资产通常具有法定使用年限或合同规定的使用年限，但这并不意味着此年限就是摊销年限。

(3) 保护和利用无形资产

酒店需要对不同的无形资产采取不同的保护措施，对于非法盗用商标或声誉谋取利益的，应运用法律手段，维护酒店权益；对于非专利技术，因无法律保护，应严守秘密，防止失窃。

酒店应充分利用自身的无形资产，主动开拓业务。例如，利用无形资产尽快地筹集资金，获得采购价格的结算方式的优惠；利用商标权和专利权积极发展横向联合，对无形资产实行有偿转让等。

5.4.2　酒店长期待摊费用管理

(1) 长期待摊费用的概念及内容

长期待摊费用是指酒店在筹建和经营期间发生的不能全部计入当年损益，应当在以后年度内分期摊销的各项费用支出。主要有以下几项内容。

开办费 是指酒店在筹建期间发生的不计入有关财产物资价值的各项费用，包括筹建期间的人员工资、办公费、差旅费、印刷费、注册登记费等，以及不计入固定资产、无形资产购建成本的其他支出。

租入固定资产的改良支出 主要指酒店对以经营租赁的方式租入的固定资产进行改造、改良而发生的支出。

固定资产大修理支出 主要指酒店进行固定资产大修理时所发生的支出。酒店大修理费没有采用预提的办法，而支出数额又较大，受益期超过1年的修理支出，应列入长期待摊费用中。

筹建期间的汇兑净损失 主要指酒店在筹建期间不能计入资产价值的汇兑净损失。

其他 主要指酒店在经营期间发生的数额较大，且受益期限超过1年的长期待摊费用。

(2) 长期待摊费用的管理要求

酒店应合理地确定长期待摊费用的范围，正确确定其数额，这对于如实反映酒店资产构成和成本费用水平具有重要作用。另外，酒店应按照规定合理摊销这些费用，其摊销期限一般在1年以上，但一般不超过5年。

(3) 长期待摊费用的摊销

长期待摊费用的摊销方法采用直线法，即在规定期限内平均等额摊销。按会计制度规定，长期待摊费用中开办费的摊销，自投产营业之日起，按照不短于5年的期限分期摊，均衡地摊入管理费用中；租入固定资产改良支出的摊销按租赁期和改良工程耐用期孰短的原则确定摊销期限，摊入管理费用；固定资产大修理支出的摊销根据固定资产大修理的受益期平均摊入企业有关费用中；筹建期间的汇兑净损失的摊销按不短于5年摊销；其他长期待摊费用摊销则根据不同情况，结合受益期间来确定摊销期限。

【本章小结】

本章主要阐述了以下内容：① 酒店流动资产的概念、特点及分类；② 酒店现金管理的意义、酒店现金收支计划的编制及酒店现金余额的控制与利用；③ 应收账款的功能、信用政策的确定，应收账款的日常管理；④ 存货的概念和特点，存货管理的意义，重点掌握存货的控制及存货的日常管理；⑤ 固定资产的概念、特点和分类，重点掌握固定资产折旧的方法和固定资产的日常管理；⑥ 外汇、外汇汇率、汇率制度的概念，影响外汇汇率的主要因素，酒店外币业务管理和酒店外汇风险管理；⑦ 无形资产、长期待摊费用的概念、特点、分类及摊销。

【关键性术语】

流动资产、最佳现金持有量、应收账款、信用期间、信用标准、存货、固定资产、固定资产折旧、平均年限法、双倍余额递减法、年数总和法、外汇、汇率、直接标价法、间接标价法、无形资产、长期待摊费用。

【思考题】

1. 酒店现金持有的动机有哪些?
2. 简述现金管理的内容。
3. 简述最佳现金余额的确定方法。
4. 简述现金日常控制的内容。
5. 确定信用标准应考虑的因素有哪些?
6. 存货成本的构成是什么?
7. 简述酒店存货消耗定额的确定方法。
8. 简述 ABC 控制法。
9. 酒店如何进行固定资产的日常管理?
10. 简述外汇业务管理的内容。
11. 酒店规避外汇风险的办法有哪些?
12. 如何做好长期待摊费用的摊销?
13. 简述无形资产摊销应考虑的因素。

【计算题】

1. 光华酒店现有 A、B、C 3 种现金持有方案,有关成本资料如下表所示。

现金持有量备选方案 单位:元

项目	A	B	C
现金持有量	120 000	140 000	160 000
机会成本	10%	10%	10%
管理费用	2400	2400	2400
短缺成本	4600	3200	0

请选择该酒店的最佳现有持有量是多少,说明为什么?

2. 明月酒店现金收支状况比较稳定,预计全年(按360天计算)需要现金2 000 000元,现金与有价证券的转换成本为每次400元,有价证券的年利率为9%,则该酒店最佳现金持有量为多少?

3. 新世纪酒店有客房600间,平均房价500元,平均每间每天变动成本率12%,原信用期为30天,客房出租率为60%。现将信用期增加到45天,客房出租率达80%,假设客房出租率的增加无需再增加固定成本，酒店最低报酬率为25%，坏账损失率为0.3%，信用期限为30天、45天时预计发生的收账费用分别为1万元和1.8万元，如果现在让你选择，请问是否需延长信用期间？

4. 万明国际酒店销售某种商品，预计全年销量为64 000件，该商品进货单价为20元，每次订货成本为1000元，每件商品平均年储存成本为0.5元。试分析其经济订购批量应该为多少？经济订货批量的存货相关总成本是多少？经济订货批量平均占用资金是多少？年度最佳进货批次是多少？

5. 同乐酒店某项固定资产原值30 000元，预计净残值为4%，预计使用年限为5年。分别用平均年限法和加速折旧的2种方法进行各年折旧额的计算。

【案例分析】

心悦饭店的应收账款分析

2007年1月31日心悦饭店编制的应收账款分析表如下：

应收账款账龄	账户数量	金额（元）	百分比（%）
信用期内	40	360 000	71.4
超过信用期	20	144 000	28.6
其中：			
1～30天	4	32 000	6.3
31～90天	2	12 000	2.4
91～180天	2	16 000	3.2
181～360天	8	56 000	11.1
360天以上	4	28 000	5.6
应收账款总额	60	504 000	100

【案例思考题】

请根据此表对该饭店应收账款管理情况进行分析评价。

【本章推荐阅读书目】

1. 旅游企业财务管理．申思，何惠．郑州大学出版社，2006.
2. 酒店财务管理．马桂顺．清华大学出版社，2005.
3. 旅游饭店财务管理．徐虹．南开大学出版社，2001.
4. 酒店企业财务管理．张玉凤．北京大学出版社，2006.

第 6 章

酒店成本费用管理

学习目标

知识目标： 理解酒店成本费用的概念；
理解成本费用管理的意义、原则；
理解成本费用控制的概念、基本程序、基本方法。

技能目标： 掌握成本费用的分类；
掌握保本分析点的计算。

能力目标： 能运用所学的保本分析点方法，预测酒店的经营保本收入、保本销售量以及目标收入、目标销售量。

【章首案例】

饭店精打细算降低成本

饭店降低物资消耗的措施，社会知名度最高的恐怕就是取消“六小件”行动。为了迎接2008年的奥运会，北京兆龙饭店、西苑饭店等13家宾馆（饭店）2005年6月5日共同签署了《绿色行动宣言》，从6月13日起撤销客房中使用的牙膏、牙刷、拖鞋、沐浴液、洗发液、梳子，俗称“六小件”的一次性消耗用品，如果客人在饭店入住不满3天，床单、毛巾也不会天天更换。取消“六小件”是饭店绿色管理具有革命性意义的改变，也是迎接“绿色奥运”的实际行动。

客房一次性消耗用品，确实是饭店物资消耗中比较具有典型意义的，一直以来是我国饭店变动费用开支的一大项。中国饭店业起步之初，为了体现殷勤好客和周到，也为了方便客人，满足处于短缺经济时代的出差旅行者的需要，饭店配置了齐全的消耗用品，而且采用了一次性包装。这在当时很受宾客欢迎，许多客人甚至把这些用品带回家分发给亲朋好友。久而久之这便成了饭店的“标准配置”，似乎饭店本来就应该有这些小包装的东西。后来人们才发现，在欧美、日本的饭店，一般是不配备这些用品的，尤其是不会配备这种繁琐的小包装一次性用品。这一方面是基于公众的生态觉悟，饭店这样做会被认为不利于环保；另一方面是那些客人也不屑于使用这种质量不高的小东西。对洗发、沐浴、刷牙等直接关系到自身健康的用品，他们要求甚高，一般都有自己习惯使用的品牌。

使消耗用品能够重复使用，是值得饭店为之努力的。循环使用（reuse）是绿色环保的一项原则，也是一种绿色生活方式（green lifes tyle）。绿色饭店活动中，饭店把原来的一次性塑料洗衣袋都换成了可以多次使用的布制洗衣袋，不仅减少了消耗，客人也会觉得提高了用品的档次。有些饭店还用报废的床单、台布之类，制作洗衣袋，更是“精打细算”的典型，很值得鼓励。

除了对客服务过程中降低了物资消耗以外，饭店在内部管理中也应当强调各种物资和用品用具的节约使用。无论餐饮部的各种原材料、工程部的维护保养材料，还是商务中心的耗材、办公室的用品，都要物尽其用。

6.1 酒店成本费用管理概述

6.1.1 酒店成本费用的概念

成本费用是指酒店在向宾客提供服务的业务经营过程中发生的各项费用的总和。成本是指购进商品和雇用劳动力时发生的支出，如酒店经营过程中购买各种原材料、商品等的支出；而费用则是某个时期为获取收入所发生的耗费。将上述商品或劳务耗用以后，成本就转化为费用。成本与费用一方面存在着区别，另一方面又密切联系，二者都是为获取收入而发生的可以用货币衡量的资产耗费。酒店对经营过程中发生的各种耗费，必须按照国家规定的成本费用开支范围，将各项直接用于宾客的支出计入营业成本，将期间费用直接计入酒店的当期损益。

6.1.1.1 营业成本

营业成本是指酒店在经营过程中所发生的各项直接支出；主要包括以下内容。

餐饮成本 是指餐饮部制作食品菜肴和饮料耗用的原材料、调料、配料的成本。

商品成本 是指已经销售的商品的进价，分国内购进商品进价成本和国外购进商品进价成本。国内购进商品进价成本是指购进商品的原价；国外购进商品进价成本是指进口商品在购进中发生的实际成本，包括进价、进口税金、购进外汇差价、支付委托外贸部门代理进口的手续费。

洗涤成本 酒店洗衣房洗涤衣物时使用的用品用料的支出。

其他成本 其他营业项目所支付的直接成本，如企业销售无形资产（不包括商品）的实际成本以及商务中心的复印纸等。

6.1.1.2 期间费用

期间费用是指一定会计期间发生的与生产经营没有直接关系或关系不密切而直接计入当期损益的各项费用，主要有营业费用、管理费用、财务费用等。

(1) 营业费用

营业费用是指在酒店各营业部门在经营过程中发生的各项费用。按照经济内容分为运输费、装卸费、包装费、保管费、保险费、燃料费、水电费、展览费、广告宣传费、邮电费、差旅费、洗涤费、清洁卫生费、低值易耗品摊销费、物料消耗、经营人员工资、职工福利费、工作餐费、服装费、其他营业费用。

运输费 指不能直接认定的购入存货发生的运输费用。内部不独立核算的车队发生的燃料费、养路费等，也计入运输费。

装卸费 指不能直接认定的购入存货发生的装卸搬运费。

包装费 指酒店为客户提供包装服务时，所消耗的包装用品费。

保管费 指存货储存过程中所支付的费用，包括倒库、晾晒、冷藏和挑选整理等费用。

保险费 指酒店向保险公司投保所支付的财产保险费。

燃料费 指酒店餐饮部门耗用的燃料费用。

水电费 指酒店营业部门耗用的水费、电费。

展览费 指酒店为推销产品、租用场地对产品进行展览宣传所发生的费用。

广告宣传费 指酒店为扩大经营成果对酒店的产品和经营项目进行广告宣传而应支付的广告费用和宣传费用。

邮电费 指经营过程中支出的电话、电报邮寄等费用。

差旅费 指酒店营业部门人员出差的差旅费。

洗涤费 指酒店营业部门洗涤工作服而发生的费用。

清洁卫生费 指酒店营业部门为加强清洁卫生，对床上用品、台布和餐具进行清洗，对营业场所进行清扫所发生的费用。

低值易耗品摊销 指酒店营业部门领用低值易耗品的摊销费用。

物料消耗 指酒店营业部门领用物料用品而发生的费用。物料用品主要包括日常用品（如针棉织品、餐具、塑料制品、卫生用品、印刷品等）、办公用品（如办公文具、纸张等）、包装物品、日常维修材料、零配件等。

经营人员工资 指直接从事经营的业务部门人员的工资，包括工资、工资性质津贴和各种奖金。

职工福利费 指直接按从事经营的营业部门人员工资总额的一定比例提取，应由本期费用负担列支的福利费。

工作餐费 指酒店按规定为职工提供工作餐而支付的费用。

服装费 指酒店按规定为职工制作工作服而支付的费用。

其他营业费用 指不能列入上述各项费用的其他营业费用。

(2) 管理费用

管理费用是指酒店为组织和管理经营活动而发生的费用以及由酒店统一负担的费用。主要包括两大部分：一是酒店为组织和管理经营活动而发生的费用；二是涉及酒店若干部门的，难以区分或不必区分，由酒店统一负担的费用。按其经济内容划分为公司经费、工会经费、职工教育经费、劳动保险费、待业保险费、董事会费、外事费、租赁费、咨询费、审计费、诉讼费、排污费、绿化费、土地使用费、土地损失补偿费、技术转让费、研究开发费、税金、燃料费、水电费、折旧费、修理费、无形资产摊销费、低值易耗品摊销、开办费摊销、交际应酬费、坏账损失、存货盘亏及毁损、上级管理费及其他管理费。

公司经费 指酒店行政管理部门的人员工资、福利费、工作餐费、服装费、办公费、差旅费、会议费、物料消耗及其他行政经费。

工会经费 指酒店按工资总额的一定比例计提的工会经费。

职工教育经费　指酒店按工资总额的一定比例计提的、用于职工学习先进技术和提高文化水平的费用。

劳动保险费　指酒店支付的离、退休人员的退职金、退休金及其他各项经费。

待业保险费　指酒店按照国家规定交纳的待业保险费。

董事会费　指酒店最高权力机构及其成员为执行其职能而发生的各项费用。

外事费　指出国展览、推销、考察、实习培训和接待外宾所发生的费用。

租赁费　指酒店租赁办公用房、营业用房、低值易耗品等的租赁费用。

咨询费　指酒店向有关咨询机构进行科学技术、经营管理等咨询时按有关规定所支付的费用。

审计费　指酒店聘请中国注册会计师进行查账验资，以及进行资产评估等发生的各项费用。

诉讼费　指酒店因经济纠纷起诉或应诉而发生的各项费用。

排污费　指酒店按规定交纳的排污费用。

绿化费　指对酒店的内外环境进行绿化而发生的绿化费用。

土地使用费　包括海域使用费，是指酒店使用土地（海域）时按规定支付的费用。

土地损失补偿费　指对酒店生产经营过程中破坏的土地所支付的土地损失补偿费。

技术转让费　指酒店使用非专利技术时支付的费用，包括以技术转让为前提的技术咨询、技术服务、技术培训过程中发生的有关开支。

研究开发费　指酒店研究开发新产品、新技术、新工艺所发生的新产品设计费、技术图书资料费与新产品试制、技术研究相关的其他经费及试制新产品失败的损失等。

税金　指酒店按国家规定缴纳的房产税、土地使用税、车船使用税和印花税等。

燃料费　指酒店支付的燃料及动力费用。酒店的餐饮部门耗用的燃料费用计入营业费用；餐馆、浴池的燃料费用计入营业成本；不独立核算的车队发生的燃料费计入营业费用中的运输费，这些费用都不包括在这一项目中。

水电费　指酒店除营业部门以外的其他部门耗用的水费、电费。规模较小的酒店发生的水电费也可以不计入营业费用，而全部计入管理费用。

折旧费　指酒店全部固定资产的折旧费用。酒店固定资产的折旧费直接计入管理费用，为简化核算，不分营业部门发生的费用或管理部门发生的费用。

修理费　指酒店购置的无形资产按规定计算的摊销费用。

无形资产摊销　指酒店购置的无形资产按规定的摊销额。

低值易耗品摊销 指酒店除营业部门外的其他部门领用的低值易耗品的摊销费用。规模小的酒店发生的低值易耗品摊销费用可全部计入管理费用。

开办费摊销 指酒店按规定期限摊销的因酒店设立以及设立分支机构在筹建期间所发生的有关支出。

交际应酬费 指酒店业务交往过程中开支的业务招待费用。交际应酬费按全年营业收入净额的一定比例控制使用，按实列支出。

坏账损失 指酒店不能收回应收账款而发生的损失。

存货盘亏或损毁 指酒店盘点存货时发现的盘亏数及存货的毁损数。

上级管理费 指酒店上缴集团公司和管理公司的费用。

其他管理费用 指不能列入上列各项的其他各项管理费用。

(3) 财务费用

财务费用是指酒店经营期间为筹集经营所需资金而发生的费用。包括酒店经营期间发生利息净支出、汇兑净损失、金融机构手续费、加息及筹资发生的其他费用。

酒店在筹建期间、清算期间发生的筹资费用，应计入筹建期的开办费用或清算期间的清算损益，不计入经营期间的财务费用。

6.1.2 成本费用分类

成本费用根据不同的管理要求，按照一定的标准可以分为以下几类。

(1) 固定成本、变动成本和混合成本

固定成本（费用） 是指在一定时期和一定经营条件下，不随经营业务量的变化而变化的成本（费用）。固定成本（费用）一般包括工资、租金、折旧费、利息费、保险费等。例如，客房固定资产的折旧不会因为客房出租数量的上升而增加，也不会因为客房出租数量的下降而减少。虽然固定成本（费用）的总额不随经营业务量的变化而变化，但是单位平均固定资产会随着业务量的上升而下降；反之，则上升。例如，某一时期客房固定成本为10万元，如果该期的客房出租数量为1000间，则每出租一间客房的平均固定成本为100元，如果客房出租量提高到2000间，则每出租一间客房的平均固定成本为50元。由此可见，随着经营业务量的上升，单位平均固定成本是下降的。

变动成本（费用） 是指随着经营业务量的变化而成比例变化的成本（费用）。变动成本（费用）主要包括经营中的各项直接支出，例如，餐饮的食品原材料支出会随着就餐客人的增加而增加。变动成本总额随着经营业务量的上升而增加，但单位变动成本却不随业务量的变化而变化，单位变动成本是保持不变的。例如，食品的成本率为40%，则无论就餐人数是100人还是200人，每元销售额的销售成本都是0.4元。

混合成本（费用） 是指其总额中既包含变动成本（费用）部分，也包含固定成本（费用）部分的成本（费用）项目。混合成本（费用）主要包括电话费用、汽车租赁、行政报酬、维修保养费等。例如，电话费用中，固定部分是指系统租金，变动部分是随着打电话次数变化而变化的费用，即通话费用。对混合成本（费用）要采用一定方法将其进行分解，是指分为固定部分和变动部分，以便做决策。进行分解的方法主要有：① 最大值/最小值法；② 散点图法；③ 回归分析法，这里就不再详细介绍。

（2）可控成本和不可控成本

可控成本 是指成本（费用）的发生能明确归属于某一单位（如楼层、部门、班组等）权责范围内，而且能够加以控制的成本（费用）。例如，餐饮部经理对售出食品的成本、工资费用等可以施加影响，因此，这些费用对餐饮部经理来说是可控制成本。

将成本费用划分为可控成本、不可控成本，有利于确定酒店内部各单位及个人的经济责任，便于酒店经济责任制的建立，有利于考核和评价其工作业绩的好坏，使成本费用的管理和每个部门、每个人的责任及经济利益挂起钩来，对于降低成本费用，提高酒店的经济效益有着很大影响。

不可控成本 是指成本（费用）的发生不能明确归属于某一单位权责范围内，而且不能加以控制的成本（费用）。例如，固定资产折旧费对于餐饮部经理来说就是不可控成本。

（3）相关成本

相关成本是指对决策有影响的成本。例如，某餐厅正在考虑以电子销售记录器来替换原来的机械记录器，那么新机器的成本（减去老机器的残值）、训练操纵新机器的职工的费用、机器维修时零件的调换以及材料供应费用，所有这些费用都属于相关成本。如果所需员工数量没有变化，员工的工资成本就不是相关成本，因为它不会影响决策。

（4）沉没成本

沉没成本是指那些已经付出，而且是无法收回的成本，它不会影响任何进一步的决策。例如，在上述例子中，该餐厅已为员工学习使用机械记录器花费了1000元，这1000元就是沉没成本，它对今后决策不会有任何影响。

（5）机会成本

机会成本是指由于做出一种选择所放弃的其他选择所造成的成本。例如，某酒店可将其多余的资金以15%的利率投资于有价证券，也可以将其存入银行以获得10%

的利息。如果酒店购买了有价证券，它的机会成本为10%；而如果存入银行，它的机会成本则为15%。

6.1.3 成本费用管理的意义

酒店的成本费用管理，是酒店财务管理的重要组成部分。成本费用是酒店经营耗费补偿的最低界限，是制定价格的基础和重要依据，也是检验酒店工作质量的重要指标。对于酒店来说，加强成本费用管理，严格控制成本费用，具有非常重要的意义：① 加强成本管理，可以减少酒店的资金占用量，从而提高资金的使用效益；② 加强成本费用管理，是提高酒店竞争力的有效手段；③ 加强成本费用管理，有利于全面改善经营管理，提高经济效益。

6.1.4 成本费用管理的原则

酒店的成本费用管理，必须做到既符合国家的有关规定，又切合酒店业的实际。因此，在成本费用管理中必须按照以下原则实施管理。

（1）严格遵守国家规定的成本开支范围及费用开支标准

为了保证国家财政收入有可靠的来源，国家对酒店发生的支出，哪些该计入成本，哪些不该记入成本都做了明确的规定。

按照财务制度的规定，酒店的下列支出，不得记入成本费用：① 为购置和建造固定资产、购入无形资产和其他资产的支出；② 对外投资支出和分配给投资者的利润；③ 被没收财物的损失；④ 支付的各种赔偿金、违约金、滞纳金、罚款以及赞助、捐赠支出；⑤ 国家规定不得列入成本费用的其他开支。

酒店要根据各项支出发生的不同用途和资金来源，在国家规定的成本开支范围内列支相关的成本，不得随意扩大开支范围，不得把不应计入成本费用的开支计入成本费用，防止因此导致利润减少，影响国家财政收入。

（2）正确处理降低成本与保证服务质量的关系

酒店在接待各种不同规格的顾客时，都要提供相应水平的服务，否则就会形成对顾客的克扣，从而影响酒店的声誉。为此必须处理好降低成本与保证服务质量的关系。降低成本并不意味着降低服务质量，而是要在保证服务质量的前提下，经过各方努力达到降低成本的目的。如果不考虑服务质量而一味追求降低成本，即使成本降低了，也失去了降低成本的实际意义，以低劣产品换来的成本下降是得不偿失的。这就要求酒店应从内部挖掘潜力，力求节约，减少浪费，从而降低成本。

(3) 健全成本管理责任制，实行全员成本管理

酒店成本是在整个经营过程中逐步形成的，它涉及酒店的各个部门、班组和个人，因此，必须实行全员成本管理。为此要建立健全成本管理责任制，将成本计划指标分解落实到有关部门、班组，并且和岗位责任制结合起来，将成本费用计划的完成情况作为评价考核的一个重要内容。为调动各部门、班组、个人降低成本费用的积极性，要将成本管理方面的责任、权利和利益结合起来。只有人人都注意成本，人人都关心成本的降低，酒店的成本费用才能真正得到控制。

(4) 从酒店实际出发，实行目标成本管理

所谓目标成本管理，是对各项成本费用的发生进行事前预测，通过编制成本费用预算，确定目标成本，把总目标成本分解至各个月，落实到各个部门实施完成。酒店除了进行日常成本核算和事后成本分析外，还必须在成本形成过程中加强成本控制，这样才能及时发现影响成本降低的不利因素，以便及时采取有效措施，达到预期目的。

6.2 酒店成本费用控制

6.2.1 成本费用控制的概念

成本费用控制就是指在成本费用形成的全过程，按照国家成本费用制度的有关规定和成本费用预算的要求，通过经常性监督和及时纠正偏差，把各项费用的发生和成本的形成限制在成本费用预算之内，以实现成本费用不断降低的一种管理办法。

成本费用控制有狭义和广义之分。狭义的成本控制是指成本费用的事后控制，即在成本费用发生之后，将成本费用的实际发生额与预算指标进行比较，从而发现问题，纠正偏差。广义的成本费用控制是指事前、事中、事后都要进行控制。即在成本费用发生之前，就要开展价值工程分析，使价值与成本费用处于最佳状态；事中通过严密的管理制度约束，实行全过程、全方位、全员的控制；事后通过财务分析等一系列方法，发现成本费用管理中的问题与不足，并提出解决问题的方法，以保证成本费用预算的实现。酒店应严格地对成本费用进行事前、事中、事后控制，以保证酒店成本费用的有效管理，从而不断提高酒店的经济效益。

6.2.2 成本费用控制的基本程序

(1) 制定成本费用控制的标准

成本费用控制的标准，是以成本费用预算为主要依据的。但在现代化管理方法中，将成本费用控制标准分为3种。

理想标准成本 是指酒店内部人、财、物的利用与管理均处于最佳状态下所确定的成本控制标准。这一标准应能在酒店与同行业的其他酒店竞争中处于有利地位。这一标准的定位是很高的，需要酒店经营管理水平、员工素质也很高，而且还需进一步努力才能达到成本费用标准。

正常标准成本 是指酒店内部人、财、物的利用与管理处于较佳状态所确定的成本控制标准。这一标准应在同行业当中是比较先进的，需要调动员工的积极性才能达到的成本费用标准。

预计实际标准成本 是根据酒店内部人、财、物的利用与管理的现有状态下所确定的成本费用标准。

（2）监督成本费用形成过程

由于有了成本费用控制的标准，因此，在成本费用的形成过程中要经常把酒店成本费用发生的实际情况与控制标准对比，及时纠正偏差，以保证成本费用的降低。以餐饮成本为例，为了控制餐饮成本，从采购→验收→储藏→发料→粗加工→装配→生产→销售每一环节都应有严格的控制标准和方法，以保证成本费用支出控制在预算范围之内。

（3）进行成本费用预测

根据酒店成本费用与相关因素指标的内在联系，来掌握成本费用变动的趋势和水平，以更好地进行成本费用的控制。例如，某酒店根据市场情况预测甲材料随着市场的供不应求，价格将会有上扬的可能，为此加大了采购量，这样一来在一定程度上就规避了日后原材料采购成本加大对于酒店成本费用的影响。

（4）处理成本费用问题

酒店在成本控制过程中会随时发现问题，对于成绩应总结推广，对于问题应及时纠正解决，以不断完善成本控制，提高酒店的经济效益。

6.2.3 成本费用控制的工作体系

为保证成本控制工作能顺利开展，需要建立一套完整的保障体系。

（1）建立归口分级管理责任制

由财务部门把成本费用控制指标分解落实到各个有关归口管理部门，各部门再把各部门指标进一步分解落实到各个班组及个人，并结合每个班组及个人的经济责任制、考核指标的执行情况，使各部门、各班组及每个人都清楚各自的成本费用控制目标，关心成本费用指标的完成，使成本费用管理真正成为全员性的管理。

(2) 建立成本控制的指标体系

由财务部门和其他部门互相配合，进行反复对比研究，并参照本酒店历史最好水平及同行业先进水平，制定出各部门、各班组及个人的成本控制指标，使酒店的生产经营按照严格的计划进行，而不盲目从事。

(3) 建立相应的制度

为保证成本费用控制能够真正实施，需要建立相应的经济责任制，把每个部门、班组、员工的工资奖金与成本费用指标挂起钩来，以保证成本费用控制得以实现。

6.2.4 成本费用控制的基本方法

酒店成本费用控制主要有预算控制法、标准成本控制法和主要消耗指标控制法。

6.2.4.1 预算控制法

成本费用预算是酒店经营支出的限额目标。预算控制法就是以分项目、分阶段的预算指标作为测量、控制实际成本费用的尺度，通过实际与预算指标的比较分析，发现问题，解决问题，从而保证成本费用预算实现的一种方法。

【例6-1】 某酒店2010年度成本费用预算总额是5000万元，在预算控制法下为了确保成本费用预算的实现，就要将成本费用指标分解到客房部、餐饮部、康乐部、销售部、工程部等各部门，由于成本费用每个月都要进行核算，还要将成本费用按照淡季、旺季分解到各个月份（见图6-1)，同时将指标的完成情况与经济责任制挂钩，指标完成得好，要进行奖励；完成得不好，应根据相关的制度规定进行利益上和责任上的惩处，使每一个人的利益、责任与酒店的经济效益联系起来，形成风险共担，利益共享的管理体制。

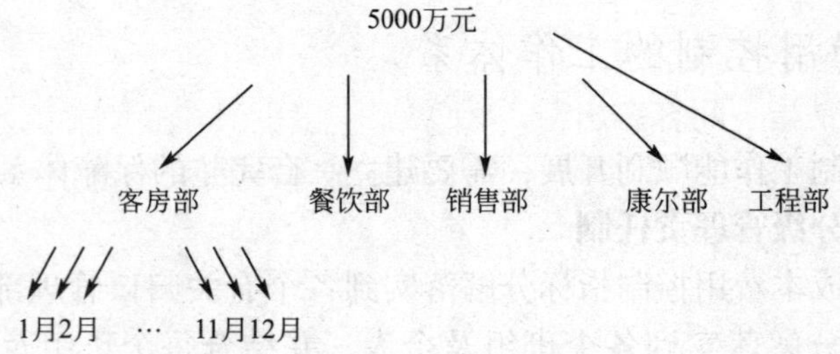

图6-1 某酒店2010年成本费用预算

若成本费用预算只有一个固定指标，在实际工作中就会出现实际完成数与预算指标相比不具有可比性的情况，因而不便于有效地进行成本费用控制。因为预算一般是在预算期前编制的，与实际经营在时间上和空间上都有很大的差距，随着时空的变化，预算编制的根据也随之发生变化，实际成本费用和预算成本费用之间就有可能发生偏离。所以，仅将成本费用预算指定在某一特定水平上的固定预算是不够全面的，为了弥补这种不足，适应不同情况下成本费用的变化，就要编制出弹性预算，也称滑动预算，即在预算期内反映多种业务量水平的成本费用支出预算。这样做既控制了成本费用水平，又免除了调整成本费用预算的工作量，同时能在更加现实和可比的基础上进行成本费用控制方面的业绩衡量。

【例 6-2】 某酒店依据弹性预算编制出的成本费用预算表，如表 6-1 所示。

表 6-1 ××酒店 2011 年成本费用预算表 单位：元

年出租率	60%	70%	80%	90%
变动成本费用	4 000 800	4 800 600	5 600 400	6 800 200
固定成本费用	8 000 000	8 000 000	8 000 000	8 000 000
成本费用合计	12 000 800	12 800 600	13 600 400	14 800 200

根据表 6-1，将实际成本费用与滑动成本费用预算中同样经营量对应的预算指标进行比较，就可以发现差距，从而进一步搞好成本费用的控制。

6.2.4.2 标准成本控制法

标准成本是指正常条件下某营业项目的标准消耗（只包括营业成本、营业费用，不分摊到部门的管理费用、财务费用除外）。标准成本控制就是以各营业项目的标准成本作为依据来对实际成本进行控制的方法。

由于酒店经营活动项目不同，因此，各部门标准成本的确定及计算方法也不相同，现分别根据酒店的经营特点论述如下。

(1) 间天出租成本

间天出租成本是指一间客房出租一天的成本。用公式表示：

$$\text{客房间天出租成本}=\text{间天固定成本}+\text{间天变动成本}$$

或

$$\text{客房间天出租成本}=\frac{\text{计算期全年客房成本费用总额}}{\text{可出租客房数量}\times\text{出租率}\times 365}$$

客房的单位是间，客房的折旧和低值易耗品的摊销在大部分酒店都是按照使用年限法计提的，无论客房是否出租，每间客房都必须计提折旧，摊销各种低值易耗品。客房出租以天为单位，客房出租以后，客人会消耗水、电及各种物料用品，此外还要为客人提供相关的各种服务。以上这些支出就构成了客房的间天成本。由于酒店的淡、旺季，每间客房在不同时期出租的天数是不同的。出租时间越多，客人在客房的消耗会增加，但出租单位时间应负担的各项固定费用相应减少。因此，同一间客房在相同的期限内，出租时间的多少以及出租时间应负担的费用是不同的。所以，只计算每间客房的出租成本，不能有效地进行成本费用的控制，必须计算每一间客房出租一天的成本，即以"间天出租成本"作为标准，用来与客房间天实际成本进行比较分析，才能达到成本控制的目的。

（2）百元营业额主营业务成本

百元营业额主营业务成本是指百元营业收入中主营业务成本的支出限额。该指标适用于餐饮、康乐、商品等部门。餐饮部销售的食品、饮料品种繁多，不便于对每一种食品、饮料的成本核定定额进行控制。同样康乐部经营项目多样，也不便对每一项目核定成本。商品部亦如此。所以，这些部门可以用百元营业额这样综合的数量指标作为控制依据。百元营业额主营业务成本计算公式为：

$$\text{百元营业额主营业务成本} = \frac{\text{计算期主营业务成本}}{\text{计算期营业收入}} \times 100\%$$

公式中主营业务成本指餐饮部的食品原材料成本、商品部商品的进价成本、康乐部的直接支出。这些部门在实施成本费用控制时，还可根据各部门的经营特点及成本费用控制要求，制定出"百元营业额营业费用"等其他控制指标，以保证成本费用预算的实现。

为了使上述标准制定的科学合理，必须在各经营部门参与并反复论证的情况下，确保标准的先进性及可行性，以调动大家执行的积极性。在实际执行过程中要进行成本差异的分析，及时发现差异形成的原因，并分清成本费用差异形成的责任，提出处理意见和方法。

6.2.4.3 主要消耗指标控制法

在酒店的成本费用中各种消耗对成本费用数额的影响是各不相同的，有的支出数额很大，有的支出数额很小。因此，那些指出数额很大的成本费用项目对于成本费用预算是否能完成起着重要的作用，需要对这些主要消耗实行重点影响的主要消耗指标实施控制的方法。解决问题要抓住主要矛盾，主要矛盾解决了，次要矛盾也就迎刃而解了。同样要搞好成本费用的控制。酒店各部门应根据各自的主要耗费制定相应的控制标准和方法，以便更好地搞好成本费用管理。主要消耗和支出指标的计算方法，与标准成本计算方法近似。下面分别论述如下。

（1）客房间天物料用品消耗额

酒店客房部费用支出中的一项主要消耗是物料用品，为了严格控制物料用品的支出，避免物料用品不必要的损耗和流失，必须制定相应的控制标准，并结合有关的管理制度进行管理。为此可通过间天物料用品消耗额进行控制，计算公式为：

$$\text{间天物料用品消耗额}=\frac{\text{计算期物料用品消耗额}}{\text{可出租客房数量}\times\text{计算期天数}\times\text{出租率}}$$

（2）百元营业额燃料消耗额

酒店餐饮部的主要支出除了食品原材料、人工成本等外，燃料消耗也是一项重要开支，为了更好地对燃料消耗实施管理，可以通过百元营业额燃料消耗额进行控制，计算公式为：

$$\text{百元营业额燃料消耗额}=\frac{\text{计算期燃料消耗额}}{\text{计算期营业收入总额}}\times 100\%$$

酒店可根据各自的经营特点，结合本部门的主要消耗，制定行之有效的控制标准。这些指标一经制定，应有相应的制度配合，如经济责任制，使每个员工的切身利益与成本费用控制指标相挂钩，以保证成本费用预算的完成。

6.3 保本点分析法及其运用

6.3.1 保本的意义

经营保本是指酒店在业务经营过程中，其营业收入正好抵补支出，不盈不亏。这种经营状态称为经营保本。这种经营状态下的收入称为保本收入。它表明酒店在一定时期内的接待量（或营业额）达到这个量（或金额）以上，酒店才能赢利。反之，低于这个量（或金额）时，酒店会发生亏损。用公式来表示：

$$\text{收入}-\text{成本费用}=0$$

根据税法的有关规定，酒店只要有营利行为并取得收入就要缴纳营业税金及附加，因此，酒店要做到经营保本其营业收入不仅能抵补成本费用支出，还应在扣除营业税金及附加后不盈不亏，这时才是真正意义上的经营保本。用公式可以表示为：

$$\text{营业收入}-\text{成本费用}-\text{主营业务税金及附加}=0$$

或

$$\text{成本费用}=\text{营业收入}-\text{主营业务税金及附加}$$

在现代酒店的财务管理中，做好经营保本预测具有以下重要的意义。

第一，经营保本是酒店进行简单再生产的保证。任何一个酒店都是以盈利为目的的，而盈利是为了使酒店能不断有新的投入，进行扩大再生产。如果酒店不能赢利，要想生存下去，其最基本的条件应是经营保本。否则，酒店收不抵支，不能补偿消耗的原材料、不能支付员工的工资、不能进行设备的更新，到了一定时期酒店就无法维持正常的经营活动，最终导致酒店破产倒闭。

第二，通过经营保本预测，可以控制酒店经营，了解酒店经营状况，从而改善酒店经营管理水平，提高酒店经济效益。因为经营保本的预测把酒店的收入、成本费用、盈亏这三者有机地联系起来，不仅可以对酒店的经济效益进行事前分析，还有助于解决酒店经营管理上的诸多问题。例如，客房的出租率、餐饮部的上座率达到什么样的水平，酒店才能经营保本。通过这样一系列的预测，就可以使酒店的经营管理者对本酒店的业务经营情况做到心中有数。

6.3.2　保本分析点的计算

酒店在进行保本分析时首先要搞清楚边际贡献（亦称边际利润）这一概念。边际贡献是指酒店的营业收入减去变动成本及营业税金及附加后的余款，即

$$\text{边际贡献} = \text{营业收入} - \text{变动成本} - \text{营业税金及附加}$$

从公式中可以看到，酒店实现边际贡献后首先补偿固定成本，当边际贡献等于固定成本总额时，酒店不盈不亏，盈亏平衡经营保本。当边际贡献小于固定成本总额时，酒店发生亏损；反之，当边际贡献补偿固定成本以后出现盈余，则酒店实现了利润。

边际贡献除可用上述绝对数值来表示外，还有一种相对数值表示方法，即边际贡献率：

$$\text{边际贡献率} = \frac{\text{边际贡献}}{\text{营业收入}} \times 100\%$$

或

$$\text{边际贡献率} = 1 - \text{变动成本率} - \text{主营业务税金及附加税税率}$$

酒店经营保本预测，一般可通过下列计算公式求得：

$$\text{保本收入（盈亏临界点收入）} = \frac{\text{固定成本总额}}{\text{边际贡献率}}$$

$$\text{保本接待量（盈亏临界点接待量）} = \frac{\text{固定成本总额}}{\text{边际贡献}}$$

对于酒店来说，各部门有不同的业务经营特点，因此，经营保本分析的方法也有所不同，下面分别介绍。

6.3.2.1　客房经营保本的分析

$$\text{保本收入} = \frac{\text{固定成本总额}}{1 - \text{变动成本率} - \text{税率}}$$

上述公式分析出的保本收入表示：酒店的收入达到多少时，酒店的经营状况是不盈不亏经营保本。但这一绝对数指标通常很难直观地反映出酒店的经营状况，所以在预测保本收入的同时还要预测保本出租率：

$$保本出租率 = \frac{保本收入/平均房价}{可供出租客房间天数} \times 100\%$$

【例 6-3】 某饭店有客房 300 间，年固定成本总额为 500 万元，每间客房的平均房价为 100 元，单位变动成本为 20 元，主营业务税金及附加的税率为 5.5%，则

$$边际贡献 = 100 - 20 - 100 \times 5.5\%$$
$$= 74.5\text{（元）}$$

$$客房年保本销售量 = \frac{5\,000\,000}{74.5} \approx 67\,114\text{（间天）}$$

$$年保本出租率 = \frac{67\,114}{300 \times 365} \times 100\%$$
$$= 61.29\%$$

通过以上的测算，酒店的经营管理者可以了解到当客房出租率达到 61.29%，年保本收入达到 6 711 400 元时，该客房部的经营是一种经营保本状态。客房部要赢利，需要广招客源提高客房的出租率，增加酒店营业收入。

6.3.2.2 餐饮经营保本分析

相关概念和计算公式：

$$毛利 = 单位收入 - 直接成本$$
$$加成率 = 毛利/直接成本$$
$$= 毛利率/(1 - 毛利率)$$
$$毛利率 = 加成率/(1 + 加成率)$$
$$边际贡献 = 单位收入 - 直接成本 - 其他单位变动费用 - 主营业务税金及附加$$
$$= 毛利 - 其他单位变动成本 - 主营业务税金及附加$$
$$边际贡献率 = 1 - 直接成本率 - 其他单位变动成本率 - 税率$$
$$= 毛利率 - 其他单位变动成本率 - 税率$$
$$保本收入 = \frac{固定成本总额}{毛利率 - 其他变动成本率 - 税率}$$

上述公式中毛利率是指营业收入扣除食品原材料成本以后的余额占营业收入的百分比。它是按综合毛利率计算的。其他变动成本率则是除去食品原材料成本以外的其他变动成本占营业收入的百分比。

同客房一样，餐饮部在预测保本收入的同时还要分析保本餐位利用率，以便能更

好地了解酒店经营保本状况。保本餐位利用率的计算公式为：

$$保本餐位利用率=\frac{保本收入/平均消费水平}{餐位数量\times 餐次\times 报告期天数}$$

【例 6－4】　某餐厅年固定成本总额为 100 万元，平均毛利率为 55%，其他变动成本率为 10%，营业税金及附加的综合税率为 5.5%，则

$$边际贡献率=55\%-10\%-5.5\%$$
$$=39.5\%$$

$$年保本收入=\frac{1\ 200\ 000}{39.5\%}$$
$$\approx 3\ 037\ 974.68（元）$$

又知该餐厅人均消费水平 50 元，一日开三餐，餐位数量 200 个，则

$$保本餐位利用率=\frac{3\ 037\ 974.68/50}{200\times 3\times 365}\times 100\%$$
$$=27.74\%$$

同时上述计算可以算出餐厅年保本收入。用该指标与餐厅年实际收入进行比较，可以掌握酒店盈亏情况。用相对数指标保本餐位利用率与实际情况进行比较，可以随时了解酒店的经营情况，及时发现问题，解决问题。

6.3.2.3　商场经营保本预测

$$保本收入=\sum\left(\frac{某类商品固定成本总额}{1-某类商品变动成本率-税率}\right) \qquad (6-1)$$

或

$$=\sum\left(\frac{某类商品年固定成本总额}{毛利率-变动成本率-税率}\right) \qquad (6-2)$$

公式（6－1）中的变动成本率为某类商品变动成本占营业收入的百分比；公式（6－2）中的变动成本率是指某类商品变动成本扣除商品进价成本以外的其他变动成本占营业收入的百分比。

由于商场经营各类商品，而各类商品的进销差价率不同，因此，应当分类计算各类商品的保本收入。各类商品保本收入之和就形成了商场总体保本收入。由此也就产生了商品销售收入总额构成对商场保本收入的影响。也就是说在分析保本收入的同时也要分析保本收入的构成，即各类保本收入占整个商场保本收入的百分比。

6.3.3　保本点分析法在酒店经营决策中的运用

保本点分析法实际上是量本利分析法的一个特例。它是在利润为零的情况下研究

销售量（额）与成本之间的变动关系。众所周知，保本并不是目的，盈利才是目的。但是只有先保本才可能有利润，从财务上说保本是经营活动的最低要求。在此基础上我们再来看具有一定利润的前提下这三者的变动关系。

这三者的变动关系可以用下面的公式来表示，即

$$目标销售量（额）=\frac{固定成本+目标利润}{边际贡献（率）}$$

【例6-5】 某酒店有客房300间，每间客房平均房价为120元，单位变动成本为30元，年固定成本为450万元，主营业务税及其附加的税率为5.5%，预计本年的客房出租率为45%，试预测本年度盈利或亏损数额是多少？如要达到100万元的目标利润，出租率需要提高多少？

$$边际贡献=120-30-120\times5.5\%$$
$$=83.4（元）$$
$$300\times45\%\times365\times83.4-4\ 500\ 000=390\ 465（元）$$
$$\therefore 亏损390\ 465元。$$
$$目标销售量=\frac{4\ 500\ 000+1\ 000\ 000}{83.4}\approx65\ 947（间天）$$
$$目标出租率=\frac{65\ 947}{300\times365}\times100\%\approx60.23\%$$
$$60.23\%-45\%=15.23\%$$
$$\therefore 出租率需要提高15.23\%。$$

【本章小结】

本章主要阐述了酒店成本费用的概念、分类，成本费用管理的意义、原则；酒店成本控制的基本程序和方法；重点介绍了保本分析点的计算及运用。

【关键性术语】

成本费用、固定成本、变动成本、可控成本、不可控成本、成本控制、保本点分析。

【思考题】

1. 如何理解酒店成本费用的概念和内容？
2. 酒店成本管理有哪些原则？
3. 酒店成本有哪些方法？
4. 酒店成本费用有哪些分类？

【计算题】

1. 某饭店有400间客房，年固定费用500万元，房价为120元/间天，单位变动费用为45元，税率为5.5%，试计算保本出租率。

2. 某饭店有客房200间，房价为100元/间天，单位变动费用为40元，税率为5.5%，年固定费用为143万元，预计今年全年营业收入为220万元，试计算其盈利或亏损数额 。如要实现60万元的目标利润，客房出租率需提高多少？如出租率无法提高，要实现目标利润，房价需提高多少？

3. 某餐厅有餐位300个，平均消费水平为60元，餐厅年固定费用为400万元，单位变动费用为10元，平均加成率为150%，税率为5.5%，试计算保本餐位利用率。

【案例分析】

7天酒店开始成本“加法”

“（成本）不再砍了，从现在开始，我们要追加投入。”2010年9月26日，7天连锁酒店（以下简称“7天酒店”）首席执行官郑南雁在接受记者专访时，称该公司在成本端的严厉节约名声可能过分了。在2010年二季度，7天酒店的酒店运行成本占其净收入的78%，同比、环比均告下降。在包括被7天酒店内部称为“春雷行动”（即2010年3月7天酒店宣布取消一次性客房用品的默认免费提供，降低酒店供应品占成本比例）大规模成本减法实施后，郑南雁宣称以至少达6000万~7000万元人民币的开销，为7天酒店升级客房床垫，成为该酒店成本控制加法的第一个大型试验。“我们的成本结构能够支持这笔开销，对手未必能负担。”郑南雁解释说，“这样的代价，即使只能换来入住率1%的提升，也值得。”7天酒店运作营销副总裁韩俏帆透露，不排除未来会进一步升级客房设施。“在会员规模已过千万的基础上，进行系统性升级的成本是可承受的。”

尽管自香港雅兰集团采购市面均价在3000元/张以上的床垫，以7天酒店目前拥有多达6万张酒店床垫计算，全面升级的账面耗资高达1.8亿元，但郑南雁却认为，这笔开支不会对上市公司带来很大的影响。“这批床垫拥有10年的保修，分摊到每年的摊销成本，不过500万~600万元，依靠7天酒店现有的成本节省手段，已经足够支付这笔费用。”在不透露实际支出成本的前提下，他这么解释。“然而这笔支出又足够大，令对手难以模仿。因为他们的成本结构不能承受，对我们而言，只是对现金流略有影响。”他补充说。

7天酒店当前的成本结构显示，租金占其净收入的36.3%，与行业水平相当。据悉，如家酒店的租金成本仅占净收入的26%。郑南雁指出，原因在于如家酒店的大量酒店租约是在2005年前签订的。而7天酒店人力成本只占16.4%，韩俏帆认为这是全行业最低的，因自助免费服务只能通过网络选定，而且7天酒店没有介入日租房

（时钟客房）业态，因此节省客房维护的人力。此外，摊销与折旧成本占11.6%；销售与营销费用占2.3%；管理与行政费用占7%。“资本支出的增加是相对的，即使是成本节约措施，在一开始推行时都往往增加行政管理成本。”郑南雁举了7天酒店2009年开始对客房毛巾进行包装的例子。“尽管这最终降低了清洗费用，但一开始是增加了包装成本的。”

对于酒店升级支出会否最终转化为房费提升压力时，韩俏帆解释：“这些服务通过网络预订几乎不需要什么成本，因此我们只会针对坚持使用人工服务预订的消费者收费。同样，这些新服务的推广，也只会通过我们的网站进行，规避客服推广的难度和成本。”7天酒店正在内部试验如何能进一步延长消费者的每次入住天数，因为长于1天的入住天数可以降低成本。

【案例思考题】

7天连锁酒店追加成本目的何在？通过此案例你对酒店成本控制有何新的理解？

【本章推荐阅读书目】

1. 酒店业财务管理．马桂顺．清华大学出版社，2005.
2. 饭店业管理会计．4版．Raymond S. Schmidgall. 徐虹 主译．中国旅游出版社，2002.
3. 旅游饭店财务管理．徐虹．南开大学出版社，2001.

第 7 章

酒店营业收入、税金和利润管理

学习目标

知识目标： 了解酒店价格制定的原则、方法，营业收入的结算方式与控制，税金的管理程序，利润分配的原则、程序、政策；

熟悉酒店营业收入预算编制方法、税金种类与计算方法、利润预测方法。

技能目标： 掌握酒店营业收入预算编制的方法；

掌握酒店各种税金计算的方法；

掌握利用本量利分析法进行酒店利润预测的要领与方法。

能力目标： 能灵活运用各项数据对酒店营业收入、税金、利润进行预算编制与计算。

【章首案例】

从杭州西湖免费开放谈起

在全国多数重要旅游景点的门票价格逐步上涨的背景下，杭州西湖不仅没有提高门票价格，反而一直免费开放，并且取得了良好的效益。我们把杭州市的这种与众不同的做法称为“反弹琵琶”。2003 年 4 月，没有围墙、不收门票的整个西湖把自己的每一寸绿地和每一处景观都免费提供给市民和游客。当时有关专家说，西湖不收门票当然“亏”了——全市每年要少掉几千万元的门票收入。然而一年以后，杭州有关部门算了一笔账：西湖门票虽然少掉几千万元收入，但却因此赢得了上亿元的收益。西湖南线未取消门票之前，每年门票收入为 600 万元左右，而取消了门票之后，这里的游人剧增，人气很旺，仅沿线商铺每年的拍卖总收入就已达到了 700 万元。不仅如此，2004 年国庆黄金周期间，杭州接待外地游客的旅游收入达 14. 78 亿元，比上年同期增长了 51. 43%。2004 年与 2003 年相比，外汇收入为 5. 97 亿元，增长 41. 5%；国内旅游收入 361. 18 亿元，增长 24. 1%；全年实现旅游产业增加值 156 亿元，增长 23. 4%。

众所周知，旅游产品有两个重要特点：一是它属于需求富有弹性的产品，即需求量变动的幅度大于价格变动的幅度。因为这种产品属于奢侈品，不是人们生活必需的东西，是否购买这种产品主要取决于收入状况和价格水平，故它受价格变动的影响较大。另外，旅游产品之间的可替代程度较高，当一个旅游点的价格高或服务不好时，旅游者就可能选择到其他地方旅游。二是旅游产品具有消费上的关联性和多样性。旅游产品的消费和其他商品不同，人们购买一般商品一次可能只买一件或两件，但外出旅游特别是远距离旅游一般要参观若干地方，而不会局限于一两个景点，否则消费成本太高了。旅游产品消费的多样性表现在它是集观、行、吃、住、购物等为一体的消费行为。旅游产品的这两个特点决定，在旅游产品比较集中的地方，保持旅游产品的低价位有利于增加总收益。

杭州市是一个旅游资源丰富的城市，如何形成和扩大旅游产品总需求是提高旅游产业经济及社会效益的重要环节。扩大旅游产品总需求，在价格上起码有两种策略可供人们选择：一是低价位策略，即薄利多销；二是高价位策略，就是依靠较高的价格增加收益。杭州市选择的是第一种策略。西湖实行免费开放，价格降为零，就是这种策略的集中表现。将旅游产品价格保持在较低的价位上，必然会吸引更多的旅游者来杭州旅游，同时由于杭州市旅游资源丰富，旅游者自然而然地会多去一些景点，在杭州逗留的时间相应会延长，住宿、购物、交通、饮食等方面的需求必然相应增加。最终结果是旅游产品的综合销售收益扩大。

由此可见，杭州西湖免费开放看似亏本，实则赚钱，其奥妙就在于对旅游产品特性理解得透，对生财的机制运用得好。旅游企业必须深刻理解财务管理的对象、原则和方法，要从单纯的会计核算走出来，以增加旅游企业效益为着眼点，合理配置各项资源，灵活运用价格调节手段，实现旅游企业效益最大化目标。

7.1 酒店营业收入管理

酒店营业收入管理是酒店管理的重要部分。酒店营业收入管理是为了保证酒店住宿、餐饮营业收入，确保会计资料的准确性与可信性，而制定的协调方法和控制措施。良好的酒店营业收入管理不仅能保证酒店营业收入的提高，而且能够促进酒店的服务水平，树立酒店形象，促进员工内部团结，对酒店的运作具有重要意义。

7.1.1 酒店价格管理

酒店产品价格是产品价值的货币表现。产品价值包括已耗生产资料的价值、必要劳动创造的价值、剩余劳动创造的价值3部分，用货币形式表现分别为物资消耗支出、劳动报酬支出、税金和利润。所以，产品的价格具体表现为产品成本费用、利润和税金。

7.1.1.1 酒店价格的意义

商品或服务的销售价格是对酒店营业收入影响最大的因素之一，是酒店竞争的一个重要手段，同时也是顾客最为关心的一个方面。因此，酒店要对商品或服务的销售价格加强管理。合理的定价，有利于提高酒店的竞争能力，能够保证酒店在提供一定的商品或服务以后，取得预想的营业收入；同时价格又是市场最敏感最复杂的问题，定价合理与否，关系着酒店劳动消耗是否能够得到补偿，决定着产品的市场销路，直接影响着酒店的营业收入和市场竞争能力。

7.1.1.2 影响酒店价格制定的因素

酒店产品价格因为受多方面经济因素的影响往往并不等于其产品价值，因此，在确定酒店产品价格时应考虑以下几个方面的影响因素。

（1）成本因素

酒店在制定价格时要考虑多种因素，其中成本是影响酒店价格的最基本因素。同时，成本也是酒店制定价格的最低经济界限。从长期来看，酒店价格必须不低于酒店成本。只有这样，酒店价格才能补偿酒店服务过程中所消耗的生产资料转移价值和支付劳动的合理报酬，酒店的持续经营才能得以维持。也就是说，产品的售价只有高于其成本，才有可能赢利。否则，就会亏损。因此，酒店在制定价格时必须考虑补偿成本，这是保证酒店生存和发展的基本条件。

(2) 需求因素

产品的最低价格取决于产品成本，最高价格取决于产品的市场需求，市场需求对酒店定价有着重要影响。分析需求对价格的影响主要是分析潜在顾客人数、顾客可能购买的数量及顾客对不同价格的反应。也就是分析市场潜力与需求价格弹性。市场潜力是指在一定的价格水平上，市场需求可能达到的最高水平。需求的价格弹性反映需求对价格的敏感程度，以需求变动的百分比与价格变动的百分数之比值来计算。即价格变动1%会使需求变动百分之几。在正常情况下，市场需求会按照与价格相反的方向变动。价格提高，市场需求就会减少；价格降低，市场需求就会增加。这是供求规律发生作用的表现。因此，每个酒店都要预测各种价格水平下的市场需求状况。根据市场需求的大小，选择合理的价格水平，以便顺利地将产品销售出去，获取尽可能大的利润。同时，酒店产品的需求价格弹性制约着酒店的价格决策。如果忽视这一点，盲目提高价格，就会抑制市场需求，造成酒店产品滞销。

(3) 竞争因素

现实的和潜在的竞争对手对于酒店产品定价的影响很大。竞争越激烈，对酒店价格的影响也越大。在完全竞争的市场中，酒店几乎没有定价的主动权，竞争的强度主要取决于酒店产品的质量高低和供求的形势。由于竞争影响定价，酒店要制定有效价格措施，必须要充分了解竞争者的情况。比如，主要竞争对手来自哪里，他们的实力如何，采取什么定价策略等。

(4) 心理因素

在消费者心目中，对产品价格常有一种主观的估计。即在消费者心目中，产品值多少钱，称之为心理价格。心理价格是一种被认为由于情感反应，而不是出于经济考虑所产生的。随着经济的发展和科学技术的进步，以及消费水平的提高，心理因素对定价的影响越来越大。掌握消费者的心理，使定价恰到好处，有利于使酒店产品和服务进入市场。假如某种酒店服务的需求量一定，当供给量增加时，价格会下降：反之则上升。在其他条件都不变的情况下，酒店服务价格越高，则需求表现出减少趋势；反之则增加。因此，酒店所制定的价格的高低将影响到酒店产品的销售，影响酒店销售目标的实现。

(5) 政策和法律因素

在市场经济条件下，国家在自觉运用价值规律的基础上，通过制定物价工作方针和各项政策，对酒店产品价格实施宏观调控。国家的制度与规定有监督性的，有保护性的，也有限制性的，酒店定价时必须严格遵守。酒店虽然有自主定价权，国家不直接进行干预，但对于利用垄断价格牟取暴利，或以不正当的手段哄抬物价，欺骗消费者的行为，国家是坚决反对的。

7.1.1.3 酒店价格制定的目标

价格制定的目标既是明确酒店产品定价的方向，又是酒店经营目标的具体体现。定价时要考虑下列目标。

（1）利润导向目标

利润导向目标是指酒店以追求最大利润为目标进行价格决策。

酒店追求最大利润要处理好以下关系：第一，要处理好短期利益与长远利益的关系。酒店应把追求最大利润作为一个长期目标、一个战略目标来实现，而不能只顾眼前利益，盲目追求最大利润，做一锤子买卖。第二，要处理好局部利益与整体利益的关系。酒店追求最大利润应以酒店整体经营效益来衡量，既要考虑酒店微观经济效益，又要考虑社会宏观效益。

（2）收益导向目标

收益导向目标是指酒店以获得其投资的预期收入为目标进行价格决策。任何企业对于其投资都希望获得预期的报酬，预期报酬水平通常用投资收益率指标来衡量。为实现收益导向目标，酒店一般采用成本加成定价法，因而难免会忽略诸如市场需求、竞争格局等重要影响因素。所以，实行预期收益定价目标的酒店，应具备较强的实力，在本行业中处于领先地位，或其经营差异化程度高。

（3）销售导向目标

销售导向目标是指酒店以达到一定的销售量或市场占有率为目标进行价格决策。市场占有率对酒店而言十分重要。它是一个酒店经营状况和竞争力状况的直接反映，酒店只有获得更大的市场份额才可能在市场上取得更为有利的控制权。从长远看，获得最大市场份额，就能获得长期最大利润。由于市场占有率指标对于酒店经营具有特殊的作用，所以，部分酒店用一定时间的低价和高促销策略来建立和扩充其市场份额，尤其是对正处于成长期的产品更为适宜。

（4）竞争导向目标

竞争导向目标是指酒店以在激烈竞争的市场上应付或避免发生价格竞争为目标进行价格决策。大多数酒店对于竞争对手的价格比较敏感，酒店通常的做法是以对产品价格有决定影响的竞争对手的价格为基础，在广泛收集资料、慎重比较权衡以后，对本酒店产品的定价方法做出抉择。采用的方法有：第一，以低于竞争对手的价格销售产品；第二，以高于竞争对手的价格销售产品；第三，以与竞争对手相同的价格销售产品。

（5）稳定导向目标

稳定导向目标是指酒店成为行业领导者后，其产品已经拥有很大的市场份额。由此酒店会为自己的产品谋求一个相对稳定的价格。稳定的价格通常是获得一定目标收益的必要条件，尤其当酒店拥有丰富的资源，需要一个长期稳定发展的市场时，或者在市场供求与价格经常发生波动时，为了稳定市场而稳定价格就显得尤为重要。

7.1.1.4 酒店价格制定的方法

酒店主要以出售客房、饮食产品及服务为主要经营手段。由于客房、饮食产品成本和经营方式具有不同的特点，因此，酒店应根据这些特点和定价方法采取不同的方法，灵活地制定价格，以实现经营目标。下面就以客房、饮食制品为例说明酒店价格制定的方法。

（1）客房产品的定价方法

成本定价法 是以客房固定成本、变动成本为基础，通过分析成本、税金和利润的数量关系，然后根据客房出租率来制定客房价格的一种方法。

其计算公式为：

$$理论成本=\frac{客房总成本费用}{365\times 客房总面积}\times 平均每间客房面积$$

$$出租成本=\frac{理论成本}{1-房间闲置率\times 每天每间客房固定成本占单位成本的比率}$$

$$平均房价=\frac{出租成本}{1-税率-利润率}$$

【例7-1】 某酒店有客房400间，客房总面积8800m^2，预算客房年度固定成本费用7 000 000元，单位变动成本费用35元/间·天，每天每间客房中固定成本费用占单位成本费用的50%，预计出租率70%，营业税金率5%，利润率40%，计算酒店客房的平均价格。

$$客房总成本费用=7\ 000\ 000+35\times 400\times 70\%\times 365=10\ 577\ 000\ （元）$$

$$客房理论成本=\frac{10\ 577\ 000}{365\times 8800}\times(8800\div 400)=72.45\ （元）$$

$$客房出租成本=\frac{72.45}{1-(1-70\%)\times 50\%}=85.24\ （元）$$

$$客房平均房价=\frac{85.24}{1-5\%-40\%}=154.98\ （元）$$

目标利润定价法 目标利润定价法是在客房成本预算的基础上，通过确定目标利润来制定客房价格的一种方法。计算方法如下：

第一，预算年度成本费用，包括人工费、固定资产折旧费、开办费、能量消耗、物质消耗、利息、保险费、办公费等。

第二，确定目标利润。其计算公式为：

$$目标利润=年度总成本费用\times成本费用利润率$$

第三，制定平均房价。其计算公式为：

$$平均房价=\frac{年度总成本费用+目标利润}{客房数量\times客房出租率\times365}$$

【例7－2】　某酒店有客房300间，年度总成本费用6 300 000元，客房出租率70%，目标成本费用利润率50%，计算平均房价。

$$平均房价=\frac{6\ 300\ 000+6\ 300\ 000\times50\%}{300\times70\%\times365}=123.29\text{（元）}$$

总经费法　是在客房成本预算的基础上制定客房价格的一种方法。其计算公式为：

$$每日经费=\frac{全年总经费}{日历天数}$$

$$日均目标营业额=\frac{每日经费}{1-税率-利润率}$$

$$平均房价=\frac{日均目标营业额}{客房数量\times客房出租率}$$

式中，年度总经费是指客房经营过程中全年的费用开支，包括固定费用和变动费用。

【例7－3】　某酒店有500间客房，客房销售有季节性波动，全年客房固定成本费用总额为9 125 000元，单位变动成本费用40元/间·天，淡季110天，利润率15%，出租率50%；旺季255天，利润率45%，出租率80%，营业税金率5%。计算不同时期的客房平均价格。

● 计算客房总经费：

$$淡季客房总成本费用=9\ 125\ 000\times\frac{110}{365}+40\times500\times50\%\times110=3\ 850\ 000\text{（元）}$$

$$旺季客房总成本费用=9\ 125\ 000\times\frac{255}{365}+40\times500\times80\%\times255=10\ 455\ 000\text{（元）}$$

● 计算客房每日经费：

$$淡季每日经费=\frac{3\ 850\ 000}{110}=35\ 000\text{（元）}$$

$$旺季每日经费=\frac{10\ 455\ 000}{255}=41\ 000\text{（元）}$$

● 计算客房日均目标营业额：

$$淡季客房日均目标营业额 = \frac{35\ 000}{1-5\%-15\%} = 43\ 750（元）$$

$$旺季客房日均目标营业额 = \frac{41\ 000}{1-5\%-45\%} = 82\ 000（元）$$

- 计算客房平均价格：

$$淡季客房平均价格 = \frac{43\ 750}{500 \times 50\%} = 175（元）$$

$$旺季客房平均价格 = \frac{82\ 000}{500 \times 80\%} = 205（元）$$

（2）饮食制品的定价方法

酒店饮食制品的价格是由原材料成本和毛利额构成的。其中，定价的重点是掌握好毛利率的高低。酒店可根据“按质论价、优质优价、时菜时价”的原则，按国家规定的毛利率幅度和酒店经营服务特点，逐一确定饮食制品的毛利率以后，再根据饮食制品的原材料成本计算饮食制品的销售价格。

销售毛利率法 就是饮食制品的毛利与其销售额之间的比率。其计算公式为：

$$销售价格 = \frac{食品原材料成本}{1-销售毛利率}$$

采用销售毛利率计算价格，对毛利率在产品销售额中的比重十分清楚，一目了然，有利于销售核算。

成本毛利率法 就是饮食制品的毛利与其成本之间的比率，也称外加毛利率或加成率。成本毛利率法就是按照既定的成本毛利率加成计算饮食制品销售价格的方法。其计算公式为：

$$销售价格 = 食品原材料成本 \times (1 + 成本毛利率)$$

成本毛利率法也称为外加毛利率法或外加法。用成本毛利率法计算饮食制品的销售价格，简单明了，易于掌握，但不易反映饮食制品营业收入中毛利所占的比重，所以一般不采用此法。

7.1.2 酒店营业收入预算

营业收入预算，是确定酒店预算其销售商品和提供劳务的数量和金额的预算。营业收入预算是财务预算的关键，是编制利润预算的基础。在编制营业收入预算时，应通过量、本、利分析，确定有可能使酒店经济效益最佳的销售量和销售单价，同时还应考虑酒店现有经营能力、季节性等因素。下面以酒店客房、餐饮、商品部门为例加以说明。

7.1.2.1 客房预算收入的编制

客房营业收入由客房数量、出租率和平均房价3个因素决定，在客房数量一定、平均房价不变的情况下，客房出租率越高，客房收入也越高；当房价发生变动时，客房收入也会发生变动。但整体来说，出租率是影响酒店客房收入的重要因素。客房营业预算收入（见表7-1）可按下列公式计算：

客房预算收入 = ∑(某种类型客房平均单价 × 某种类型客房可供出租的套数 × 预算期内某种类型客房平均出租率 × 预算期内天数)

表7-1 客房营业收入预算

项目		间	平均开房率（%）	平均房价（元）	天数（天）	金额（万元）
客房	豪华套房	3	40	780	300	28.08
	单人间	20	60	500	300	180.00
	标准间	100	70	380	300	798.00
	小　计	123			300	1006.08

【例7-4】 某酒店豪华套房的平均房价780元，共有3间，该客房平均出租率为40%，如果预算期天数为300天，计算豪华套房预算收入。

$$预算收入 = 780 \times 3 \times 40\% \times 300 = 28.08（万元）$$

7.1.2.2 餐饮预算收入的编制

餐饮营业收入预算要结合客房出租量，客人数量及消费水平，早、午、晚各餐厅上座率、预算期天数等编制。其编制方法如下。

(1) 预测平均消费水平

酒店各个餐厅和餐次的人均消费水平是不同的，因此，预测人均消费水平时，应根据历史资料和价格指数的变动情况，按餐厅分餐次分别预测各个餐厅的人均消费水平，然后预测餐饮营业收入。

(2) 计算餐位平均上座率

酒店依据前几年餐饮部销售实绩和各月度的销售水平来计算平均上座率。各餐厅的上座率不相同。

(3) 预测预算期内的就餐人次

它是根据前几年的历史资料和餐厅接待能力、市场发展趋势、饭店准备采取的营销措施等因素，分餐厅、按餐次分别预测出各个餐厅的就餐人次。

（4）计算餐厅就餐人次

计算餐厅就餐人次是为了反映餐饮部接待能力，要依据不同餐厅的座位数和上座率来确定，计算公式为：

餐厅就餐人次 = 餐厅座位数 × 上座率 × 预算期营业天数

（5）计算餐饮部主营业务收入

餐饮部主营业务收入计算（见表7－2）公式为：

餐厅部预算收入 = ∑（某餐厅人均消费额餐厅的餐位数 ×
某餐厅餐位上座率 × 预算期营业天数）

表7－2　餐饮营业收入预算

餐厅	餐位数（位）	平均消费水平（元）	餐位上座率（%）	天数（天）	小计（万元）
中餐厅	220	80	90	320	506.88
大堂酒吧	60	50	15	320	14.40
中餐包厢	80	130	50	320	166.40
西餐厅	70	100	40	320	89.60
宴会厅	300	90	50	320	432.00
合计	730				1209.28

【例7－5】　某酒店旭日中餐厅有餐位数210位，早餐、午餐、晚餐的平均消费水准分别为20元、60元、70元，餐厅上座率分别为80%、50%、70%，如果预算期营业天数为320天，计算该餐厅的营业收入。

营业收入 = (20 × 210 × 80% + 60 × 210 × 50% + 70 × 210 × 70%) × 320 = 638.40（万元）

7.1.2.3　商品部营业收入预算的编制

商品是酒店营业收入的又一重要组成部分，商品部分业务收入预算（见表7－3）的编制，可以将商品部按商品类别划分不同的营业柜组，分别预算营业柜组在预算期内的主营业务收入额。

商品部主营业务收入预算 = ∑（某类商品预计销售价 × 商品预计销售数量）

表7－3　商品营业收入预算

营业柜组	金额（万元）	计算依据（万元）
品牌服装（代销）	9.00	1.5 × 320 × 20% = 96
工艺品（代销）	19.2	0.3 × 320 × 20% = 19.2
烟酒糖茶	160	0.5 × 320 = 160
合计	188.2	

【例 7-6】 某酒店有品牌服装营业柜组，该柜组的商品属于代销商品，平均每天销售 1.5 万元，20% 的代销手续费，如果预算期天数为 320 天，计算该品牌服装营业柜组的收入是多少？

营业收入 = 1.5 × 320 × 20% = 96（万元）

7.1.3　酒店营业收入日常管理

酒店是向旅客提供产品的服务性企业。它向客人提供食宿等服务，客人进入酒店，便成为酒店服务和销售的对象（客人与酒店的最初接触，往往是在预订房间的时候）。随着客房出租及其他设施、服务的提供，一连串的交易行为在短时间内发生，由于客人住店时间短、来得快、走得快，因此，要求酒店在进行营业收入结算时信用政策明确，记账准确，走账迅速，结账清楚。这就体现出酒店营业收入日常管理的重要性。

7.1.3.1　酒店营业收入的结算方式

酒店营业收入的结算方式有预收、现收、事后结算 3 种方式。

（1）预收

客人在预订房间或者在住店登记时就已付账。

（2）现收

要求客人对饭店的每一项服务直接结账。

（3）事后结算

对客人住店期间的住宿、餐饮和其他服务采用赊销记账的形式，待客人离店时再一起结账。

7.1.3.2　酒店营业收入的控制

酒店营业收入控制环节中涉及岗位多，包括酒店服务员、收银员、房务中心、厨房、酒吧、前台、稽核员等多个岗位。要想搞好酒店营业收入控制，必须明确各岗位权限且协调统一才能达到良好控制效果。

（1）收款

收款是指向客人收取其享受酒店服务的款项。其款项构成了酒店的营业收入，工作项目程序如下：

- 问清客人的房号后收回房卡、钥匙、预付收据，通知房务中心查房，并打出查账单请客人审核确认；

- 核对计算机账单与原始账单是否一致，有无遗漏；
- 收到房务中心查房完毕信息后，用计算机结清全部费用并打印出明细账单；
- 请客人核查明细账单，客人确认无误后，开始收款，如果客人对某项费用有异议，应立即与发生费用的部门联系核查清楚；
- 如果是现金付款，应按照消费总金额冲减预付金额，多退少补；
- 如果是支票付款，应检查支票是否有效，印件是否齐全，有无付款单位账号，开户银行单位全称，然后按账单金额仔细填写金额，并检查填写无误后，将支票的第一联和账单递给客人，请客人留下单位全称、联系人、联系电话，以便事后查找；
- 如果是信用卡付款，应在 POS 机上根据预授权签购单做离线交易，请客人签字，并与信用卡背面的签名及身份证件核对无误后，将信用卡回单呈给客人；
- 计算机最后结账确认并封户。

（2）夜审

夜审是指夜间进行的核数工作或从事夜间核数工作的人员。

夜审的工作对象是各收银点的收银员以及各营业部门交来的单据、报表等资料。其工作目标是通过对这些单据、报表深入细致地查对，纠正错弊、追查责任，以保证当天酒店收入的真实、正确、合理和合法。工作项目程序如下：

- 严格按照酒店制定的价格政策认真审查；认真检查未设置计算机的各营业点上缴的单据和报表；
- 在计算机中过房费，并解出客账余额；
- 检查前台入住手续是否完备，房价标准是否符合规定，优惠房价是否有相应的手续；
- 审核各站点收银员的收入明细表内容是否完整，表、单是否相符，是否与营业收入日报表相符；
- 审核各收银站点收银员开立的账单是否正确，折扣、冲销账手续是否齐全，客人账单合计数与收银员收入明细表是否一致；
- 核实房务中心编报的实际客房使用数是否与总台接洽、收银实际数相符；
- 审核“预收房费单”反映的预收金额与收银员收入明细表是否一致，预收款退款手续是否完备、真实；
- 试算平衡，编制营业收入日报表；
- 整理、保管好各营业点有关营业日报及原始单据、账单附件等，并于次日交接班时转给日审人员；
- 根据审计情况做好审计记录及时上报。

(3) 日审

日审，又称收入稽核，是酒店营业收入的第二次审核。夜审人员经过一夜工作后，第二天早晨把审核过的资料交给日审人员接班后继续审核。工作项目程序如下：

- 负责复检夜间审核员编制的营业报表和单据等；
- 负责监督和复检总出纳清点的前一天各项营业款，核对交款凭证与所上交账款是否相符；
- 符合所有优惠、减免凭单是否内容完整，手续是否健全，是否符合酒店有关规定；
- 负责保管各站点、部门的营业日报表及附件单据；
- 负责整理审核记录每日实际收入、未收账情况、应收款回款情况，并检查每一款项及所填凭证是否相符；
- 负责整理各部门调拨单，并分发给各部门；
- 负责对收费电视、网络订房等的对账、结算工作；
- 负责对前厅部促销房的审核。

7.2 酒店税金管理

7.2.1 酒店税金的种类与计算

税金是国家财政收入的组成部分，是国家按照法律规定的标准取得财政收入的一种手段。

酒店向国家交纳的税金主要有营业税、增值税、消费税、城市维护建设税、房产税、车船使用税、土地使用税、印花税、所得税等。按财务处理方式不同分为 3 类：第一类是销售税，即以销售额为计税依据的流转税，包括营业税、增值税、消费税、城市维护建设税；第二类是计入管理费用的税金，包括房产税、车船使用税、土地使用税、印花税；第三类是所得税，即以应纳税所得额为计税依据的税金。

7.2.1.1 营业税

(1) 营业税的概念

营业税是对中国境内提供应税劳务、转让无形资产或销售不动产的单位和个人，就其取得的营业收入征收的一种税。

(2) 征税对象

营业税的征税对象是指在中国境内提供应税劳务、转让无形资产或者销售不动产

3 个方面。其中应税劳务是指属于交通运输业、建筑业、金融保险业、邮电通信业、文化体育业、娱乐业、服务业税目征收范围的劳务。

(3) 计税依据

营业税以营业额为计税依据，不受经营单位成本费用高低的影响，只要发生营业行为，取得营业收入就要纳税。

(4) 税率

酒店是以提供住宿、饮食、娱乐等服务的综合性企业，其主要经营业务的税率如下：客房销售 5%；餐饮销售 5%；娱乐业收入 5% ~20%。

(5) 纳税期限

营业税的纳税期限分别为 5 日、10 日、15 日或 1 个月。纳税人的具体纳税期限，由主管税务机关根据纳税人应纳税额的大小分别核定；不能按照固定期限纳税的，可以按次纳税。纳税人以 1 个月为期纳税的，自期满之日起 10 日内申请纳税；纳税人以 5 日、10 日或者 15 日为一期纳税的，自期满之日起 5 日内预缴税款，于次月 1 日起 10 日内申报纳税并结清上月应纳税款。

(6) 营业税的计算

营业税应纳税额，一般根据计税金额和适用税率计算，其基本计算公式为：

应纳税额 = 计税金额 × 适用税率

【例 7 - 7】 某酒店本月份客房销售收入 20 万元，客房销售营业税率为 5%，计算本月应纳营业税额是多少？

应纳营业税额 = 200 000 × 5% = 10 000（元）

7.2.1.2 城市维护建设税

(1) 城市维护建设税的概念

城市维护建设税是为筹集城市维护和建设资金，于 1985 年开征的一个税种，以缴纳增值税、消费税、营业税的单位和个人为纳税人。

(2) 征税对象

城市维护建设税的征税对象是纳税人实缴的增值税额、消费额、营业税额。

(3) 计税依据

城市维护建设税的计税依据是纳税人所缴纳的增值税、消费税、营业税的税额。

(4) 税率

城市维护建设税根据纳税人所在地的不同，分别规定不同的比例税率。纳税人所在地为市区的，税率为 7%；纳税人所在地为县城、镇的，税率为 5%；纳税人所在地不为市区、县城或镇的，税率为 1%。

(5) 城市维护建设税的计算

城市维护建设税的计算公式为：

应纳税额 =（增值税 + 消费税 + 营业税）× 适用税率

7.2.1.3　教育费附加

(1) 教育费附加的概念

教育费附加是对缴纳增值税、消费税、营业税的单位和个人征收的一种附加费。

(2) 征税对象

凡缴纳增值税、消费税、营业税的单位和个人，均为教育费附加的纳费义务人（简称纳费人），但暂不包括外商投资企业和外国企业。凡代征增值税、消费税、营业税的单位和个人，亦为代征教育费附加的义务人。农业、乡镇企业，由乡镇人民政府征收农村教育事业附加，不再征收教育费附加。

(3) 计税依据

以纳税人实际缴纳的增值税、消费税、营业税的税额为计费依据。

(4) 税率

教育费附加的征收率为3%。

(5) 教育费附加的计算

教育费附加的计算公式为：

应纳教育费附加 =（实际缴纳的增值税、消费税、营业税3税税额）×3%

7.2.1.4　房产税

(1) 房产税的概念

房产税是以房产为征税对象，依据房产价格或房产租金收入向房产所有人或经营人征收的一种税。

(2) 征税对象

房产税的征税对象是房产。房产税在城市、县城、建制镇和工矿区征税，不在农村征收。

(3) 计税依据

房产税的计税依据是指房产的计税价值或房产的租金收入。按房产计税价值征税的称从价计征；按房产租金收入计征的称从租计征。企业、单位和个人自用的房产有原值的，按原值一次减除10%～30%后的余值计税，具体减除幅度，由省、自治区、直辖市人民政府规定。没有房产原值的，则由房产所在地税务机关参考同类房产核定。房产出租的，以房产租金收入为计税依据。

(4) 税率

房产税采用比例税率，税率分为2种：从价计征的，年税率为1.2%；从租计征的，年税率为12%。

(5) 房产税的计算

从价计征 其计算公式为：

应纳税额 = 应税房产原值 ×（1 − 扣除率）× 税率

从租计征 其计算公式为：

应纳税额 = 房产租金收入 × 税率

7.2.1.5 车船使用税

(1) 车船使用税的概念

车船使用税是对拥有并使用车船的单位和个人征收的一种税。车船使用税在具体征收时，按照其种类和大小设计税额。机动车船税额高，非机动车船税额低；吨位大的车船税额高，吨位小的车船税额低。实行定额征税，按年征收，分期缴纳。

(2) 征税对象

车船使用税的征税对象是车辆和船舶。车辆包括机动车和非机动车；船舶包括机动船和非机动船。

(3) 计税依据

车船使用税对各类车船分别以车辆、净吨位和载重吨位为计税依据。具体包括：除载货车以外的各种车辆，无论是机动车还是非机动车，均按辆计征；载货车和机动船按净吨位计征；非机动船按载重吨位计征。

(4) 税率

车船使用税采用定额税率，具体分为以下2种情况：

- 车辆实行幅度税额，由各省、自治区、直辖市人民政府根据当地的具体情况，在规定的幅度内，确定本地区的适用税额；
- 船舶实行分类分级的固定税额。

(5) 车船使用税的计算

车船使用税的计算公式如下：

机动船和载重汽车的应纳税额 = 净吨位数 × 适用税额

非机动船的应纳税额 = 载重吨位数 × 适用税额

机动车和非机动车的应纳税额 = 辆数 × 适用税额

7.2.1.6　城镇土地使用税

(1) 城镇土地使用税的概念

城镇土地使用税是对在中国境内使用城镇土地的单位和个人，就其实际使用土地面积从量定额征收的一种税。

(2) 征税对象

城镇土地使用税的征税对象是纳税人实际占用的土地。城镇土地使用税的征税范围是城市、县城、建制镇和工矿区。

(3) 计税依据

城镇土地使用税以纳税人实际占用的土地面积为计税依据。

(4) 税率

城镇土地使用税采用定额税率，即采用有幅度的差别税额，按大、中、小城市和县城、建制镇、工矿区分别规定每平方米土地使用税年应纳税额。具体标准如下：

- 大城市0.5~10元；
- 中等城市0.4~8元；
- 小城市0.3~6元；
- 县城、建制镇、工矿区0.2~4元。

(5) 土地使用税的计算

土地使用税的计算公式为：

全年应纳税额=实际占用应税土地面积（m^2）×适用单位税额

7.2.1.7　印花税

印花税是指对经济活动和经济交往中书立、使用、领受的凭证征收的一种税。

印花税的纳税人是我国境内书立、领受印花税法所列举平整的单位和个人。根据书立、领受应税凭证的不同，纳税人可分别为合同人、立账簿人、立据人和领受人；对合同、书据等由2个以上共同书立的，其当事人各方都是纳税人。

印花税的证收范围采用正列举法。按列举的税目征收，具体有13种：购销、加工承揽、建设工程勘探设计、建设安装工程承包、财产租赁、货物运输、仓储保管、借款、财产保险、技术合同以及产权转移书据、营业账簿和权利许可执照。

印共税的计税依据有3种：① 合同、财产转移书据等凭证，以凭证所载金额为依据计税；② 营业账簿中记载的账簿，以固定资产原值和自有流动资金总额为计税依据；③ 营业执照、专利许可证照等不记载金额的凭证，按件数纳税。

印花税的税率分为2种，即比例税率和定额税率。除了权利许可证照和营业账簿中的其他账簿部分适用定额税率外，其余11种税目均采用比例税率。比例税率分为5档：1‰，5‰，3‰，0.5‰，0.3‰。

7.2.1.8 企业所得税

(1) 企业所得税的概念

企业所得税是指对在中国境内的企业（外商投资企业和外国企业除外）就其生产经营所得和其他所得而征收的一种税。

(2) 征税对象

企业所得税的征税对象是纳税人来自中国境内和境外的生产经营所得和其他所得。

(3) 计税依据

企业所得税的计税依据是应纳税所得额。应纳税所得额不是企业的利润总额，而是纳税人的收入总额扣除与纳税人取得收入有关的各项成本、费用和相关损失后的余额。

(4) 税率

企业所得税实行比例税率，一般企业所得税的税率为25%；非居民企业在中国境内未设立机构、场所的，或者虽设立机构、场所但取得的所得与其所设机构、场所没有实际联系的，应当就其来源于中国境内的所得缴纳企业所得税。适用税率为20%；符合条件的小型微利企业，减按20%的税率征收企业所得税；国家需要重点扶持的高新技术企业，减按15%的税率征收企业所得税。

(5) 纳税期限

企业所得税实行按年计算、分月（季）预缴、年终汇算清缴、多退少补的办法。月份或者季度终了后15日内预缴，年度终了后4个月内汇算清缴。

(6) 企业所得税的计算

应纳税所得额的确定 应纳税所得额，是指纳税人每一纳税年度（自公历1月1日至12月31日止）的收入总额减去允许扣除项目金额后的余额。其计算公式为：

应纳税所得额 = 收入总额 − 准予扣除项目

应纳所得税税额的计算 正确确定应纳税所得额之后，乘以适用税率，即可得出应纳所得税税额。其计算公式为：

应纳所得税税额 = 应纳税所得额 × 税率

7.2.2 酒店税金的管理

酒店税金管理是一项政策性很强的工作，必须指定专人负责。向国家税务机关缴纳税金一般应做好以下几方面工作。

（1）办理税务登记

酒店在经工商管理部门批准开业、领取营业执照之日起30日内，持有关证件向当地税务机关办理税务登记。登记的内容包括纳税人名称、地址、法定代表人、经济性质、企业形式、核算方式、经营方式、经营范围以及其他有关事项。主管税务机关审核后，发给税务登记证。

酒店办理税务登记后，发生转业、分设、合并、联营、歇业、停业、破产，以及其他需要改变税务登记的情况时，如改变经营方式、经营范围等，都应当在有关部门批准或宣告之日起30日内，向主管税务机关申报办理变更登记、重新登记或者注销登记。

酒店所属的跨地区的非独立经济核算的分支机构，应当在设立之日起30日内，向该分支机构所在地的税务机关申报办理注册登记。

（2）申报纳税鉴定

按规定办理税务登记的酒店，还应办理纳税鉴定。通过纳税鉴定，可以帮助酒店经理和财会人员了解国家税收政策、法令，明确本单位该交哪几种税，税率是多少，以及如何计算税额、何时缴纳等事项。

纳税鉴定是通过填写纳税鉴定申报表，向主管税务机关申报。主管税务机关依法对纳税人的纳税鉴定申报表进行认真的审核，确定其适用的税种、税目、税率、纳税环节、计税依据、纳税期限和征收方式等，做出纳税鉴定书，交纳税人执行。

（3）办理纳税申报

凡有纳税义务的酒店，在发生纳税义务之后，都应按规定的期限进行纳税申报。纳税申报的具体内容，因税种不同而异。如酒店所得税的纳税申报，应写明本期销售收入、本期利润总额、本期按规定扣除的单项留利、本期归还专项贷款的利润额、本期申报课税所得额，以及上述各项对应的累计额、适用税率、累计应纳税额、本期实际应纳所得税额等。

酒店因特殊情况不能按期办理纳税申报的，必须报告税务机关，酌情准予延期，并根据税务机关事先核定的纳税额预缴税款，待申报后结算。酒店发生纳税义务超过税务机关核定的纳税期限15日，未向税务机关申报纳税的，税务机关有权确定其应纳税额，限期纳税。

（4）按期缴纳税金

税款的交纳方式有自核自缴、预储扣税、支票缴税、现金缴税及定期定额征收等。酒店应严格执行由税务机关核定的酒店缴纳各项税金的期限，及时足额地缴纳税金。做到月税月清，季税季清，年税年清。如果发生欠税、偷税、抗税和骗税等违反税法的行为，税务机关除按规定限期追缴、加收滞纳金、处以罚款外，还要追究个人责任甚至法律责任。

（5）加强账务票证管理

根据《税收征管条例》第二十六条规定，酒店必须按照国家财务会计法规和税务机关的规定，建立健全财务会计制度，设置人员办理纳税事项，并完整保存账簿、凭证、缴款书、完税证等纳税资料。酒店应执行旅游、饮食服务企业会计制度，当酒店的财务会计制度和具体的财务会计处理方法，同税收法规有抵触时，应当按照税收法规的规定执行。

酒店由于业务上的特殊需要，经税务机关批准后，可自行设计账单式样自行印刷。凡未办理税务登记的，不批准印制发票。发票、账单只限于酒店使用，不得转让或转借，并不得带到本省、自治区、直辖市以外填写。使用发票的酒店因发生转业、分设、联营、歇业、停业，以及改变隶属税务机关时，按税务机关的规定需要缴销或更换发票的，应在税务机关规定的期限内向批准印制发票的税务机关办理发票的缴销或更换手续，不准私自处理。一切印制、使用发票、账单的酒店，都必须接受税务机关的检查监督。

酒店必须建立必要的发票、账单的印、领、用、存管理制度。对发票、账单的印刷、入库、发放、购用、结存、销毁、缴销等事项，均应设置专项账簿并由专人负责。

（6）接受税务检查

酒店应自觉地履行纳税义务。税务机关对企业纳税要进行检查，这是税务机关根据税法和财会制度规定，对纳税单位和个人履行纳税义务的情况进行监督检查的一项管理制度，是税务机关行使其职权，贯彻执行税收政策法令的一种经营性的业务工作，是征收管理的重要环节。酒店应主动接受税务检查，通过检查，促进酒店建立和健全财务管理制度，加强经济核算，提高经济效益。

7.3 酒店利润管理

7.3.1 酒店利润的概念

酒店利润是指以酒店的全部收入抵补全部支出（包括缴纳的营业税等）后的盈利。在酒店的全部收入不足以抵补全部支出时，则表现酒店亏损。

7.3.1.1 酒店利润总额

酒店利润总额由营业利润和营业外收支构成。其计算公式如下：

利润总额 = 营业利润 + 营业外收入 - 营业外支出

营业利润 = 营业收入 - 营业成本 - 营业税费 - 销售费用 - 管理费用 - 财务费用 - 资产减值损失 + 公允价值变动净收益 + 投资净收益

7.3.1.2 酒店净利润

酒店净利润是酒店当期利润总额减去所得税以后的余额，即酒店的税后利润。其计算公式为：

净利润 = 利润总额 - 所得税

7.3.2 酒店利润的预测

利润预测是酒店为实现其目标利润对其经营活动规模和水平进行的综合调整，是酒店编制期间预算的基础。

利润预测要把酒店继续存在和发展及实现目标利润所需的资金、可能取得的收益，以及未来要发生的成本和费用这三者紧密联系起来。

7.3.2.1 目标利润的确定

(1) 预测目标利润

酒店利润主要受酒店销售收入、固定成本和变动成本高低的影响。固定成本在酒店不进行改扩建或其他改造条件下，一般来说，固定成本总额相对不变。因此，进行利润的预测应对变动成本的变动情况进行预测，并根据酒店的销售预测中预计的经营活动水平（销售量），测定计划期间将实现多少利润。

目标利润 = 目标销售收入 - 目标变动成本 - 固定成本

或　　目标利润 = 目标销售收入 × 目标边际贡献率 - 固定成本

【例7-8】 某酒店共有可出租客房300间，全年需支付固定成本400万元，每间天综合收入为300元，每间天变动成本为120元。该酒店总经理根据市场情况分析，认为该酒店预算出租率可达90%，每间天变动成本可降低10%。那么，该酒店目标利润应为多少？

● 计算目标单位边际贡献：

目标单位边际贡献 = 300 - 120 × (1 - 10%) = 192（元）

$$目标边际贡献率 = 192/300 = 64\%$$

- 计算目标销售收入：

$$目标销售收入 = 300 \times 365 \times 90\% \times 300 = 29\ 565\ 000\ （元）$$

- 计算目标利润：

$$目标利润 = 29\ 565\ 000 - 300 \times 365 \times 90\% \times 120 \times (1 - 10\%) - 4\ 000\ 000 = 14\ 921\ 600\ （元）$$

或 $$目标利润 = 29\ 565\ 000 \times 64\% - 4\ 000\ 000 = 14\ 921\ 600\ （元）$$

（2）确定目标利润

对酒店预算期可能实现的利润进行预测以后，就可以把酒店的目标利润确定下来。目前可根据各种不同的利润率来确定目标利润。

根据销售利润率来确定 其计算公式为：

$$销售利润率 = \frac{利润}{销售收入} \times 100\%$$

$$目标利润 = 目标销售收入 \times 销售利润率$$

【例7-9】 以【例7-8】资料为例，如果确定该酒店的销售利润率为40%，则

$$目标利润 = 29\ 565\ 000 \times 40\% = 11\ 826\ 000\ （元）$$

根据资金利润率来确定 酒店经营方针一般是用资金利润率的具体百分比来表示的。资金利润率是利润与资金占用额的比率，它可以用销售利润率（即利润与销售收入的比率）和资金周转率（即销售收入与资金的比率）的乘积来计算。

$$资金利润率 = \frac{利润}{资金平均占用额} \times 100\%$$

$$= \frac{利润}{销售收入} \times \frac{销售收入}{资金平均占用额}$$

$$= 销售利润率 \times 资金周转率$$

$$目标利润 = 预计资金平均占用额 \times 资金利润率$$

【例7-10】 某酒店预计预算期间资金平均占用额为5200万元，销售利润率为50%，资金周转率为110%，计算该酒店的目标利润是多少？

$$目标利润 = 5200 \times 50\% \times 110\% = 2860\ （万元）$$

（3）预测目标销售量

根据酒店已确定的目标利润，预测需要多大的经营活动水平（即销售量）。

由于目标利润与固定成本一样，必须由边际贡献来补偿，因此，酒店的目标出租率与目标销售收入的计算公式如下：

$$目标出租率=\frac{固定成本总额+目标利润}{可出租客房数\times 日历天数\times 每间天目标边际贡献}\times 100\%$$

$$目标销售收入=\frac{固定成本总额+目标利润}{目标边际贡献率}$$

【例 7 - 11】　以【例 7 - 8】资料为例，假设该酒店确定目标利润为 1300 万元，则

$$目标出租率=\frac{4\ 000\ 000+13\ 000\ 000}{300\times 365\times 192}\times 100\%=80.86\%$$

$$目标销售收入=\frac{400+1300}{64\%}=2656.25（万元）$$

应该注意的是，这里的目标利润一般是指税前利润。如酒店缴纳所得税以后，则酒店的目标利润应改为税后利润。因为税后利润 = 税前利润 ×（1 - 所得税率），故税前利润 = 税后利润/（1 - 所得税率）。则

$$目标出租率=\frac{固定成本总额+税后利润/(1-所得税率)}{可出租客房数\times 日历天数\times 每间天目标边际贡献}\times 100\%$$

$$目标销售收入=\frac{固定成本总额+税后利润/(1-所得税率)}{目标边际贡献率}$$

7.3.2.2　实现目标利润的条件

酒店的目标利润确定后，还要根据本酒店的经营能力、目标成本和市场供求情况进行各种测算，看其能否达到目标利润的要求。这种分析各有关因素的变动对酒店目标利润的影响程度的方法，叫作“利润敏感性分析”。

（1）有关因素变动对利润的影响

【例 7 - 12】　某酒店拥有客房 300 间，出租率为 70%，平均每间天综合收入 270 元。平均每间天变动成本 130 元，全年固定成本 700 万元。其利润计算如表 7 - 4 所示。

表 7 - 4　酒店客房利润表

销售收入	300 间 ×70% ×270 元 ×365 天	2069.55 万元
成本：		1696.45 万元
变动成本	300 间 ×70% ×130 元 ×365 天	996.45 万元
固定成本		700 万元
利润		373.10 万元

从表 7 - 4 可以看出，销售价格、变动成本及固定成本、出租率变动，都会对酒店的最终利润产生一定的影响。假设预算期间影响利润的有关因素每变动 1%，对利润

的影响程度可通过计算列出表 7－5。

表 7－5　利润敏感性计算表

影响利润变动的有关因素	变动程度	变动后利润	影响程度	
			利润增加绝对额	利润增加百分率
1. 出租率	+1%	300 间 ×71% ×（270－130）元 ×365 天－7 000 000 元 =388.43（万元）	388.43－373.10 = 15.33（万元）	15.33/373.10 = 4.11%
2. 每间天综合收入	+1%	300 间 ×70% ×（270 ×101% －130）元 ×365 天－7 000 000 元 =393.80（万元）	393.80－373.10 = 20.70（万元）	20.70/373.10 = 5.55%
3. 每间天变动成本	－1%	300 间 ×70% ×（270 －130 ×99%）元 ×365 天－7 000 000 元 =383.06（万元）	383.06－373.10 = 9.96（万元）	9.96/373.10 = 2.67%
4. 固定成本	－1%	300 间 ×70% ×（270－130）元 ×365 天－7 000 000 元 ×99% =380.10（万元）	380.10－373.10 = 7.00（万元）	7.00/373.10 = 1.88%

从表 7－5 可以看出，在影响利润变动的各有关因素中，以每间天综合收入的敏感性最大，出租率次之，再次之为每间天变动成本，固定成本的敏感性最小。具体掌握各有关因素对利润变动的敏感程度，对于正确地进行管理决策，有着较大的意义。

（2）为实现目标利润应采取的措施

根据酒店长期发展和员工生活福利的需要，酒店必须达到特定利润水平。这种情况下，应当研究如何利用酒店现有资源，合理安排销量、收入和成本支出，以实现特定利润，也就是分析实现目标利润应采取的措施。

单独计算　分项单独计算各个因素变动的影响。

【例 7－13】　以【例 7－12】资料为例，该酒店在现有基础上，如要求利润增加 15%，由现在的 373.10 万元增加到 429.07 万元，可以从以下几个方面着手，采取相应的措施。

- 提高销售单价：

$$每间天综合收入 = \frac{变动成本 + 固定成本 + 目标利润}{可出租客房数 \times 出租率 \times 日历天数}$$

$$= \frac{9\,964\,500 + 7\,000\,000 + 4\,290\,700}{300 \times 70\% \times 365} = 277.30（元）$$

如其他条件不变，每间天综合收入从 270 元提高到 277.30 元，即提高 2.70%，就可保证目标利润的实现。

- 增加出租率：

$$出租率=\frac{固定成本+目标利润}{可出租客房数\times 日历天数\times(每间天综合收入-每间天变动成本)}\times 100\%$$

$$=\frac{7\ 000\ 000+4\ 290\ 700}{300\times 365\times(270-130)}\times 100\%=73.65\%$$

其他条件不变，出租率从 70% 增加到 73.65%，即增长 3.65%，可保证目标利润的实现。

- 减少变动成本：

$$每间天变动成本=\frac{销售收入-固定成本-目标利润}{可出租客房数\times 出租率\times 日历天数}$$

$$=\frac{20\ 695\ 500-7\ 000\ 000-4\ 290\ 700}{300\times 70\%\times 365}=122.70\ (元)$$

如其他条件不变，每间天变动成本从 130 元降低到 122.70 元，降低 5.62%，可保证目标利润的实现。

- 减少固定成本：

固定成本 = 销售收入 − 变动成本 − 目标利润

= 2069.55 万元 − 996.45 万元 − 429.07 万元 = 644.03 万元

如其他条件不变，固定成本从 700 万元减少到 644.03 万元，降低 8.00%，可保证目标利润的实现。

综合计算　利用综合计算方法计算出各有关因素同时变动的影响。

在现实经济生活中，各有关因素往往不是孤立存在，而是相互影响的。因此，为如实反映客观实际情况，需要综合计算各有关因素同时变动的影响。根据量、本、利分析的基本公式，影响利润的各项因素同时变动时，预测为实现目标利润所需要的销售额计算公式如下：

$$销售收入=\frac{固定成本\times(1\pm 固定成本变动率)+目标利润}{1-\dfrac{变动成本率\times(1\pm 变动成本变动率)}{1\pm 售价变动率}}$$

【例 7－14】　以【例 7－12】资料为例，该酒店通过进一步分析，发现由于售价太高，使销路受到限制，为了打开销路，酒店拟降价 10%，并争取实现目标利润 429.07 万元。那么，出租率要提高到多少，才能实现这一目标？现分 2 步计算。

第一步，降价 10% 以后，达到保本点的销售收入、出租率：

$$保本销售收入=\frac{固定成本}{1-变动成本率/(1-售价降低率)}$$

$$=\frac{700\ 万元}{1-48\%/(1-10\%)}=1500\ 万元$$

$$\text{保本出租率} = \frac{\text{保本销售收入}}{\text{可出租客房} \times \text{每间天综合收入} \times \text{日历天数}}$$

$$= \frac{15\ 000\ 000\ \text{元}}{300 \times 270 \times (1 - 10\%) \times 365} = 56.37\%$$

第二步，降价10%以后，仍要实现目标利润429.07万元的销售收入、出租率：

$$\text{销售收入} = \frac{\text{固定成本} + \text{目标利润}}{1 - \text{变动成本率}/(1 - \text{售价降低率})}$$

$$= \frac{700\ \text{万元} + 429.07\ \text{万元}}{1 - 48\%/(1 - 10\%)} = 2419.44\ \text{万元}$$

$$\text{出租率} = \frac{\text{销售收入}}{\text{可出租客房} \times \text{每间天综合收入} \times \text{日历天数}}$$

$$= \frac{24\ 194\ 400\ \text{元}}{300 \times 270 \times (1 - 10\%) \times 365} = 90.93\%$$

7.3.3 酒店利润的分配

7.3.3.1 酒店利润分配的原则

利润分配是对酒店实现的利润或亏损进行分配和处理的过程。酒店利润分配是一项政策性很强的工作，体现出酒店与国家、投资者及职工之间的经济利益关系，因此，必须遵循一定的分配原则。

（1）依法分配原则

利润分配必须贯彻依法分配原则，严格遵守国家的财经法规。酒店利润首先应按税法规定缴纳所得税，然后才能进行税后利润的分配。税后利润分配应严格遵守国家制定的《公司法》《企业会计制度》及其他法规的规定，按财经法规的要求合理确定税后利润分配的项目、顺序及比例。

（2）兼顾各方利益原则

税后利润分配合理与否，直接影响着酒店、投资者、经营者和员工等各方面的经济利益。利润分配不能只强调长远利益和整体利益，忽视投资者和员工的近期利益和局部利益，挫伤投资者和酒店的积极性；也不能只顾近期利益而损害酒店的长远发展。酒店应从全局出发，充分兼顾各方面的利益，协调好近期利益与酒店长远发展的关系，做到统筹兼顾，合理安排。

（3）分配与积累并重原则

酒店进行利润分配，应正确处理近期利益与长远利益的关系，将二者有机结合起来，坚持分配与积累并重。考虑酒店未来发展需要，酒店除按规定提取法定盈余公积金以外，应适当留存一部分利润作为积累。酒店留用利润，用于发展经营，增强酒店的发展后劲，提高酒店抵御风险的能力。否则，酒店将缺乏应付经营风险的能力，酒店的投资发展也将受到阻碍，最终将损害投资者的利益。当然，在保证积累的前提下，还需正确处理积累与消费的关系，以充分调动员工的积极性。

（4）投资收益对等原则

酒店税后利润分配直接关系到投资者的经济利益，酒店在向投资者分配利润时，应一视同仁地对待所有投资者。应当体现谁投资谁收益，收益大小与投资比例相适应，即投资与收益对等原则。所有投资者只应按其投资比例分享收益，做到同股同权、同股同利。

（5）弥补年度亏损的原则

酒店发生经营性亏损，国家不再予以弥补，而是由酒店用以后年度实现的利润弥补。酒店发生的本年度亏损，可用下一年度税前利润弥补；下一年度利润不足弥补的，可以在以后5年内延续弥补；5年内不足弥补的，用税后利润和盈余公积弥补。

7.3.3.2　酒店利润分配的程序

利润分配是酒店根据国家有关规定和投资者的决议，对酒店净利润所进行的分配。酒店本年实现的净利润加上年初未分配利润为可供分配的利润。酒店利润分配的内容和程序如下：

- 支付被没收财物损失和各项税收的滞纳金、罚款；
- 弥补酒店以前年度亏损（指超过用所得税前的利润弥补亏损的期限，仍未补足的亏损）；
- 提取法定盈余公积金；
- 提取公益金；
- 向投资者分配利润。

【本章小结】

本章主要阐述了影响酒店价格制定的因素、酒店价格制定的目标、方法；营业收入预算的编制、结算方式及控制；酒店税金的种类、计算方法，税金管理；利润分配的原则、程序。

【关键性术语】

夜审、日审、营业税、城市维护建设税、印花税、企业所得税。

【思考题】

1. 影响酒店价格制定的主要因素有哪些？

2. 制定酒店价格时应遵循哪些原则？

3. 酒店收款的工作项目程序有哪些？

4. 酒店夜审的工作项目程序有哪些？

5. 酒店日审的工作项目程序有哪些？

6. 酒店税金的种类有哪些？其征税对象、计税依据、税率、纳税期限是如何规定的？如何进行计算？

7. 利润分配的程序有哪些？

【计算题】

1. 某酒店中餐厅有餐位数200位，早餐、午餐、晚餐的平均消费水准分别为20元、50元、60元，餐厅上座率分别为70%、50%、60%，如果预算期营业天数为300天，预算该餐厅的营业收入。

2. 某酒店共有可出租客房400间，全年需支付固定成本640万元，每间天综合收入为280元，每间天变动成本为150元。该酒店总经理根据市场情况分析，认为该酒店预算出租率可达80%，每间天变动成本可降低10%。那么，该酒店目标利润应为多少？如果确定该酒店的销售利润率为40%，求确定的目标利润是多少？假设该酒店确定目标利润为900万元，求目标出租率和目标销售收入各是多少？

【案例分析】

行业竞争加剧 经济型酒店展开百元大战

“百元酒店”正在成为经济型酒店业竞争的一个新焦点。从格林豪泰、汉庭到锦江之星甚至丽星邮轮……近来，这些知名品牌都把目光投向了“百元以下”的低房价经济型酒店，一场“百元大战”眼看就要打响。不过，这一新领域是否能成为经济型酒店业发展的突破口，结局还有待揭晓。

格林豪泰的“贝壳酒店”、汉庭的“汉庭客栈”、丽星邮轮的“我的客栈”……就在经济型酒店行业竞争加剧、个别企业甚至出现危机纠纷的同时，一个新的经济型酒店市场——百元酒店已经渐露雏形。除了上述这些已开始出现在街头的百元酒店品牌外，锦江之星也于日前宣布年内将开出首批百元系列的新品牌酒店，并初步选定上海、宁波、武汉和南昌作为第一批试点城市。

顾名思义，百元酒店的共同特点就是：房价低于100元，比如“贝壳酒店”“汉庭客栈”“我的客栈”的价格目前都定为99元，而锦江之星即将推出的新品牌酒店房价最低可能是90元左右，这一价格比目前经济型酒店150~200元的主流价格便宜了30%~50%。据悉，百元酒店主要针对学生、背包客和一些中小商务客等，而与价格更便宜的青年旅舍相比，百元酒店的区别之处在于所有的客房依然是独立的。

那么，百元酒店是如何做到比普通经济型酒店更便宜的呢？各个品牌的节约成本之道各不相同。比如，格林豪泰的“贝壳酒店”在硬件上省略了餐厅、会议室等附加设施，在人员配备上则比普通经济型酒店少2/3，因为酒店要求每一位工作人员都是多面手。此外，贝壳酒店还在每个客房安装电表和冷热水表，选择自付水电费用的客人还能享受更优惠的房价。而“我的客栈”在硬件上则取消了“六小件”，床单、被罩都是一次性的；在人员配备上同样精简，依靠智能化的自助服务设备减少了服务员，比如所有吃喝、日用品，旅客都可以在自动售卖机上自助完成。

【案例思考题】

百元大战对于经济型酒店的利润会带来怎样的影响？如何保持利润的稳定上升？

【本章推荐阅读书目】

1. 酒店业财务管理. 马桂顺. 清华大学出版社，2005.
2. 饭店决策者的财务管理. 克瑞斯·盖尔丁. 徐虹 主译. 中国旅游教育出版社，2006.
3. 旅游企业财务管理. 李隆茂，李亚利. 高等教育出版社，2001.
4. 旅游企业财务管理. 聂旺 . 化学工业出版社，2007.
5. 饭店财务管理. 宋雪鸣. 旅游教育出版社，2003.

第 8 章 酒店财务分析管理

学习目标

知识目标： 酒店企业财务分析的目的、内容、方法；
酒店企业偿债能力分析指标；
酒店企业营运能力分析指标；
酒店企业获利能力分析指标。

技能目标： 能够灵活运用偿债能力分析指标、营运能力分析指标、获利能力分析指标进行财务分析。

能力目标： 结合资产负债表、损益表的内容，运用财务分析的比率分析法，对企业进行偿债能力分析、营运能力分析、获利能力分析。从而给予企业有利害关系的人提供有用的财务信息。

【章首案例】

中青旅的偿债能力分析

中青旅（600138），是经批准在对中国青年旅行社总社进行改组的基础上，由中国青年旅行社总社、苏州太湖国家旅游度假区发展集团、嘉事实业有限责任公司、北京创格科技集团、广西壮族自治区青年联合会共同发起，以募集方式设立的股份有限公司。1997 年 11 月 14 日，公司向社会公开发行 6000 万股 A 股（其中职工股 600 万股），同年 12 月 3 日，“中青旅”在上海交易所上市交易。自 1999 年 8 月 9 日起，公司名称由“中青旅股份有限公司”变更为“中青旅控股股份有限公司”；股票简称变更为“青旅控股”。自 2003 年 3 月 19 日，公司简称变更为“中青旅”。公司主营业务：旅游、高科技、风险投资领域的投资、旅游服务、高新技术产品开发和技术服务。

公司近几年有关财务指标数据如下：

财务指标	2001 年	2000 年	1999 年
流动比率	1.803	1.866	1.897
速动比率	0.810	1.046	0.832
负债比率	31.680	36.290	34.210
利息保障倍数		11.154	47.713

【案例思考题】

根据已知的中青旅财务数据，评价中青旅（600138）的偿债能力及其变动趋势。

8.1 财务分析概述

财务分析是指以财务报表为主要依据，运用科学的方法对企业过去和现在的经营成果、财务状况及其变动情况进行比较和剖析的一项经济管理活动。其目的是评价企业过去的经营业绩，衡量企业现时的财务状况，预测企业未来的发展趋势，满足企业报表使用者的需要。

8.1.1 财务分析的目的

(1) 满足企业投资者了解企业经营和盈利状况的需要

企业的投资者向企业投入资本，是企业财产的所有者。他们所关心的是资本的保值与增值，以及投资的报酬与风险。投资者需要通过财务分析，评价企业的经营成果和盈利能力，了解企业经营管理人员的业绩，作为投资决策的依据。例如，为决定是否投资，需要分析企业资产的盈利能力和企业的发展前景，为考核经营管理人员的业绩，需要分析企业的经营状况、破产风险和市场竞争能力等。

(2) 满足企业债权人了解企业偿债能力的需要

债权人将资金借给企业，其目的是能按期收取固定的利息和到期收回本金。这就决定了债权人势必对其投入资金的安全性予以关注。因此，债权人最关心的是企业的偿债能力，即企业能否及时、足额地偿还其债务本息。债权人为了了解企业的短期偿债能力，需要分析企业资产的流动状况；为了了解企业的长期偿债能力，需要分析企业的盈利状况。

(3) 满足企业经营管理者进行管理和决策的需要

经营管理人员是企业财产的经营者，其经营、理财的基本动机是追求企业价值最大化，使企业的资本得以保值和增值。因而，他们必须对企业经营、理财的各个方面，包括营运能力、偿债能力、获利能力及社会贡献能力的全部信息予以详尽地了解与掌握，以便发现问题，改善经营管理，科学地进行经营决策。

(4) 满足政府经济管理机构的需要

政府对国有企业投资的目的，除关注投资所产生的社会效益外，必须对投资的经济效益予以考虑。因此，政府作为企业一个特殊的产权所有者，其财务分析的主要目的是了解企业的纳税情况，遵守政府法规和市场秩序的情况，职工收入和就业状况等。

(5) 满足其他报表使用者的需要

通过财务分析，供应商可以决定能否与企业长期合作，能否向企业提供商业信用；职工可以分析判断企业盈利与其收入、保险、福利之间是否适应；审计人员可以确定其审计重点等。

8.1.2 财务分析的种类

财务分析可以按照不同的标准进行分类。

第一，按分析的服务对象不同，可分为对内分析和对外分析。对内分析是指服务于企业内部经营管理人员的财务分析；对外分析是指服务于企业外部有关方面的财务分析。这种分类有利于体现财务分析的目的。

第二，按分析的主要依据不同，可分为资产负债表分析、利润表分析和现金流量表分析。资产负债表分析是以资产负债表为依据进行的分析，这种分析可以了解企业资产的流动状况、偿债能力及负债水平等；利润表分析是以利润表为依据进行的分析，这种分析可以了解企业盈利状况和长期偿债能力等；现金流量表分析是以现金流量表为依据进行的分析，这种分析可以了解企业获得现金和现金等价物的能力。

第三，按分析的方法不同，可分为比较分析法、比率分析法和因素分析法。

第四，按分析内容不同，可分为偿债能力分析、营运能力分析、盈利能力分析、趋势分析和综合分析。

8.1.3 财务分析的内容

尽管财务分析有着不同的目的，但其分析的内容基本一致。财务分析的基本内容，主要包括以下5个方面。

（1）偿债能力分析

偿债能力分析包括短期偿债能力分析和长期偿债能力分析。

短期偿债能力分析　主要是指通过对流动比率、速动比率和现金比率指标的分析，反映企业流动资产对流动负债及时、足额偿还的保证程度。短期偿债能力是衡量企业当前财务能力，特别是流动资产变现能力的重要指标。

长期偿债能力分析　是指企业偿还长期负债能力的分析。通过对长期偿债能力分析，不仅可以判断企业的经营状况，还可以促使企业提高筹资的能力。

（2）营运能力分析

营运能力分析主要是指对企业的流动资产、固定资产和总资产进行全面分析，以了解企业资产的分布情况和周转使用情况，促使企业挖掘潜力，提高资产的使用效果。

（3）盈利能力分析

盈利能力分析主要是通过将会计基本要素与经营成果相结合来分析企业的各项报酬率指标，从而从不同角度判断企业的获利能力。

（4）趋势分析

趋势分析主要是通过比较企业连续数期的会计报表资料，来了解企业经营成果与财务状况的变化趋势，并以此来预测企业未来经营成果与财务状况。

(5) 综合分析

综合分析是将营运能力、偿债能力和盈利能力等诸方面的分析纳入一个有机的整体中，全面地对企业经营状况、财务状况进行解剖和分析，从而对企业经济效益的优劣做出准确的评价与判断。

8.1.4 财务分析的方法

8.1.4.1 比较分析法

比较分析法是指对2个或几个有关的可比数据进行对比，以揭示差异和矛盾的一种分析方法。它是财务分析最常用的一种方法，具体可分为以下3种形式。

纵向比较 指将企业不同时期的财务指标或财务比率相比。

横向比较 指将企业财务指标与同类企业相比，或与行业平均数相比。

与计划比较 指将企业的财务指标与计划、预算相比，即实际执行结果与计划指标比较，又称“差异分析”。

8.1.4.2 比率分析法

比率分析法是指将同一时期财务报表上某些彼此存在关联的项目相比，得出一系列财务比率，以此来反映企业财务状况和经营成果的一种分析方法。比率是一个相对数，采用这种方法，能够把某些条件下的不可比指标变为可比指标，以利于进行分析。

比率指标主要有以下3类。

(1) 构成比率

构成比率又称结构百分比，是指某项经济指标的各个组成部分与总体的比率，反映部分与总体的关系。通常我们在财务分析中把损益表、资产负债表和现金流量表换成结构百分比报表。例如，以收入为100%，计算损益表各项目占收入的比重。利用构成比率可以考查总体中某个部分形成和安排是否合理，以便协调各项财务活动。

(2) 效率比率

效率比率是指某项经济活动中所费与所得的比率，反映投入与产出的关系。例如，将净利润与销售收入、权益资本加以对比，可计算出销售净利率、权益净利率等盈利能力指标；利用效率比率指标，可以考查企业经营成果，评价企业经济效益。

(3) 相关比率

相关比率是指以某个项目和与其有关但又不同的项目加以对比所得的比率，反映有关经济活动的相互关系。例如，将流动资产与流动负债加以对比，计算出流动比率，据以判断企业短期偿债能力。利用相关比率指标可以考查有联系的相关业务安排得是否合理，以保障企业营运活动能够顺利进行。

8.1.4.3　因素分析法

因素分析法是指依据分析指标和影响因素的关系，从数量上确定各因素对指标的影响程度的一种分析方法。因素分析的方法具体又分为以下几种。

(1) 指标分解法

指标分解法是指在杜邦财务分析体系中，权益净利率可分解为资产净利率和权益乘数 2 个因素的乘积的分析法。

(2) 连环替代法

连环替代法是指依次用分析值替代标准值以测定各因素对财务指标的影响程度的分析法。采用这种方法的出发点在于：当有若干因素对分析对象产生影响时，假定其他各个因素都无变化，顺序确定每一个因素单独变化所产生的影响。例如，生产过程中的原材料费用是由产品产量、单位产品材料耗用量和材料单价 3 个因素的乘积构成的。因此，就可以把原材料费用这一总指标分解为 3 个因素，然后逐个来分析它们对原材料费用总额的影响程度。

企业的活动是一个有机整体，每个指标的高低都受若干因素的影响。从数量上测定各因素的影响程度有助于发现问题，或有说服力地评价企业经营状况。

8.2　酒店企业偿债能力的分析

企业偿债能力是指企业偿还各种到期债务（包括本、息）的能力。如果企业无力偿付到期债务，则表明企业偿债能力不足，陷入财务困境甚至面临破产。因此，财务分析首先要对企业偿债能力进行分析。

8.2.1　短期偿债能力分析

短期偿债能力是指企业偿还流动负债的能力。流动负债通常是以短期内可变现的资产来偿还。流动资产比长期资产的变现能力强，因此，流动资产是偿还流动负债的基础。短期偿债分析主要是对流动资产和流动负债的分析，流动资产大于流动负债，说明企业具有短期偿债能力，变现流动资产越多，短期偿债能力越强；反之，则越弱。

企业短期偿债能力的衡量指标主要有流动比率、速动比率和现金比率 3 项。

8.2.1.1 流动比率

流动比率是指流动资产除以流动负债的比值，表明企业用以偿付每 1 元流动负债所具有的流动资产额。其计算公式为：

$$流动比率=\frac{流动资产}{流动负债}$$

流动比率分析。一般情况下，流动比率越高，反映短期偿债能力越强，债权人的权益越有保证。按照西方企业的长期经验，一般认为企业较合理的最低流动比率是 2，即每 1 元的流动负债至少有 2 元的流动资产作为偿还的保证。这是因为，流动资产中变现能力较差的存货金额约占流动资产总额的一半，剩下的流动性较大的流动资产至少要等于流动负债，企业偿还短期债务才有保障。不过，每个企业的资产变现能力不同，这个比值还不能成为一个统一标准。

在运用流动比率指标进行分析时，必须注意以下几个问题。

第一，虽然流动比率较高，表明企业偿还短期债务的流动资产保证程度越强，但这并不能说明企业肯定有足够的现金用来偿债。流动比率高也可能是短期内不能变现的流动资产所占比重大的缘故，比如，存货积压、应收账款增多且收账期延长等。因此，在计算流动比率的基础上，应进一步结合企业现金流量进行分析。

第二，从短期债权人的角度看，自然希望流动比率越高越好。但从企业经营角度看，过高的流动比率通常意味着企业闲置现金的持有量过多，必然造成企业机会成本的增加和获利能力的降低。因此，企业应在提高资产变现能力的同时，尽量使现金持有量保持在最佳水平上。

第三，运用这一指标时要因行业而异，只有与同行业平均流动比率、本企业历史的流动比率进行比较，才能知道这个比率是高还是低。

【例 8－1】 某酒店 2010 年年初、年末的流动资产总额分别为 185 万元、210 万元，流动负债总额分别为 100 万元、104 万元，则

$$年初流动比率=\frac{185}{100}=1.85$$

$$年末流动比率=\frac{210}{104}=2.02$$

流动比率年末比年初提高0.17，且超过2，说明该企业短期偿债能力有所提高，且具有较强的短期偿债能力。

8.2.1.2 速动比率

速动比率是指速动资产除以流动负债的比值，即企业用以偿付每1元流动负债所具有的速动资产额。所谓速动资产，是指流动资产总额减去变现能力较差或不能变现的存货、待摊费用、待处理流动资产损失之后的余额。由于剔除了存货等变现能力较弱且不稳定的资产，因此，速动比率较之流动比率更能准确、可靠地评价企业资产的流动性及其偿还短期负债的能力。其计算公式为：

$$速动比率 = \frac{速动资产}{流动负债}$$

速动比率分析。通常认为，正常的速动比率为1，即企业每1元的流动负债应该有1元的速动资产作为偿还债务的保证。如果速动比率小于1，表明企业短期偿债能力不足，可能会使企业面临很大的偿债风险；如果速动比率大于1，尽管债务偿还的保证程度很高，但会因企业现金及应收账款资金占用过多而增加了企业的机会成本，降低了企业的获利能力。

在运用速动比率指标进行分析时，需注意以下几点。

第一，尽管速动比率较之流动比率更能反映出流动负债的偿还的安全性和稳定性，但并不能认为速动比率较低的企业流动负债到期绝对不能偿还。实际上，如果企业存货周转速度快，变现能力强，或者近期内有准备变现的长期资产，或者企业筹资能力强（即可举借新债还旧债），即使速动比率较低，企业仍然有能力偿还到期的债务。

第二，在实际分析中，应根据行业的具体情况来评价。因为行业不同，速动比率会有很大的差别，没有统一标准的速动比率。比如，采用大量现金销售的零售企业，几乎没有应收账款，大大低于1的速动比率是很正常的。

第三，计算出该比率应与同行业或本企业历史水平相比较。

【例8-2】 按上述【例8-1】的资料，假定该酒店2010年年初、年末存货分别为86万元、70万元，则该酒店：

$$年初速动比率 = \frac{185-86}{100} = 0.99$$

$$年末速动比率 = \frac{210-70}{104} = 1.35$$

速动比率年末比年初提高了0.36，而且高于1。因此，无论是从流动比率还是从速动比率来看，该企业的短期偿债能力都较强。

8.2.1.3 现金比率

现金比率是现金及现金等价物除以流动负债的比值。一般情况下，现金及现金等价物可以保证相等数额的流动负债的偿还。因此，现金比率较之流动比率、速动比率衡量企业短期偿债能力更为可靠。其计算公式为：

$$\text{现金比率} = \frac{\text{现金及现金等价物}}{\text{流动负债}}$$

其中，现金及现金等价物是指会计期末企业拥有的现金数额，它可以从现金流量表中“现金及现金等价物净增加额”项目获得。

现金比率分析。现金比率越高，反映企业直接偿付流动负债的能力越强。但需注意的是：企业不可能也不必要保留过多的现金类资产。因为流动性强的资产收益低，过高的现金比率意味着企业的资产经常以获利能力低的现金类资产保持着，未能得到充分、合理的运用，这会导致企业的机会成本大大增加。

8.2.2 长期偿债能力分析

长期偿债能力是指企业偿还长期负债的能力。虽然企业可以在短期内举借新债还旧债，但如果没有获利能力，迟早会因借不到钱而无法周转，从而不能偿还到期债务。因此，衡量企业长期偿债能力主要是看企业财务结构是否合理，获利能力是否较强。分析长期偿债能力的主要指标有资产负债率、产权比率、利息保障倍数、现金债务总额比率等指标。

8.2.2.1 资产负债率又称负债比率

资产负债率是指负债总额除以资产总额的百分比，即每百元资产所承担的负债数额。它表明在企业总资产中有多大比例是通过借债来筹资的，以及企业总资产对债权人权益的保障程度。其计算公式为：

$$\text{资产负债率} = \frac{\text{负债总额}}{\text{资产总额}}$$

公式中的负债总额不仅包括长期负债，而且还包括流动负债。这是因为流动负债作为一个整体，企业总是长期占用着，可以视同为长期负债。例如，一个应付账款明细科目可能是短期性的，但企业总是长期保持着一个相对稳定的应付账款总额，这部分应付账款可以视同为长期负债。本着稳健性原则，在分析长期偿债能力时考虑流动负债是合适的。

资产负债率分析。资产负债率越低，表明企业的长期偿债能力越强，但企业的债权人、投资者和经营者对该指标的分析各有侧重。① 从债权人的角度看，资产负债率越低越好，说明企业偿债有足够的资产做保证，债权人不会承担太大的风险。② 从投资人的角度看，资产负债率越高越好，说明投资人利用较少的权益资本投资，形成了较多的生产经营用资产，不仅扩大了生产经营规模，而且在权益净利率大于负债利率的情况下，还可以发挥财务杠杆作用，获得更多的额外利润。③ 从经营者的角度看，资产负债率不能过高也不能过低。该指标过高，表明企业的债务负担重，企业资金实力不足，可能会面临破产的风险；过低，说明企业利用债权人资本进行经营活动的能力很差，从而获利能力不佳。经营者在进行财务决策时，应充分估计预期的利润和增加的风险，使资产负债率维持在理想的水平上，一般以50%左右为宜。

【例8－3】 某酒店2010年年初、年末资产总额分别为328万元、400万元，年初、年末负债总额分别为210万元、215万元，则

$$年初资产负债率=\frac{210}{328}\times 100\%=64.02\%$$

$$年末资产负债率=\frac{215}{400}\times 100\%=53.75\%$$

资产负债率年末数较年初数有所下降，且略高于50%，说明该酒店财务结构较合理，长期偿债能力有所增强。

8.2.2.2 产权比率

产权比率又称资本负债率，是指企业负债总额除以所有者权益总额的百分比，即每百元所有者权益所承担负债的数额。它反映企业所有者权益对债权人权益的保障程度，同时也是衡量企业财务结构稳健与否的重要标准。其计算公式为：

$$产权比率=\frac{负债总额}{所有者权益}\times 100\%$$

产权比率分析。这一比率越低，表明企业的长期偿债能力越强，债权人权益保障程度越高，承担的风险越小。同时，该项指标反映由债权人提供的资金与投资者提供的资本的相对关系，反映企业基本财务结构是否稳定。产权比率高，是高风险、高报酬的财务结构；产权比率低，是低风险、低报酬的财务结构。所以企业在评价产权比率适度与否时，应从提高获利能力与增强偿债能力2个方面综合进行分析，即在保障债务偿还安全的前提下，应尽可能地提高产权比率。

【例8－4】 按【例8－3】的资料，假设该酒店年初年末所有者权益分别为118万元和185万元，则

$$年初产权比率=\frac{210}{118}\times100\%\approx177.97\%$$

$$年末产权比率=\frac{215}{185}\times100\%\approx116.22\%$$

产权比率的年末数虽然较年初数有所降低，但比例仍然较高，达116.22%，说明每116.22元的债务仅有100元权益资本作为偿还的保证。

8.2.2.3 利息保障倍数

利息保障倍数又称已获利息倍数，是指企业息税前利润除以利息费用的比值。它反映企业获利能力对偿还债务利息的保证程度。其计算公式为：

$$利息保障倍数=\frac{息税前利润}{利息费用}$$

公式中的“息税前利润”是指利润表中未扣除利息费用和所得税之前的利润。它等于“利润总额＋利息费用”或等于“净利润＋利息费用＋所得税”。“利息费用”是指支付的全部利息，包括财务费用中的利息费用和已资本化的利息费用2部分。

利息保障倍数分析。该指标反映企业经营收益为所需支付的债务利息的倍数。企业若要维持正常的偿债能力，从长期看，利息保障倍数至少应当大于1，且比值越高，企业长期偿债能力越强；如果利息保障倍数过低，企业将面临亏损的风险，偿债的安全性与稳定性将下降。该指标只有与行业年平均水平或企业历史最低水平进行比较，才能评价该指标合理与否。

【例8－5】 某酒店2010年利润表中年初、年末利润总额分别为142万元和179万元，利息费用分别为35万元和40万元（假设财务费用全部为利息费用）。则该酒店：

$$年初利息保障倍数=\frac{142+35}{35}\approx5.06（倍）$$

$$年末利息保障倍数=\frac{179+40}{40}\approx5.48（倍）$$

利息保障倍数年末较年初有所上升，表明企业的长期偿债能力有所增强，但还需要结合往年的情况和行业的特点进一步分析。

8.2.2.4 现金债务总额比

现金债务总额比是指经营活动的现金流量净额与负债总额的比率，反映了企业通

过日常经营活动获得的现金净流量偿还全部债务的能力。其计算公式如下：

$$现金债务总额比=\frac{经营活动的现金流量净额}{负债总额}$$

这个比率越高，说明企业偿还长期债务的能力越强。

8.3　酒店企业营运能力的分析

企业营运能力是指企业经营管理、运用资金的能力。资金周转速度快慢，表明企业资金利用效率的高低和经营管理人员的经营能力强弱。营运能力的分析是指对企业资金周转状况进行的分析，主要包括流动资产的分析和固定资产的分析。

8.3.1　流动资产周转分析

流动资产周转分析指标主要有流动资产周转率、存货周转率、应收账款周转率等。

8.3.1.1　流动资产周转率

流动资产周转率（次）是年销售收入与全部流动资产的平均余额的比值，是指一定时期内流动资产可以周转的次数。其计算公式为：

$$流动资产周转率（次数）=\frac{销售收入}{平均流动资产}$$

式中，$平均流动资产=\frac{年初流动资产+年末流动资产}{2}$

在一定时期内（通常指一个年度），流动资产周转次数越多，表明以相同的流动资产完成的周转额越多，流动资产利用效果越好。

分析评价企业流动资产周转速度还可以利用流动资产周转期指标。流动资产周转期（天数）是指流动资产周转一次所需要的时间。其计算公式为：

$$流动资产周转期（天数）=\frac{360}{流动资产周转率}$$

流动资产周转一次所需要的天数越少，说明流动资产周转速度越快，利用效果越好。

【例 8－6】　按【例 8－1】的资料，假定该酒店 2009 年年初流动资产为 180 万元，2009 年销售收入为 1400 万元，2010 年度销售收入 1600 万元，则该酒店：

$$上年流动资产周转率（次数）=\frac{1400}{(180+185)\div 2}=7.67（次）$$

$$本年流动资产周转率（次数）=\frac{1600}{(15+210)\div 2}=8.10（次）$$

$$上年流动资产周转期（天数）=\frac{360}{7.67}=46.94（天）$$

$$本年流动资产周转期（天数）=\frac{360}{8.10}=44.44（天）$$

计算结果表明，酒店流动资产周转速度2010年度较上年度有所加快，营运能力有所增强。

8.3.1.2 存货周转率

在分析流动资产周转率、了解企业流动资产整体的周转速度的基础上，进一步分析流动资产中个别项目的周转速度，可以增强对企业营运能力的分析程度。存货是流动资产中最重要的组成部分，通常能达到流动资产总额的一半以上。因此，存货周转速度的快慢，对企业营运能力的影响很大。

存货周转率是反映企业供、产、销各环节管理状况的综合性指标。它是年销售成本与平均存货之比。其计算公式为：

$$存货周转率（次数）=\frac{销售成本}{平均存货}$$

$$存货周转期（天数）=\frac{360}{存货周转率}$$

式中，$平均存货=\frac{期初存货+期末存货}{2}$

一定时期，存货周转次数越多，周转天数越少，则表明存货变现速度越快，企业销售能力和偿债能力越强，也反映出企业采购、生产、销售各环节管理工作状况越好。

在计算存货周转率时，应特别注意：存货计价的口径应一致，即只能用一种计价方法，不能随意更换，否则会导致掩盖销货成本的真相。

【例8-7】 按【例8-2】的资料，假定该酒店2009年年初存货为95万元，2009年、2010年的销售成本分别为850万元和1000万元，则该酒店：

$$上年存货周转率（次数）=\frac{850}{(95+86)\div 2}=9.39（次）$$

$$本年存货周转率（次数）=\frac{1000}{(86+70)\div 2}=12.82（次）$$

$$上年存货周转期（天数）=\frac{360}{9.39}=38.34（天）$$

$$本年存货周转期（天数）=\frac{360}{12.82}=28.08（天）$$

该酒店本年的存货周转速度较快，表明酒店的销售能力和偿债能力有所提高；存货的管理工作得到了加强。

8.3.1.3　应收账款周转率

应收账款也是企业流动资产的重要组成部分。反映应收账款周转速度的指标是应收账款周转率，是一定时期（通常指 1 年）内赊销收入净额与应收账款平均余额的比值。其计算公式为：

$$应收账款周转率（次数）=\frac{赊销收入净额}{应收账款平均余额}$$

$$应收账款周转期（天数）=\frac{360}{应收账款周转率}$$

式中，赊销收入净额 = 销售收入 − 现销收入 − 销售折让 − 销售退回

$$应收账款平均余额=\frac{期初应收账款+期末应收账款}{2}$$

应收账款周转率反映了年度内的应收账款转为现金的平均次数。周转率高表明：① 企业收账迅速，应收账款管理效率高；② 应收账款变现速度快，企业短期偿债能力强；③ 减少了收账费用和坏账损失，从而相对增加了企业的收益。在计算应收账款周转率时，应特别注意：公式中的应收账款应包括会计核算中的“应收账款”和“应收票据”等全部赊销账款在内，且其金额应为扣除坏账准备后的净额。

【例 8－8】 按【例 8－6】的资料，假定该酒店 2009 年年初应收账款余额 70 万元，2010 年年初、年末应收账款余额分别为 55 万元和 80 万元。则该酒店：

$$上年应收账款周转率=\frac{1400}{(70+55)\div 2}=22.4（次）$$

$$本年应收账款周转率=\frac{1600}{(55+80)\div 2}=23.7（次）$$

$$上年应收账款周转期=\frac{360}{22.4}=16.07（天）$$

$$本年应收账款周转期=\frac{360}{23.7}=15.19（天）$$

该酒店本年应收账款的回收速度略快于上年度。

8.3.2 固定资产周转分析

固定资产是企业进行生产经营活动必不可少的物质基础，固定资产的利用效率，直接影响到企业的营运能力。对固定资产周转的分析应着重分析它的使用情况、周转速度等，其分析指标主要有固定资产周转率和固定资产增长率。

8.3.2.1 固定资产周转率

固定资产周转率是反映企业固定资产利用效率的指标，是企业年销售收入与固定资产平均净值的比率。其计算公式为：

$$\text{固定资产周转率（次数）}=\frac{\text{销售收入}}{\text{固定资产平均净值}}$$

固定资产周转率越高，表明企业利用固定资产创收的能力越强，固定资产的利用效果就越好，企业的营运能力就越强。如果比率过低，说明企业的固定资产未得到充分利用，应将闲置的固定资产及时清理。另外，在利用这一指标进行企业自身纵向比较或与其他单位进行横向比较时，应注意折旧方法是否一致。否则，指标间就不具有可比性。

$$\text{式中，固定资产平均净值}=\frac{\text{期初固定资产净值}+\text{期末固定资产净值}}{2}$$

$$\text{固定资产净值}=\text{固定资产原值}-\text{累计折旧}$$

固定资产周转率越高，表明企业利用固定资产创收的能力越强，固定资产的利用效果就越好，企业承包的营运能力就越强。如果比率过低，说明企业的固定资产未得到充分利用，应将闲置的固定资产及时清理。另外，在利用这一指标进行自身纵向比较或与其他单位进行横向比较时，应注意折旧方法是否一致。否则，指标间就不具有可比性。

【例 8－9】 按【例 8－6】的资料，假定该酒店 1997 年年初固定资产净值为 100 万元，1998 年固定资产净值的年初、年末数分别为 115 万元和 120 万元，则该酒店：

$$\text{上年固定资产周转率（次数）}=\frac{1400}{(100+115)\div 2}=13.02\text{（次）}$$

$$\text{本年固定资产周转率（次数）}=\frac{1600}{(115+120)\div 2}=13.62\text{（次）}$$

可见，该酒店本年度固定资产利用效率较上年度有所提高。

8.3.2.2 固定资产增长率

固定资产增长率是指本期新增固定资产的原值除以期初固定资产原值的百分比。其计算公式为：

$$固定资产增长率=\frac{期末固定资产原值-期初固定资产原值}{期初固定资产原值}\times 100\%$$

该指标综合反映企业固定资产规模的扩大程度。该指标值越高，表明企业发展潜力越大，但固定资产增长率增加的同时，企业销售收入也应随之增加，否则会降低固定资产使用效率。因此，在分析这一指标时，应结合固定资产周转率来分析。

在对流动资产和固定资产的周转情况进行分析的基础上，还可进一步对总资产的周转情况进行分析。其分析指标主要是总资产周转率，计算公式为：

$$总资产周转率（次数）=\frac{销售收入}{平均资产总额}$$

该指标反映企业总资产的周转速度，周转越快，反映企业销售能力越强。

8.4 酒店企业盈利能力的分析

盈利能力是指企业获取利润的能力。利润是企业内外各方都十分关心的，因此，对企业盈利能力的分析尤为重要。

8.4.1 企业盈利的一般分析

反映企业盈利能力的指标很多，通常使用的主要有销售净利率、销售毛利率、成本费用利润率、资产净利率和权益净利率等。

8.4.1.1 销售净利率

销售净利率是指净利润与销售收入的百分比，其计算公式为：

$$销售净利率=\frac{净利润}{销售收入}\times 100\%$$

该指标反映每百元销售收入带来的净利润的多少，表示企业销售收入的盈利水平。

【例 8－10】 按【例 8－6】的资料，假定该酒店 2009 年实现净利润 88.54 万元，

2010 年实现净利润为 113. 33 万元，则该酒店：

$$上年销售净利润率 = \frac{88.54}{1400} \times 100\% = 6.32\%$$

$$本年销售净利润率 = \frac{113.33}{1600} \times 100\% = 7.08\%$$

该酒店本年盈利能力较上年有所提高。

8.4.1.2 销售毛利率

销售毛利率是毛利额占销售收入的百分比。其计算公式为：

$$销售毛利率 = \frac{毛利额}{销售收入} \times 100\%$$

式中，毛利额 = 销售收入 − 销售成本

销售毛利率表明企业每百元销售收入所实现的毛利额为多少。毛利额是各项费用开支以及利润形成的来源，没有足够高的销售毛利率，企业将面临破产。

【例 8 − 11】 依据【例 8 − 6】和【例 8 − 7】的资料，可计算该酒店销售毛利率如下：

$$上年销售毛利率 = \frac{1400 - 850}{1400} \times 100\% = 39.29\%$$

$$本年销售毛利率 = \frac{1600 - 1000}{1600} \times 100\% = 37.5\%$$

由于本年销售成本上升的幅度大于销售收入上升的幅度，导致本年销售毛利率较去年有所下降。

8.4.1.3 成本费用利润率

成本费用利润率是指企业利润总额与成本费用总额之间的百分比，表示每百元的耗费所产生的收益，反映企业在生产经营过程中所费与所得之间的关系。其计算公式为：

$$成本费用利润率 = \frac{利润总额}{成本费用总额} \times 100\%$$

式中，成本费用总额 = 销售成本 + 销售费用 + 销售税金及附加 + 管理费用 + 财务费用。

这个指标越高，表明企业耗费所取得的收益越高。提高成本费用利润率的途径是在增加销售收入的同时降低成本费用。

【例 8 − 12】 按【例 8 − 5】的资料，假定该酒店 2009 年、2010 年的成本费用总

额分别为 1214 万元和 1362 万元，则该酒店：

$$上年成本费用利润率 = \frac{142}{1214} \times 100\% = 11.70\%$$

$$本年成本费用利润率 = \frac{179}{1362} \times 100\% = 13.14\%$$

由于成本费用上升的幅度小于利润上升的幅度，导致酒店该年成本费用利润上升。

8.4.1.4 资产净利率

资产净利率又称投资报酬率，是指企业的净利润与平均资产总额的百分比，反映企业运用全部资产的获利能力。其计算公式为：

$$资产净利率 = \frac{净利润}{平均资产总额} \times 100\%$$

式中，$平均资产总额 = \frac{期初资产总额 + 期末资产总额}{2}$

这个指标越高，表明企业资产利用效果越好，盈利能力越强，经营管理水平越高。资产净利率是一个综合性指标，影响该指标的因素很多，如产品的售价和单位成本、产品的产量和销售数量、资金占用量等。在具体分析、评价这一指标时，可运用杜邦分析法。

【例 8-13】 依据【例 8-3】和【例 8-10】的资料，假定该酒店 2009 年年初资产总额为 300 万元，则该酒店资产净利率为：

$$上年资产净利率 = \frac{88.54}{(300 + 328) \div 2} \times 100\% = 28.20\%$$

$$本年资产净利率 = \frac{113.33}{(328 + 400) \div 2} \times 100\% = 31.13\%$$

计算结果表明，酒店资产综合利用效率较高。

8.4.1.5 权益净利率

权益净利率又称净值报酬率，是指净利润与平均所有者权益的百分比。其计算公式为：

$$权益净利率 = \frac{净利润}{平均所有者权益} \times 100\%$$

式中，$平均所有者权益 = \frac{期初所有者权益 + 期末所有者权益}{2}$

权益净利率表明所有者权益所获取的报酬。该指标越高，说明投资者投入企业净资产的获利能力越强。

【例8－14】 依据【例8－4】和【例8－10】的资料，假定该酒店2009年年初所有者权益为120万元，则该酒店权益净利率为：

$$\text{上年权益净利率} = \frac{88.54}{(120+118)\div 2} \times 100\% = 74.40\%$$

$$\text{本年权益净利率} = \frac{113.33}{(118+185)\div 2} \times 100\% = 74.81\%$$

8.4.2 股份公司盈利能力的分析

由于股份公司（特别是上市公司）的股东尤为关注公司的盈利能力，因此，股份公司的盈利能力分析主要是从普通股股东角度进行的。其分析指标主要有每股收益、普通股权益净利率、市盈率、每股股利、股利支付率、股票获利率和每股净资产。

8.4.2.1 每股收益

每股收益又称每股盈余，是指普通股股东所获净利润与发行在外的普通股股数的比率，反映股份公司的获利水平。其计算公式为：

$$\text{每股收益} = \frac{\text{净利润} - \text{优先股股利}}{\text{平均发行在外的普通股股数}}$$

式中，平均发行在外的普通股股数＝∑(发行在外普通股股数×发行在外月份数)÷12。

【例8－15】 A公司是一家酒店——上市公司，本年利润分配和年末股东收益的有关资料如表8－1所示。该公司当年净利润1800万元，发行在外的普通股为3000万股。

表8－1 A公司本年利润分配和年末股东收益 单位：万元

净利润	1800
加：年初未分配利润	720
可供分配利润	2520
减：提取法定盈余公积金	270
可供股东分配的利润	2250
减：已分配优先股股利	0

（续）

提取任意盈余公积金	90
已分配普通股股利	1200
未分配利润	960
股本（每股面值 1 元，市价 7.2 元）	3000
资本公积	3120
盈余公积	1680
未分配公积	960
股东权益合计	8760

$$\text{A 公司每股收益} = \frac{1800}{3000} = 0.60\ （元/股）$$

8.4.2.2　市盈率

市盈率是普通股股东十分关注的指标，是指普通股每股市价为每股收益的倍数，反映投资者对每 1 元净利润所愿意支付的价格。其计算公式为：

$$\text{市盈率（倍数）} = \frac{\text{普通股每股市价}}{\text{普通股每股收益}}$$

【例 8－16】　按【例 8－15】的资料，A 公司的普通股每股收益为 0.60 元，每股市价为 7.20 元，依上式计算：

$$\text{A 公司市盈率} = \frac{7.20}{0.60} = 12\ （倍）$$

市盈率越高，表明投资者对公司的未来越充满信心，愿意为每 1 元收益多付买价，这种投资风险较小。通常市盈率在 5～20 倍是比较正常的。

8.4.2.3　每股股利

每股股利是指股利总额与普通股股数的比率，反映股份公司的获利能力。其计算公式为：

$$\text{每股股利} = \frac{\text{股利总额}}{\text{平均发行在外的普通股股数}}$$

式中，股利总额是指用于分配给普通股股东的现金股利的总额。

【例 8－17】　依据【例 8－15】的资料，计算出：

$$\text{A 公司每股股利} = \frac{1200}{3000} = 0.40\ （元/股）$$

每股股利越高，普通股权益获利能力越强。

8.4.2.4 股利支付率

股利支付率是为每股股利与每股盈余的百分比，反映公司净收益中股利所占的比重。其计算公式为：

$$股利支付率 = \frac{每股股利}{每股盈余} \times 100\%$$

【例 8－18】 依据【例 8－15】的资料，可计算出：

$$A公司股利支付率 = \frac{0.40}{0.60} \times 100\% = 66.67\%$$

股利支付率越高，说明公司获利能力和支付股利的能力越强。同时，该指标说明了提高股利支付率，降低了公司留存盈利比率，从而对公司的筹资有一定的影响。

8.4.2.5 普通股权益净利率

普通股权益净利率又称净资产收益率，反映普通股权益的获利水平，其计算公式为：

$$普通股权益净利率 = \frac{净利润 - 优先股股利}{平均普通股权益} \times 100\%$$

公式中“平均普通股权益”也可使用“年末普通股权益”。这是因为股份公司在增加股份时，新股东要超面值缴入资本并获得同股同权的地位；期末的股东对本年利润拥有同等权利。

【例 8－19】 依据【例 8－15】的资料，计算出：

$$A分司普通股权益净利率 = \frac{1800}{8760} \times 100\% = 20.55\%$$

8.4.2.6 股票获利率

股票获利率是指每股股利与每股市价的比率，反映以市价计算的股票投资获取现金的水平。其计算公式为：

$$股票获利率 = \frac{普通股每股股利}{普通股每股市价} \times 100\%$$

这个指标越高越好，当预期股价不能上涨时，这一指标便成为衡量股票投资价值的主要依据。

【例 8－20】 依据【例 8－15】的资料，可计算出：

$$A公司股票获利率 = \frac{0.40}{7.20} \times 100\% = 5.56\%$$

8.4.2.7　每股净资产

每股净资产是指期末净资产（即股东权益）与平均发行在外的普通股股数的比值，其计算公式为：

$$每股净资产 = \frac{年度末股东权益}{平均发行在外的普通股股数}$$

每股净资产越多表明股东投资效益越好。

【例 8－21】　依据【例 8－14】的资料可计算出：

$$A公司的每股净资产 = \frac{8760}{3000} = 2.92\ （元/股）$$

8.5　财务比率综合分析

评价一个企业的财务状况是否良好，仅凭几个财务比率难以得出正确的结论，只有对各项财务指标加以综合分析，才能对企业的财务状况进行准确的评价与判断，满足企业利害各方的不同财务信息的需要。

财务比率综合分析是指先选定若干主要财务比率，按其重要程度给定重要性系数（其总和为 1），然后将实际比率与标准比较，计算出每项指标的综合指数，最后求出综合指数合计数，并将其与重要性系数之和比较，借以判断财务状况的优劣。一般而言，若综合指数合计数大于 1 或接近 1，则表明企业财务状况基本上符合标准要求；若与 1 有较大差距，则表明财务状况不佳。

现假定某企业本年选出 9 项财务比率，编制财务综合分析表（表 8－2）。

表 8－2　财务比率综合分析表

指标	重要性系数	标准值	实际值	关系比率	综合指数
（甲）	（1）	（2）	（3）	（4）＝（3）÷（2）	（5）＝（1）÷（4）
流动比率	0.15	2	2.2	1.1	0.165
速动比率	0.10	1	0.74	0.74	0.074
资产负债率	0.10	0.4	0.32	0.8	0.08
应收账款周转率	0.05	8 次	5.25 次	0.6563	0.0328

（续）

指标	重要性系数	标准值	实际值	关系比率	综合指数
存货周转率	0.10	4 次	2.50 次	0.625	0.0625
固定资产周转率	0.15	1.8 次	1.1 次	0.6111	0.0917
销售净利率（%）	0.10	13.5	12.24	0.9067	0.0907
成本费用利润率（%）	0.10	20	14.75	0.7375	0.0738
权益净利率（%）	0.15	22	16	0.7273	0.1091
合计	1	—	—	—	0.7796

由表 8-2 可知，综合指数合计数为 0.7796，与 1 有较大的差距，反映出企业财务状况不佳，经营管理存在一定问题。从具体指标看，只有流动比率的关系比率大于 1，其余均小于 1，尤其是资产周转率的关系比率远小于 1，说明该企业营业能力很差。企业应加强资产的管理，提高资产的利用效率，增加销售收入，增强企业盈利能力。另外，还可适当提高负债比率。

【本章小结】

本章主要阐述了酒店财务分析的目的、方法；酒店偿债能力分析、营运能力分析、盈利能力分析、趋势分析、综合分析等财务分析过程中财务指标的选取及其反映的经济业务内容。

【关键性术语】

流动比率、速动比率、产权比率、利息保障倍数、存货周转率、应收账款周转率、每股收益、市盈率、每股股利、股利支付率。

【思考题】

1. 什么是财务分析？其目的是什么？
2. 财务分析的内容主要包括哪几个方面？
3. 财务分析的方法有哪些？
4. 偿债能力分析指标有哪些？如何分析企业偿债能力？
5. 营运能力分析指标有哪些？如何分析企业营运能力？
6. 获利能力分析指标有哪些？如何分析企业获利能力？

【计算题】

1. 财务报表分析

某酒店 20××年度财务报表的主要资料如下：

资产负债表（20××年12月31日）　　（千元）

资　产		负债及所有者权益	
现金（年初764）	310	应付账款	516
应收账款（年初1156）	1344	应付票据	336
存货（年初700）	966	其他流动负债	468
流动资产合计	2620	流动负债合计	1320
固定资产净额（年初1170）	1170	长期负债	1026
		实收资本	1444
资产总额（年初3790）	3790	负债及所有者权益	3790

损益表（20××年）　　（千元）

项目	数额	项目	数额
销售收入	6430	利息费用	98
销售成本	5570	税前利润	182
毛利	860	所得税	72
管理费用	580	净利	110

2. 要求

(1) 计算填写下表的该公司财务比率（天数计算结果取整）。

比率名称	本公司	行业平均数
流动比率		1.98
资产负债		62%
已获利息倍数		3.8
存货周转率		6次级
平均收现期		35天
固定资产周转率（销售收入÷平均固定资产净额）		13次
总资产周转率		3次
销售净利率		1.3%
资产净利率		3.4%
权益净利率		8.3%

（2）与行业平均财务比率比较，说明该公司经营管理可能存在的问题。

【案例分析】

锦江酒店与希尔顿的竞争实力对比分析

据《Hotel》杂志统计，在2003年全球100家饭店集团的排名表上，酒店巨头希尔顿位列第一，并当选最受顾客信赖的酒店之一。美国希尔顿饭店创始与1919年，在不到90年的时间里，从一家饭店扩展到一百多家，遍布世界五大洲的各个城市，成为全球最大规模的饭店之一。国内酒店业龙头——锦江饭店于1929年在上海市中心的茂名路开业，仅比希尔顿晚成立10年，可占据了天时与地利的花园式锦江饭店的经营状况及影响力却与希尔顿有天壤之别。

表1　锦江酒店与希尔顿的经营规模比较　　单位：美元

指标名称	公司名称	2000年	2001年	2002年	2003年
销售收入	希尔顿	34 116 145	29 588 845	28 904 332	28 480 125
	锦江酒店	696 377	682 649	834 199	796 923
总资产	希尔顿	75 648 124	72 709 931	69 098 900	67 686 853
	锦江酒店	1 917 986	2 287 404	2 576 338	2 361 454
净资产	希尔顿	13 590 177	14 757 178	16 993 297	18 531 531
	锦江酒店	1 221 311	1 720 172	1 722 265	1 767 650
现金流量净额	希尔顿	(471 766.2)	(99 319.2)	157 268.7	231 747.6
	锦江酒店		254 355	(273 950)	223 991

汇率换算：2000年12月31日1美元=8.2767人民币；2001年12月31日1美元=8.2773人民币；2002年12月31日1美元=8.2766人民币；2003年12月31日1美元=8.2766人民币。

据希尔顿和锦江酒店网站介绍，截至2003年底，美国希尔顿旗下管理的饭店已经达到2000多家，遍布全球五大洲各大城市；锦江酒店管理的酒店达到70多家。根据希尔顿和锦江酒店的年度报告，2000年希尔顿的总资产是锦江酒店的39倍，到了2003年为28倍。2000年希尔顿的净资产是锦江酒店的11倍，2003年为10倍左右。

表 2　锦江酒店与希尔顿的盈利性指标比较

指标名称	公司名称	2000 年	2001 年	2002 年	2003 年
销售净利率（%）	希尔顿	6.60	4.64	5.67	4.77
	锦江酒店	2.61	7.93	7.31	4.93
股东权益收益率（%）	希尔顿	17.8	9.69	10.32	7.64
	锦江酒店	9.60	3.16	3.42	2.22
总资产收益率（%）	希尔顿	1.98	2.31	1.85	2.96
	锦江酒店	1.59	2.51	2.57	6.32

自 2000 年以来，希尔顿的销售净利率基本保持在 5% 左右，锦江酒店的销售净利率相对波动幅度较大。2003 年希尔顿和锦江酒店销售净利润率基本相等。锦江酒店的总资产收益率基本高于希尔顿。希尔顿的股东权益收益率明显高于锦江酒店。

表 3　锦江酒店与希尔顿的资产效率比较

指标名称	公司名称	2000 年	2001 年	2002 年	2003 年
流动资产周转率（%）	希尔顿	5.14	3.89	4.30	4.17
	锦江酒店	1.48	0.79	0.87	0.93
总资产周转率（%）	希尔顿	0.45	0.40	0.41	0.42
	锦江酒店	0.36	0.32	0.34	0.32

自 2000 年以来，不论是流动资产周转率还是总资产周转率，希尔顿均高于锦江酒店。作为酒店业，资产效率直接影响酒店的盈利能力和生存能力。

【分析提示】

财务分析的内容主要包括偿债能力分析、营运能力分析、盈利能力分析。营运能力是企业对营运资金的管理控制能力；营运能力的强弱对企业获利能力的持续增长与偿债能力的提高具有决定性的影响。

【案例思考题】

通过对锦江酒店与希尔顿酒店财务指标对比分析，为锦江酒店提高资产营运能力提出合理化建议。

【本章推荐阅读书目】

1. 企业财务管理．于沛．中国商业出版社，2004.

2. 财务管理．袁建国．东北财经大学出版社，2005.

【相关链接】

1. 证券之星网站（www. stockstar. com）

第9章 酒店内部控制

学习目标

知识目标：

定义内部控制的概念；

了解内部控制的基本内容；

理解内部控制的局限性；

了解酒店客房收入内部控制的关键环节和基本程序；

了解酒店餐饮收入内部控制的基本程序；

了解酒店采购内部控制的基本程序。

技能目标：

熟悉酒店客房、餐饮、采购内部控制的基本程序。

能力目标：

能灵活运用内部控制有关知识来分析、解决实际工作中的问题。

【章首案例】

东方大厦的内部控制

长期以来，东方大厦一直把加强酒店内部管理作为工作重点，把企业内部经济责任制与目标成本管理有机结合起来，全面建立起量化的责任目标体系。

首先，严格服务标准，建立品质管理体系。实践中，东方大厦人坚持像重视自己的身体健康一样重视服务质量。在出品品质管理方面，购货时，在合同中详细注明对采购的要求；货到时，验货部门、原材料的使用部门等，层层把关、严格控制，保证原料的品质达到要求。在服务品质管理方面，酒店设立了品质管理委员会，委员会成员每天按照各部门《作业手册》标准巡回检查。

其次，促进节能降耗，有效降低成本。东方大厦从节约一滴油、一度电做起，加大现场监督力度，严格管理，努力杜绝跑冒滴漏现象。此外，他们在节能设施上做文章，仅为每个房间配备电热水壶、取消楼层开水间大功率加热器一项就节省了大量的电。

此外，加强财务监督，保障资金安全和经营需求。完善酒店资产管理体系，实现专人专管，设立暂存库，对酒店不用的物资进行统一管理、统一调配，减少因资产重置造成的浪费；定期召开成本分析会，在发布经营及预算执行情况的同时，对当月经营情况进行分析、总结，对各部门在经营中出现的问题及时纠偏查错，确保全年经营任务的完成。

加强采购监督，增加采购工作透明度。酒店成立了采购成本控制委员会，将所有采购物品纳入市场调查比价的监督之中。专项采购由财务经理、采购经理和相关经营部门经理组成临时采购小组，共同探讨采购方案的可行性及确定采购数量。

9.1 酒店内部控制概述

9.1.1 内部控制的概念

内部控制是企业为维护资产安全完整，检查会计数据的准确性和可靠性，提高经营效率，促使有关人员遵循既定的管理方针而采用的一系列具有控制职能的方法、措施、程序，并予以规范化和系统化，从而形成一个严密、完整的体系。

9.1.2 内部控制的基本内容

酒店的内部控制贯穿于酒店生产经营活动全过程的各种制度、方法和程序的自行调控体系。虽然由于各酒店的特点不同，内部控制也各有不同，但基本内容却还是相同的。酒店内部控制大致包括以下基本内容。

（1）授权控制

授权控制是指酒店业务活动发生之前各级工作人员必须经过授权和批准，否则就不允许接触这些经济业务。这一控制方式使经济业务在发生时就得到了控制，是一种事前控制。授权控制要求规定各级管理人员的职责范围和业务处理权限，明确各级管理人员所承担的责任，使他们对自己的业务处理行为负责，以加强工作的责任心。

授权有一般授权和特殊授权 2 种。

一般授权是指酒店内部较低层次的管理人员，根据既定的预算、计划、制度等标准，在其权限范围内，对正常的经济业务进行的批准。例如，酒店销售人员被授予可按客房门市牌价销售客房。一般授权在酒店中大量存在。一般授权下达后，其授权效力能保持较长时间。

特殊授权是指对非经常业务进行专门研究做出的批准。与一般授权不同，特殊授权的对象是某些例外的经济业务。这些例外的经济业务往往是个别的、特殊的，一般没有既定的预算、计划等标准所依，需要根据具体情况进行具体的分析和研究。例如，销售人员要按高于或低于规定价格出售客房时，必须经得上级领导授权批准。特殊授权是暂时性的，一时被授权的经济业务办理结束，其效力也随之消失。

（2）分工控制

分工控制是指对于酒店内不相容的职务必须进行分工负责，不能由一个人同时兼任。这一控制使经济业务处理时能够互相制约，互相牵制。所谓不相容职务是指企业内部相互关联的职务如果集中于一人身上，就会增加发生差错和作弊的可能性，或者增加了发生差错后进行掩饰的可能性。在酒店中以下不相容职务应予以分离。

第一，授权职务与执行职务分离。例如，有权批准某项费用或业务的职务应与具体办理费用支付或具体执行业务的职务相分离，即不能自己办理自己批准的业务。

第二，执行职务与检查职务分离。例如，采购职务应与验收职务相分离，才能使采购人员工作更加认真负责；而验收人员则处于客观的地位，即不能自己检查自己所执行的业务。

第三，执行职务与记录职务分离。例如，原材料采购人员不能兼任原材料账记录工作；销售人员不能兼任销售收入账的记录工作。

第四，财产保管职务与财产记录职务分离。例如，负责现金、物料的保管人员，不能同时兼任会计或记账员。也就是说，管钱的不管账，管物的也不管账。

第五，财产保管职务与财产账实核对职务分离。

(3) 财产安全控制

财产安全控制是指企业为了确保酒店财产物资的安全和完整所采取的控制措施。即对酒店的现金、银行存款的收支活动，原材料、固定资产、物料用品、库存商品等财产物资购进、领用及库存情况必须进行详细的记录和反映，防止酒店财产的损失和浪费，保证财产和物资的安全。

(4) 业务记录控制

业务记录控制是指每一项经济业务发生后必须按一定的程序和方法进行会计记录，确保对酒店内部和外部提供可靠的会计信息。会计记录是整个会计控制的核心，包括会计凭证制度、完整的账簿制度、财产清查制度，以及严格的账簿核对制度、原始记录的管理与岗位交接制度、合理的会计账簿核对制度、原始记录的管理与岗位交接制度、合理的会计政策和程序、会计档案的保管制度及建立对会计资料定期进行内部审计的办法和程序。

(5) 人员素质控制

酒店的业务经营活动离不开人的参与，一个好的人力资源政策能够确保执行酒店政策和程序的人员具有胜任能力和正直品行，从而使内部控制政策和程序得以有效贯彻执行。因此，内部控制应以人为本，把发挥人的作用放在第一位，注重人员素质的提高。

(6) 内部审计控制

内部审计控制是指通过对酒店内部各组织系统运行状况的检查和评价，及时发现和纠正存在的问题，促进各组织系统全面、高效和经济地实现组织目标。建立健全内部审计控制应从以下几方面入手：① 确定相对独立的内部审计机构；② 由酒店领导赋予审计机构更充分的职能，加强其权威；③ 加强与外部审计机构的联系。

9.1.3 内部控制的局限性

内部控制的目标是确保单位经营活动的效率性和效果性、资产的安全性、经济信息和财务报告的可靠性。其主要作用：① 有助于管理层实现经营方针和目标；② 保护单位各项资产的安全和完整，防止资产流失；③ 保证业务经营信息和财务会计资料的真实性和完整性。除此之外，保证单位内财务活动的合法性也是内部控制的目标。

良好的内部控制虽然能够达到上述目标，但无论内部控制的设计和运行多么完善，都无法消除其本身所固有的局限性。这种局限性也必须明了并加以预防。主要表现为：

- 受成本效益原则的局限；
- 如果负有不同责任的职员忽视控制程序、错误判断、甚至相互勾结、内外串通舞弊等，往往导致内部控制失灵；

● 管理人员滥用职权，逾越控制，对设置或实施的内部控制不予理睬，也会使建立的内部控制形同虚设。

9.2　酒店客房收入的内部控制

酒店经营业务的特殊性决定了酒店营业收入复杂多样，收入系统环节较多。客房作为酒店的主体，客房收入是酒店收入的主要组成部分。客房营业有消耗、利润高的特点，虽然建造投资大，但耐用性强，可以带来数十年的经济效益，而且客房出租可以带动或增加其他经济收入，因为客人入住后要吃饭、娱乐、洗衣等。因此，加强客房营业收入的管理和控制对提高酒店的经济效益有重要意义。

9.2.1　客房收入内部控制的目的

客房收入的内部控制是指以客房收入为对象，对客房收入的发生、计算、取得、汇总等一系列过程进行管理控制的活动。客房收入内部控制的主要目的如下。

(1) 保证客房收入的完整性

客房收入包括客房租金全额收回和客人住店期间所有消费全额收回 2 个方面。为保证客房收入的完整性，酒店必须采取措施，尽可能堵住客房收入全过程中的每一个漏洞，最大限度地防止和避免可能影响客房收入完整性的事件发生，把客房收入的损失控制在最低限度。

(2) 保证客房收入的及时性

保证客房收入能尽快收回入账，对应收账款采取催收措施，最大限度减少房租的资金占用。

(3) 保证客房收入的合法性

保证客房收入需要做好“三个确保”：① 确保客人入住都有合法的手续；② 确保客房租金的计收有根有据；③ 确保客房租金的增减符合酒店的管理程序和相关规定。

9.2.2　客房收入内部控制的关键环节

客房收入内部控制的关键环节是销售、服务、收款相互独立、互相牵制的控制体系。销售是指客房出租。客人办完入住手续，住入房间，就能享受客房住宿使用权，标志着客房销售成立。服务是指饭店向客人提供和保持整洁、舒适的客房环境，以及为满足住店客人的各种合理需求而进行的各种工作，如房间整理、清洁卫生、供应茶水及其他有关服务。收款是指向住店客人收取其使用客房及享受其他服务的款项。

客房销售一般由前厅接待处负责；客房服务由客房部的楼层服务员负责；结账收款由财务部的前台收银员负责。3 个职能部门行使 3 项职权，相互独立又相互牵制，相互对证，相互监督，杜绝舞弊行为的发生。

销售、服务、收款互相分离的控制体系应建立在以前台结账为中心的收入信息系统上，一切涉及客房收入的信息应全部准确而快速地转到前厅结账处。

9.2.2.1 客人登记

(1) 入住登记记录

客房入住时应识别客人是否有预订。对于预订过的客人，由于酒店在客人订房时就已经掌握其基本资料，因此，在客人抵店时，只需迅速查出客人的预订登记表，经过核对证件，由其签名确认。对于未经预订而直接抵店的客人，请其出示有效证件，接待员核对、扫描证件后，为客人填写住宿登记表（见表 9－1），并交客人签名确认相关内容。在入住登记的过程中，接待员还需将客人签名模式扫描输入计算机系统，以备各收银点在客人签单时核对。

表 9－1 住宿登记表

××酒店

××HOTEL

住宿登记表

REGISTRATION FORM OF RESIDENCE

姓 Surname	名 Firstname	
性别 Sex	出生年月日 Date of Birth	国籍 Nationality
护照或证件种类 Type of Passport of Certificate		号码 No.
签证种类 Type of Visa		有效日期 Vail Until
永久地址 Permanent Address		
抵达日期 Date of Arrival		拟住日期 Intended Duration of Stay
停留事由 Object of Stay		房号 Room No.
接待单位 Host Unit in China		

(2) 确认房间、房价及付款方式

接待员根据客人要求确定客房的种类。客房种类确定后，接待员就可在酒店规定的价格可调的范围内，依据酒店的信用政策条文给予客人定价。

房间类型和房价确定后，接待员必须确认客人的付款方式。付款方式的确认是为了决定客人在住店期间的信用限额，以及加快结账退款时的速度。同时付款方式的确认对于客房营业收入的控制也极其关键。客人常采用的付款方式有信用卡、现金、支票、转账等。对于信用卡结账的客人，应辨明信用卡是否有效，并申请信用卡预授权；对于转账的客人，一般都事先与酒店签订有协议，客人在办理入住时要求转账一般不予受理，以防止客房收入无法收回。此时，接待员应向客人说明原因。

(3) 预收押金

押金是为保证酒店的权益不受损害而向客人预收的款项。押金收取的金额应根据客人住店的天数和酒店的规定确定，收取保证金时，应开立押金收据（一式3联，见表9-2），一联交给客人，一联存放在账夹内，另一联与其他原始凭证一起交给当日的稽核人员审核然后给会计入账。收到的押金现款与当日收到的其他款项一起存放到保险箱内。

表9-2 押金收据

××酒店

××HOTEL

押金收据

DEPOSIT VOUCHER

日期
Date ________　　　　号码
No. ________

<table>
<tr><td colspan="2" rowspan="2">住客姓名
Guest Name</td><td colspan="2">账户号码 A/C No.</td></tr>
<tr><td colspan="2">房间号码 Room No.</td></tr>
<tr><td colspan="3">现金金额（大写）
Cash Amount</td><td>￥:</td></tr>
<tr><td rowspan="2">□支票
Check</td><td colspan="3">号码
No.</td></tr>
<tr><td colspan="3">银行
Bank</td></tr>
<tr><td colspan="4">摘要
Remarks</td></tr>
</table>

离店或返还物品时请交还此收据
Please Present this receipt when check out of return hotel's supplies　　　　收银员
Cashier

（4）分配房间，完成入住登记手续

房间、房价及付款方式确认后，接待员应请客人在准备好的房卡上签字，房卡起着证实住客身份的作用，客人在餐后或享受其他服务后转账时需出示此卡（见表9-3）。然后将客用钥匙交给客人。同时根据客人的要求通知总机班开通该房间的国际长途或国内长途电话。

表9-3　房　卡

酒店房卡

- 请于餐后签单时出示此卡。
- 离店结账时间为中午12:00整。
- 如果延迟至下午6:00离店，按全天房价的50%收费；如果超过下午6:00离店，按全天房价收费。
- For your convenience, please produce this card when signing in restaurants and bars.
- Check-out time is 12:00 noon.
- 50% of daily room rate is charged for extension up to 6:00pm. After 6:00pm full day room rate applies..

宾客姓名

Guest Name: ____________

抵店日期 Arr. Date ____________	失效日期 Expiry Date ____________
房号 Room No. ____________	房租 Room Rate ____________

宾客签名

Guest Signature ____________

接待员签名

Receptionist Initials ____________

（5）建立相关表格资料

登记程序的最后阶段工作是建立相关的表格资料，通过这些表格资料，可以检查出酒店中对客户服务存在的问题，有助于了解酒店的营业状况，以及销售客房的能力和效率。这些表格资料包括：① 五联卡，即五联客房状况卡条，主要是将客人入住的信息尽快传递给相关部门——问讯处、电话总机、大厅服务处、客房中心等。② 客房状况卡，显示每个住客房间的客人姓名、房号、抵离日期以及应给与的特殊服务。客房状况卡插入显示器内，以备查询。现在大多数酒店使用计算机，接待员可直接在计算机中将客房状态从可售房改变为住客房状况。③ 客人账单，要将与结账有关的事项，如客人所享受的折扣率、信用卡号码、享受免费日期、付款方式等，详细记录在账单的备注栏内。对于转账结算和持有订房凭证的客人，要制作2份账单：一份是向签约单位收取款项的凭证，在账单备注栏内注明转账款项及付款单位的名称；另一份是记录客人自理款项的账单。

9.2.2.2 记录客人的付款和费用

由于客人在一天中的任何时候都有可能要求结账，并要求有一份准确的交易记录，因此，准确、及时地记录客人的费用和付款对维持准确的财务记录、确保客房收入的准确无误很重要。

（1）开设客人住店期间的消费账号

由于客人在住店期间要正确计算房费和其他消费，并记录在案，但客人的姓名有可能重复。另外，酒店的客人陆陆续续，循环往复，倘若前面的客人还有一些费用未结算完，仅使用房号来区别客人就容易失去控制。因此，有必要为客人开设唯一的识别账号，以区别对待每一位客人的消费。

（2）将各种消费单及时入账

建立了消费账号，客人在酒店的各项消费就必须及时入账，通常称为入数。入数不仅要准确，而且要及时，尤其是把客人即将要离店时发生的消费及时入数更为重要。因此，为保证入数的及时性，酒店首先需要建立及时有效的信息传递系统，凡有条件的，都应建立计算机联网，使得客人无论在何时何地进行消费，信息都能及时准确地传递到前台收银处。其次，客人要求签单时，收银员应核对客人的姓名、房号、签字等。对于有协议的客人要由主管人员预先核对客人的协议，并检查客人的消费是否在信用限额之内，检查相符后由会计部门及时通知收银员做好相关记录（包括签单人、有效期、最高限额等），待客人来酒店消费时由收银员直接核查记录即可决定是否可以签单。

（3）入数与收款相分离

将入数与结账工作相分离，是为了便于相互核对、互相牵制。入数的原则是客人在什么地方消费就由什么地方负责入数；而前台收银处只负责最后结算的复核和收款。如果发生该入数的没有入进来或者入进来的数没有收到款，则很容易显示出来，且易于追查原因。

9.2.2.3 结账

（1）处理清查最新费用，确保记账准确

客人结账前，收银员根据接待员制作的预计离店客人一览表，从账单存放架中抽出当天预离店的客人的账单进行审核、检查，确保账目准确无误，并处理查清最新费用。

（2）结账离店的基本程序

客人提出结账请求时，收银员应查询计算机并确认客人的身份和房号，以免结错账。

客人向总台交还钥匙。收银员向其他部门及时传达客人要离店的情况，通知客房部查房，锁好房间内的国际国内长途电话。

在客房部查房期间，收银员询问客人在当日凌晨是否有房间小酒吧等消费，并给客人入账。同时把客人房间账卡里的登记表、人数单据等资料全部取出，进行核对检查，以免发生错误和遗漏。特别要注意检查取出的账卡资料里有无附着其他应办事项的纸条或写在登记表上、打在计算机上的备注说明等应跟进办理事项。例如，另一个房间的住客账款由他支付或他的账款由某人支付等。

客房部查完房后，收银员为客人打印消费明细账单请客人查阅，客人核对账单上的付款和费用是否准确，若客人认可，便开出总账单请客人签字并按照预订的付款方式向客人收取消费款。

前台收银员将客人的登记卡、结账单等各种材料汇总归类存档，方便夜间审核。前台收银员通知接待处更改客房状况，同时再将此信息通知客房部。客房部接到通知后，应及时组织清理房间以待再售，并通知前台，改变客房状况。

9.2.2.4 编制报表及交款

酒店前台收银员下班时需做好清点现金、对账、编表等各项工作。

（1）清点现金

酒店前台收银员下班前需清点现金，填写缴款袋，并与自己编制的本班收入报告中有关现金数额相核对，准确无误后，装入缴款袋并封好，准备投入指定保险柜交酒店总出纳。

（2）整理账单

酒店前台收银员将开具的各类账单，分别按现金结算收入、现金结算支出、支票结算、信用卡结算、挂账结算以及住店客人保证金等分类整理，统计出合计金额，与所附单据放在一起，以便核对。

（3）编制收银报告

收银员将已离店客人的账单按照现金结算、支票结算、信用卡结算、挂账结算等进行分类汇总，计算出合计数，并打印出收银报告（见表9－4和表9－5），以记录酒店住客的消费和收银员的收款情况。

表9-4 收银报告

前台收银员报告（明细）

收银员： 班次： 日期： 时间：

房号	账号	时间	单号	账项代码	费用账项	现金	信用卡	转账	支票	现金支出

表9-5 收银报告

前台收银员报告（汇总表）

收银员： 班次： 日期： 时间：

借项	金额	贷项	金额
房租		现金收进	
服务费		信用卡	
车务		转账	
洗衣费		支票	
客房小酒吧			
减扣			
杂项费用			
现金支出			
合计		合计	
			借贷差额：

借项栏列示收银员当班经手的应收住客的账项；贷项栏列示酒店收银员当班办理结算的数额。如果借项合计大于贷项合计；差额栏为正；如果借项合计小于贷项合计，差额栏为负。

（4）核对账单与收银报告

将收银报告和与收银报告有关内容相关联的账单相核对，既包括房租和服务费账单、洗衣账单、客房小酒吧账单等，也包括现金、支票、转账、信用卡结算单据。如有不符，应立即查找原因，及时更正。

（5）核对现金与收银报告

收银报告中“现金收进”与“现金支出”项之差，就是“现金应交额”。现金结算收入账单和现金结算支出账单之差，也应是“现金应交额”。两者应相等，如不相等，应立即查找原因。

（6）交款

通知保安部门后，将缴款袋投入指定的保险柜，由酒店总出纳取走现金，账单和收银报告则交夜审员或日审员进行稽核。

9.2.2.5 稽核

稽核是根据客人账单的收支情况进行记录和控制的过程。稽核以天为基本单位，跟踪记录资金的支付以及部门的收入与费用。这项工作为整个资金支付提供物证，并且为管理人员更深入地审查账目提供参考。根据收入稽核人员的工作成果，前台经理能够监控客人的透支行为，规划每日客房出售的现金流，并比较各部门计划的销售额与实际的销售额。因此，收入稽核在酒店中处于一个至高无上的地位，不仅仅是一个核对的过程，通过收入稽核，将酒店的计划与经营每日进行比较，可以洞察应如何监管各部门，以使其达到一个令人满意的收入水平。

酒店工作紧张、忙碌。收银员既要制作账单，又要收款、退款。在这一系列工作中难免出现差错，加之员工的思想素质、业务水平参差不齐，也容易发生错误。如果不进行稽核，则难以有效地控制酒店收入。由于酒店行业的特殊性，客人入住、退房绝大多数集中在白天和傍晚，这段时间内各项收入总是处在不断的变动之中。如果此时进行稽核，势必给稽核工作增加了难度。而到了深夜，入住、退房的客人一般较少，酒店的各种营业活动（诸如餐厅、酒吧、舞厅等）也相继关闭，这时全天的营业收入基本上已能确定下来。因此，夜间是收入稽核工作最好的时间。根据稽核内容和工作时间不同，酒店的稽核分为夜间稽核与日间稽核。

（1）夜间稽核

夜间稽核是指夜间进行的核数工作或从事夜间核数工作的人员。过去我国的酒店、宾馆没有这个职务，现在已由境外酒店管理集团引进。夜间稽核通常包括以下程序。

接管前台收银工作　夜间稽核人员 23:00 上班时，前台收银员将下班，但深夜仍可能会有个别客人入住或结账离店。这就需要夜间稽核人员接替前台收银工作，为客人办理入住或结账的收银手续。因此，夜间稽核人员在与前台收银员交接班时，应注意接管和清点找换的零钱，以备需要找换时用。

检查前台收银工作 由于深夜入住或结账的客人较少，所以夜审人员在完成前台收银交接工作后，应马上着手检查全天前台收银员的工作。检查的要点包括前台核数、电话日结，以及核对、结算。

前台核数 首先检查所有出勤的前台收银员是否已全部交来收银报告及账单，将前台收银员一天所处理的账单和单据进行归集、分类；从前台计算机系统打印出当天已离店客人名单，与当天所有的离店客人账单进行核对。

前台普遍通用的房租过账及核查房间状态。房租、服务费、电话费、迷你吧等费用，通过前台计算机系统自动过账到有关客人账户上，房租要与房租自动过账概述报表核对，与前台接待处进行对租，并核对每天的入住房间数和核对房间钥匙，核对无误并经接待处同意后，方可过账。对房间数存在差异的，夜审、客房部、前堂接待处3方要具体查明问题的原因所在，并记录在工作记录中，以便于审计部经理继续跟进查明真相。

房租过账后，让计算机打印出一份房租过账概述报表，并抽查各个出租客房的收入房租及其服务费的数额是否正确，对一些做了更改的客房尤其应当注意。

电话日结 将电话计费系统做日结，拷贝。将电话计费系统的电话报表与前台系统电话过账报表进行核对，查看电话费是否已入到相应的账户内。如果发现有电话未入到相应的账户内，应查明原因，并开出单据，将此电话入到其账户内；如果发现有未付款电话费用，已不能追回的，则应查明原因，将电话号码、时间、金额交给日审及审计部经理进一步采取行动。

核对、结算 核对结算其他各营业部门的账目。

准备夜间稽核报告 在全部审核工作做完以后，将所有已审核过的账单单据按其不同的结算方式和部门，分类整理摆放整齐，次日转日审复核。夜间稽核人员的最后任务便是打印夜间稽核报告。夜间稽核报告提供了酒店日间运作的详尽的财务信息反馈，从而使经理能够及时采取相应的措施。夜间稽核报告是提高酒店管理效率的关键，每天有关客房的出租率、收益的百分比、平均房价等数据促使经理们在销售淡季采取有效的促销手段。夜间稽核报告包括每日营业报表、酒店房间统计表、销售分析摘要、每日试算表、客人结账日志、房租报表、收款概述报表、酒店每日收入报表，等等。制表人和领班签名后，分别交给各相关部门总监、经理。

填写夜审留言簿 夜间稽核人员在工作过程中以及全部工作完成之后，都要注意填写夜审留言簿，将一些需要留意及跟进的事项记录下来，以方便日间稽核人员进一步的审查。

(2) 日间稽核

房租的审核 审核的内容包括：① 根据夜审打印的日结报表，复核离店客人的账单，查看是否齐全；② 检查账单上所收房租与客人登记卡上的房租是否一致，打折的房租是否符合审批权限的规定；③ 检查收取半日租的账单是否手续齐全；④ 免费房是否有总经理签批的免费单。

审核其他营业部门的收入情况 主要包括以下内容：① 审核洗衣单、商务中心、美容中心等营业部门的单据是否都入到客人账上或交入酒店收入；单据使用是否连号，是否与昨日尾班的号码连续，并做好记录。② 将客房部送来的客房小酒吧汇总报表与每张客房小酒吧单进行核对，并与前台过账的总数进行核对，保证每张吧单都已全部计入账内，检查有无跑单和造假作为，或吧单重复。③ 将所有的单据与其相对应的单据入账控制表进行核对，确保所有的单据都已入账，审核押金单据的总数是否与控制表上的总数相符。

核对营业收入 与应收、总出纳核对每日的信用卡和现金总收入上交数是否一致，如有不符，查找具体原因，查明收银员少交或多交的，然后汇报给经理协调解决。

最后，审核所有离店客人的账单。

9.3 酒店餐饮收入的内部控制

客房和餐饮是酒店的两大支柱，是酒店进行收入控制的两大类关键环节。酒店经销餐饮远比经销客房的潜力大得多，而且酒店的餐饮不仅面向住店客人，而且还面向当地的企业、政府和居民等。餐饮业务经营良好的酒店，其餐饮收入往往超过客房收入。因此，对餐饮收入进行有效控制意义极为重要。

由于酒店内餐厅种类多、服务项目多、收银点多，酒店餐饮收入控制会有一定难度。酒店财务部应合理设置岗位，建立完善的内部牵制制度，使餐饮收入相关工作人员相互监督、相互制约。

9.3.1 餐饮收入内部控制的基本程序

酒店餐饮活动涉及货币收入、物品消耗以及餐单传递 3 个方面，为此酒店设计“三线两点”的控制方法，即把钱、单、物 3 者有机联系起来，综合考虑，又将 3 者单独分开进行考查和控制。

"三线两点"，即把钱、单、物分离3条相互独立的线进行传递，在3条传递线的终端设置2个核对点，以联络3线进行控制。凡经手物品的人不经手账单和货币，仅从事物品的传递，形成一条传递线；同样，货币和餐单的独立传递形成另外2条传递线。同时，每一条传递线又由许多紧密相连、缺一不可的传递链条或传递环节组成。每向前传递一步，就对上一步的传递核查、总结一次，以保证每条传递线传递结果的正确。最后再将3个传递结果相互核对、比较，形成网点，以提高控制系统的可靠性。

9.3.1.1 物品传递线

餐饮食品的传递从厨房开始，送至客人消费为止。第一传递线由代表实物的单据传递所构成。其单据称"取菜单""点菜单"或"出品单"等。物品传递具体步骤如下：

- 餐厅服务员根据客人的需要开出取菜单（通常一式3联，见表9-6）；

表9-6 取 菜 单

××酒店

××HOTEL

取 菜 单

CAPTAIN'S ORDER

台号 Table No.　　人数 Persons　　账单号码 Check No.

项目（Details）	数量（Qty）

日期 Date　　服务员 Waiter

- 餐厅服务员把一式3联的取菜单交给收银员盖章，收银员留一联，用于打印账单，服务员留一联用于上餐，另一联交给厨房或酒吧；
- 厨房或酒吧根据取菜单制作菜品或准备酒水；
- 菜品或酒水准备就绪，由服务员送到餐桌；
- 每班结束后，厨师或调酒师把取菜单分餐厅按顺序整理好，送交主管；
- 厨房或酒吧主管将取菜单进一步汇总整理，交财务部。

9.3.1.2 餐单传递线

餐单是餐费账单（见表9-7）的简称，传递具体步骤如下：

表9-7 餐费账单

餐费账单

台号 Table No.　　人数 Persons　　账单号码 Check No.

项目（Details）	单价（Price）	数量（Qty）	金额（Amount）
合计（Total）			

房号 Room No.　　签名 Signature

- 收银员将取菜单内容输入收银机，打出餐单，并把取菜单附在其后，等待客人结账；
- 客人结账时，统计并打印餐单的合计金额。根据餐单的合计金额向客人收取；
- 每班结束时，根据餐单编制本班收银报告，并在收银机上打印本班收入情况，两者核对后，连同餐单一并交夜间稽核处。

收银报告主要由收入项目和结算项目2个部分组成。收入项目的最后合计数应等于结算项目的最后合计数。更正栏目是用于修改已输进收银机但在结账后发现记错的项目。

夜审员把一天的餐单及收银员报告全部审核一遍，编制当日“餐饮收益表”，并把餐单、收银员报告、当日餐饮收益报告表一起交给日审员，由日审员进一步稽核。

9.3.1.3 货币传递线

货币传递程序和步骤：

- 收银员根据餐单向客人收款。如果有信用卡、挂账、支票等非现金结算，收银员应严格按照有关程序办理结算；
- 收银员下班时，按币种、票面清点现金，填写缴款袋，投入指定保险柜交酒店出纳；

- 总出纳点收当日全部收银员送交的现金，并在保安陪同下将现金送存银行；
- 根据现金送存银行的回单，编制“总出纳报告”，并把银行回单附在此报告上，交日审员审核。

9.3.1.4 取菜单与餐单核对点

收入稽核人员将厨房交来的取菜单与收银员交来的餐单进行核对，对检查或测试餐单上的项目是否与取菜单的项目相符，即餐单是否完全根据取菜单的内容开立，有无遗漏，如有不符，应追查原因，并写出处理报告。

9.3.1.5 餐单与货币核对点

收入稽核人员将根据餐单编制的餐饮收入日报表中的各币种现金结算数与总出纳交来的“总出纳报告”及银行回单有关数据相核对，根据核对结果，编制现金收入控制表，并对现金的溢缺写出追查结果报告。

9.3.1.6 稽核

(1) 餐饮收入的夜间稽核

餐饮收入夜间稽核人员的工作任务是检查各个餐厅及各餐饮营业点的营业收入，审核各收银人员交来的餐饮账单、日报等。餐饮收入夜间稽核人员检查当日餐厅收银工作也称“测数”，即测试当日收银的数据是否正确。此项工作的具体内容是“四项核对”：① 餐饮账单与点菜单相核对；② 餐饮账单与收银报告相核对；③ 收银报告与收银机报表相核对；④ 收银机报表与收益报告相核对。

餐饮账单与点菜单稽核包括以下几个方面的工作。

第一，从各餐厅的柜内拿出账单及收银报告，然后检查每个餐厅账单的使用情况，审查是否有账单遗漏；将餐饮账单与账单后附的点菜单进行核对，价格、数量、项目输入是否相符、是否正确；取消项目是否有有效签字人批准，账单结账后是否有相关人员画圈签字，将差异情况做好记录。核对餐饮账单和点菜单，是餐饮收入内部控制的重要一环，从中可以发现许多漏洞和问题。

第二，核对酒吧送交的酒水进销存报表，将酒水进销存报表附着的酒水单与记账收费的附在账单后面的酒水单逐项进行核对，防止单方面只出酒水不记账或记账收费后酒吧没有记账出货，影响酒吧成本，损害酒店收益。对存在的问题要做好记录，次日由日审跟进复核及采取进一步的行动。

第三，餐厅账单分成现金、信用卡、挂账、住店客人账和酒店应酬账，不得有误。

第四，挂账的账单是否有有效签字人签章。

餐饮账单与收银报告核对。检查各类账单、汇总与报表进行比较。做好餐饮账单与收银报告的核对。为了能够通过前台的营业收入报表总括的反映酒店的总营业收入，夜间稽核人员要将审核无误的餐饮各营业点的收入输入计算机。

收银报告与收银机报告核对，并打印相关项目报表。

检查所有餐厅收银机是否都已结束更新，在确保各收银机出机后，进行餐厅收银系统的备份、索引、日结。

根据重新编制的餐厅每日营业报表，与前台营业报表一齐交于日审，由日间稽核人员审核完后，分发于各部门。

夜间稽核人员在工作过程中以及全部工作完成后，要填写夜间留言簿，将一些需要留意及跟进的事项记录下来，以方便日间稽核人员进一步审查。

(2) 餐饮收入的日间稽核

日间稽核人员每天上班的第一件事是查阅夜审留言簿，将要处理及注意的问题尽快解决，并跟进夜间稽核人员遗留的问题。

第一，根据夜审所做的每日食品、饮品收入报表，复核餐厅收银收入报表及账单。

第二，审核账单使用是否连号，并做好登记，检查账单使用的号码是否与昨日尾班的号码连续。

第三，检查账单是否都入账，对于收银员漏打的项目做好记录。

第四，对夜审的工作进行更正并检查夜审的更正是否正确，如有处理不当的应将其调整更正；检查夜审的工作有无遗漏。

第五，查对宴会/会议的用餐账单是否符合规定。做好差异的情况记录。

第六，与计算机打印的报表核对，检查食品、饮品、香烟等项目总数是否与餐饮营业收入总数相符。

第七，与各厨房清点厨房取菜单，并与账单后附的记账联菜单进行核对，对双方发生的短缺都要追查到底，并严格按照取菜点的管理规定进行审核，审核完毕后转交成本部。

第八，根据账目的调整重新制作餐饮食品、饮品收入报表。

第九，定期对餐厅账单的领用及回收使用情况进行集中清理，追查遗失账单的原因，核查账单使用的连续性，保证账单的完整性。

9.3.2 取菜单控制

取菜单是餐厅服务员根据客人点菜的内容和要求并用于到厨房、酒吧拿到菜肴、酒水等物品的凭证，是餐饮收入发生的第一个单据。从内部控制的角度看，取菜单是餐饮收入内部控制的起点。因此，酒店应加强取菜单的控制。

取菜单通常一式 3 联：第一联交收银处用于或打印账单，并附在账单后，作为账单的依据或原始凭证；第二联交给厨房，作为厨房出口的根据；第三联由开单服务员留存备查。

对取菜单最严密最有效的控制方法是将厨房留存的一联与餐单逐项核对检查。但是，由于取菜单数量最大，核对工作量大，另一方面取菜单很分散，一个餐厅服务员开出的取菜单往往分散到几个厨房，所以，实施这种控制难度较大。在实际工作中，通常采用一些比较简便的控制方法。

9. 3. 2. 1　印章审核法

印章审核法是指只审核厨房交来的取菜单上有无收银员印章的方法。取菜单在送厨房之前，先交收银员，由收银员检查内容后盖章或签字；收银员留下一联，制作账单，把其余取菜单交由服务员送往厨房；厨房根据收银员盖章或签字的取菜单发菜；营业结束后，各厨房把取菜单整理好送交账务稽核部，稽核人员审核时逐张检查取菜单上有无收银员的印章。在检查中如果发现个别取菜单上没有收银员的印章，找出相应收银账单，检查其内容是否已计入收银账单的同时，还应追究厨房接受不盖章的取菜单就发菜的责任，以确保厨房认真执行凭收银员印章发菜制度。

9. 3. 2. 2　页数审核法

页数审核法是指只核对取菜单的页数，不核对每页内容的方法。每班结束后，厨房主管把当班的取菜单收集起来，按所属餐厅分类整理，送交行政总厨，由行政总厨指定专人对各厨房交来的取菜单进一步整理，编制“取菜单收交表”；表中所有餐厅取菜单张数合计数必须与全部厨房、酒吧取菜单的张数合计数相等。“取菜单收交表”编好后，与取菜单一起送交日间稽核人员。日间稽核人员对取菜单的数目进行复核后，填写“取菜单核对表”中“厨房交来张数”栏目，然后再把账单所附的取菜单数目填入“收银员交来张数”栏目内，比较这 2 个栏目是否相符，如不相符，则要将不符的单据找出来，查明不符的原因。

9. 3. 2. 3　抽查法

抽查法是指对各厨房、酒吧交来的取菜单只抽出其中一部分，与相关的餐单核对的方法。稽核人员抽查时，可抽查一个餐厅或几个收银员的取菜单和餐单。如发现问题，则应根据具体情况增加抽查的数量，扩大抽查范围。如果发现的问题比较多或比较严重，则应对该餐厅或该收银员改用全面审查的方法，以彻底查清问题。

9.3.3 餐饮收入的其他控制制度

9.3.3.1 工作点定期轮换制度

工作点定期轮换制度是指收银员定期在各个餐厅及收银点轮换制度，以防止长时间固定在一个餐厅或一个收银点，容易发生与其他相关人员串通舞弊的情况。

9.3.3.2 相关职务不可转换制度

具体来说，稽核人员不得转调为收银员；餐厅服务人员不得转调为收银员。因为，即使控制程序本身没有漏洞和缺陷，但在实际运行过程中，由于多种原因执行的不够严格，不够认真，而稽核人员又比较熟悉这一实际情况，尤其了解各项控制的粗细程度，若转调为收银员，极易作弊，且不易发现。而餐厅服务员转作收银员，容易与以前一起工作的餐厅服务员勾结串通。

9.3.3.3 收款与开单职务分离制度

在不设置收银机的营业点，收银工作采取收银与开单职务相分离的控制制度，即收银员与开账单 2 个职务不得由一人兼任，应分设 2 人执行。收银的不负责开账单，开账单的不接触现款；开单只根据取菜单制作餐单，做好后自己留一联，另一联交给收银员。收银员根据餐单收款。下班时，收银员把现金交给总出纳员，开单员把餐单交给稽核人员，由稽核人员审核餐单，查对现款。

9.3.3.4 聘请外单位人员不定期检查制度

聘请外单位人员不定期检查制度是指聘请外单位人员或会计师事务所的核数师以客人的身份到餐厅消费，仔细观察餐厅人员、服务、收款的全过程，以发现有关人员舞弊行为的控制制度。这种检查通常比酒店自身的检查更容易发现问题，但应注意以下几个问题：

- 应选择餐厅人员不认识或不熟悉的人员来检查，如果被餐厅人员发现，则起不到预期的作用；
- 检查人员应熟悉餐饮的服务、收款程序及其他规定；
- 检查人员在检查之前，应被告之检查的重点；
- 每次检查结束后，检查人员应向酒店有关方面负责人汇报检查情况；
- 可以直接将此项制度告诉餐厅及各营业点，以使有关人员有所顾忌，起到预防控制的作用。

9.4　酒店采购的内部控制

9.4.1　采购控制的关键环节

采购是酒店各个使用部门和库房以及财务部紧密相连的一项工作，涉及的范围包括采购申请、采购审批、订货与采买等。

(1) 采购申请控制

由使用部门或库房管理者根据营业需要提出采购物品的申请。采购申请应按不同的用品和原料进行申请。

(2) 采购审批控制

由财务经理或采购经理从全局考虑对采购申请给予批准或部分批准。

(3) 订货与采买控制

采购部根据经过审批的采购申请单进行选购。

(4) 采购价格控制

采购价格控制是采购控制的关键。采购价格控制的目标是防止有关人员从中徇私舞弊，保证采购物品价格的合理性。一般采取下列方式控制采购价格。

3 方报价方式　即在订货前，采购部门发出报价单，必须征询 3 个或 3 个以上的供货商的送货价格，然后确定采购价格限额，作为采购控制价格。

3 个部门共同确定采购价格方式　3 个部门是指使用部门、采购部门和成本控制部门，定期对市场进行实地考察后确定采购价格，与供货商均按确定的采购价格结算。这种方式多用于鲜活商品、受季节影响和市场供求关系影响较大的物品、随行就市商品的采购。

集体控制方式　酒店成立专门采购委员会，凡大项的超过规定限额的物品采购，必须上报采购委员会采用表决方式集体确定，或由采购委员会通过公开招标方式确定。

集中采购制度　多家酒店联合成立采购中心，由采购中心采取公开招标方式确定供应商和采购价格。

(5) 购货完成后的监督

当酒店采购工作完成后，还需要有相关部门对所购物资进行监督检查，了解物资的流向、事后价格的查询等，以防止出现采购前酒店重视，采购后放任自流的现象发生。

9.4.2　采购控制的基本程序

采购程序包括采购准备和采购执行 2 个阶段。

9.4.2.1 采购准备程序

采购前的准备包括：① 编制采购计划；② 选择采购地点和供应商；③ 确定采购价格；④ 选择支付方式等。

（1）编制采购计划

采购计划包括采购物品的详细规格、采购数量、采购频率、采购批量，以及计划采购时间、采购理想价格和资金需要量等内容。采购计划对指导采购，加强采购工作的科学性和计划性起到重要作用；采购计划中的资金需要量又是编制成本费用预算和现金支出预算的重要依据。因此，采购计划是酒店预算的重要组成部分。

（2）确定理想采购价格

采购计划中很重要的内容是确定理想的采购价格。确定理想采购价格的重要影响因素是物品质量，在保证质量的前提下选择最低价格才是最有意义的。

获取理想采购价格的手段和途径是多方面的。首先，采购人员在日常采购工作中应树立酒店良好形象和付款信誉，自身组建一个相对稳定的供货渠道，与供货商建立长期购货关系，减少中间商，直接送货。有些商品可以采取批量订货，以获得较低的批发价格，但批量要适当，批量过大会占压流动资金，加大采购成本。必要时组建采购集团或采购中心。

（3）慎重选择供货商

通过广泛收集市场信息，采取货比三家、了解报价、试探性洽谈等方式正确选择供货商；对大宗物品采购或经常性采购可以采取定期公开招标方式选择供货商。防止无供货能力的供货商买空卖空，从中牟利。

（4）支付方式选择

采购的支付有多种方式。例如，现金交易、定期支付货款（3 天、1 周、1 旬、1 月）或收到下一批货物时支付上一批货款等。支付方式选择直接影响到采购价格、采购质量和酒店采购准备金。从提高酒店资金使用效率来看，应尽量选择赊销政策优惠的支付方式，但又不能因赊销期过长而失去价格上的优惠。因此，应权衡利弊，合理选择支付方式。

9.4.2.2 采购执行阶段

（1）请购

使用部门根据自己的需求提出物品采购申请，填写“请购单”（一式 4 联，见表 9 - 8）；仓库部门在各种物品库存量到达订货点量时填写“请购单”。

表9－8 请 购 单

采购申请表 PURCHASE REQUISITION

国内 □ 国外 □
DOMESTIC ABROAD

××酒店
××HOTEL

部门
DEPT ________

日期
DATE ________

目录 ITEM	数量 QTY.	单位 UNIT	品名 ARTICLE	规格型号 SPECIFICATION	价目表 QUOTATION 1.	2.	3.	订货编号 ORDER NO.
				总额 TOTAL				

上次采购 LAST PURCHASES					
品类 ITEM	日期 DATE	数量 QTY.	单价 UNIT PRICE	供应商 FIRM	备注 REMARKS

商品主管 DEPT	收货部经理 SPOCK MANAGER	采购部经理 PURCHASING MANAGER	财务总监 CONTROLLER	总经理 GENERAL MANAGER

（2）报批

填好的请购单经请购部门主管签字后须交仓库核签。仓库人员主要检查仓库里有无该种物品或有无可代用的物品，把好采购关。如果有可以直接在仓库领取的，就不需再申报采购，申报程序就此结束。

属于仓库自己填写的“请购单”申请采购的，仓库主管也应认真复核该物品的储存量并在“请购单”上“请购部门主管”处签认。

(3) 审批

请购单经仓库核签后，按照酒店规定的审批程序报财务总监和总经理审批。一般来讲，日常经营需要的、采购金额不超过某一范围的物品，由财务总监行使审批权；非日常经营需要的、金额较大的采购项目，除财务总监审批外，还需总经理加批。

9.4.2.3 订货与采买

第一，批准的请购单分别送交采购部和会计部的应付账款处。

第二，采购部门根据请购单的要求，选择合适的供应商，签订订货单或合同（见表9－9），安排采购事宜。

表9－9 订 货 单

××酒店

××HOTEL

货物发往××酒店收货部

DELIVERY TO THE ×× HOTEL RECEIVING DEPT

依已批准订单列示的数量、重量验收货物

DELIVERY ACCEPTED SUBJECT TO COUNT WEIGHT AND APPROVAL

采购订单 PURCHASING ORDER	

货物的外包装、装货单、发货单及发票上都须注明此号码

THIS ORDER NUMBER MUST APPEAR ON EACH PACKAGE，PACKING SLIP DELIVERY NOTE AND INVOICE

<table>
<tr><td rowspan="2"></td><td>订货日期
DATE OF ORDER</td><td>交货日期
DATE OF REQUIRED</td><td colspan="2">采购申请单号
PURCHASE REQUEST NO.</td></tr>
<tr><td colspan="4">说明
INSTRUCTIONS</td></tr>
<tr><td>数量
QUANTITY</td><td>单位
UNIT</td><td>货物名称及规范
DESCRIPTION</td><td>单价
UNIT PRICE</td><td>总额
TOTAL</td></tr>
<tr><td></td><td></td><td></td><td></td><td></td></tr>
<tr><td colspan="5">付款期及付款方式
TERMS</td></tr>
</table>

本订单的有效期为　　　　个月

THIS ORDER IS ONLY VALID FOR　　　　MONTH/S

白联——供应商　　　　绿联——采购部

WHITE——VENDOR　　　　GREEN——PURCHASING

蓝联——应付账主管　　　　黄联——收货部

BLUE——A/C PAYABLE　　　　YELLOWE——RECEIVING

采购经理

PURCHASING MANAGGER

第三，订货单或订货合同要报财务总监和总经理审批。此次审批，实际上是对订货的认可，主要是对订货价格的控制。许多酒店要求采购部在将订货单或订货合同报批时，必须将上次购进该物品的时间、价格、数量抄录附上，便于审批时掌握。

第四，如果采购部门订购不到请购单上要求的物品，应及时通知请购部门；如果找的是此种物品的代用品，也应事先征得请购部门同意。

第五，批准的订货单或订货合同，采购部门留存一联；送交请购部门一联，以便了解进货的时间，安排相应的工作；送交仓库一联，以便核对验收，安排仓位；送交会计部门应付账款处一联，以便准备资金付款或按时预付定金。

9.4.2.4 退货和折让

酒店经常性物品采购，收货员均与供货商一起当场验货，发现数量和质量问题及需要在价格上折让的，现场有关部门即可与供货商洽谈解决。对于大宗购货，如客房物品等，采购部收到收货报告，发现货物数量或质量不符合合同要求时，需要分别情况进行处理。

属于数量上的短缺，通知供货商补足；属于质量上的问题，分别情况处理。

第一，若决定退货，采购部应编制退货通知单，其中一联通知运输部门，将货物退回；一联交供货商。采购部在货物退回后，编制借项凭单，内容包括退货数量、退货日期、供货商及金额等。借项凭单经财务总监审批后，经会计部门审核并调整应付账款。

第二，若与供货商协商给予折让，折让金额必须由财务总监或总经理签字批准，当合适的折让金额一经确定，采购部即应编制借项凭单，通知会计部门，调整应付账款。

9.4.3 采购控制环节的流程图

结合采购工作的类型，采购控制环节的流程可简述如下。

(1) 即时采购

即时采购工作流程如下：使用部门提出采购申请—仓库签字—采购员同意—财务总监（总经理）批准—实施采购。

(2) 定额采购

定额采购工作流程如下：仓库提出采购申请—仓库主管签字—采购员同意—财务总监（总经理）批准—实施采购。

(3) 鲜活原材料采购

鲜活原材料采购工作流程如下：由头砧（水案班长）下单—厨师长签字（审核质量和价格）—采购员采购。

采购控制环节的流程见图 9－1。

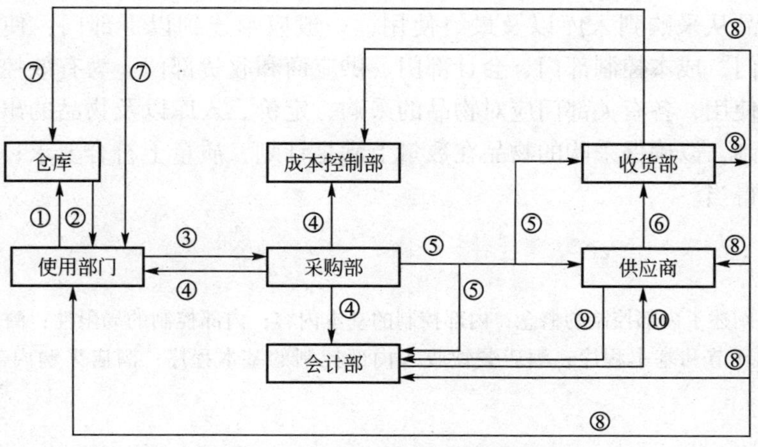

图 9－1 采购、入库和领用物资流程

注：图 9－1 业务流程图中，各线段代表的内容分别为：

① 申请领货。根据实际需要，使用部门开出“领货单”，准备领取所需物品。单据的后面应附有领用原因和依据；对于工程领用物品，还需附有“维修单”等相关单据，以确保请领物品的真实性。“领货单”一式 3 联，一联交仓库做发货凭证，仓库据以做库存商品进出存根表；一联由使用部门留存，据以登记商品进出明细表；一联交给财会部门，据以编制有关记账凭证。

② 仓库发货。仓库根据使用部门交来的“领货单”，审核无误后，凭单发货。库管员和领取货物的人员应对所领物品当面清点，认真记录。

③ 申请采购。对于酒店所需的鲜活物品或因所需数量较大，仓库暂时无法保证需要的物品，使用部门应根据所需物品的种类和数量，填写“请购单”，并将请购单送至采购部。

④“请购单”的传递。采购部门将有关负责人签字后的“请购单”（一式 4 联），一联交采购部，采购部核定采购物品的预算金额，并据以编制“采购订单”；一联交成本控制部，由其检查物品的预算金额和申请数量的合理性；一联交财会部；一联留在申请部门。

⑤“采购订单”的传递。采购部门根据审核后的“请购单”，填制“采购订单”，采购部经理签字后，分别交给供应商、会计部门（应付账主管）和收货部门，准备采购。“采购订单”一式 4 联，采购部门留存一份，其余 3 份分别交给供应商、财务部门和收货部门。

⑥ 送货过程。供应商根据采购部门交给的“采购订单”，将酒店所需货物交收货部门。

⑦ 货物验收入库或直送使用部门。供应商将货物送到酒店后，收货部门会同使用部门、仓库的有关人员进行验货。收货部门主要负责检查商品的数量；使用部门主要负责商品的质量；在确定商品的数量和质量符合规定后，收货人将所购商品送交仓库或直接送至使用部门。

⑧“收货记录”的传递过程。商品检验合格后，收货部门填制“收货记录”，由交货人和收货人签字后，分别交给采购部、财会部、使用部门和供应商。“收货记录”一式 5 联，收货部门（成本控制部）留存一联，其余 4 联分别交给采购部门、会计部门、使用部门和供应商。

⑨ 供应商要求付款。供应商根据送交物品的单价和数量开出发票，并将发票和“收货记录”交给财会部门。

⑩ 支付货款。财会部门根据审核后“请购单”“采购订单”“收货记录”和发票支付货款给供应商，并据此记账。

酒店物品从采购到入库以及最终使用，一般应牵连到以下部门：使用部门、仓库、采购部门、成本控制部门、会计部门、供应商和收货部门。为有效控制物品的采购、保管和使用，各有关部门应对物品的采购、定价、入库以及物品的出库等环节进行严格的控制，以确保采购的物品在数量上满足计划，质量上符合要求；并做到入库及时，保管得当。

【本章小结】

本章主要阐述了内部控制的概念；内部控制的基本内容；内部控制的局限性；酒店客房收入内部控制的关键环节和基本程序；酒店餐饮收入内部控制的基本程序；酒店采购内部控制的基本程序。

【关键性术语】

内部控制、局限性、基本程序。

【思考题】

1. 什么是一般授权和特殊授权？一个酒店的授权控制应做到哪些？
2. 酒店内部控制的局限性体现在哪些方面？
3. 酒店餐饮收入“三线两点”的控制原理是什么？
4. 简述酒店采购内部控制的程序。

【案例分析】

半日房费

某日，A客人超过退房时间退房，收银员B根据酒店有关的规定向客人多收取了半日房费。随后，收银员打电话给大堂副理，以A客人为酒店常客为由，申请免收半日房费。大堂副理表示同意，但由于正在处理其他事务，答应回头补签。

【案例思考题】

上述情况会出现怎样的舞弊行为？如何避免这种舞弊行为的发生？

【本章推荐阅读书目】

1. 饭店经营内部监控与斯诈防范．凯文·贝克．旅游教育出版社，2006.
2. 酒店财务管理．马桂顺．清华大学出版社，2005.

第 10 章
酒店集团的财务管理

学习目标

知识目标：

了解酒店集团的含义及特征、酒店集团财务管理的内容；

熟悉酒店集团的经济联合形式、集团财务公司的性质，业务范围。

技能目标：

掌握酒店集团财务管理体制设计的基本模式。

能力目标：

通过掌握集团财务管理的基本知识，达到熟悉集团财务管理体制设计的基本要求。

【章首案例】

9 · 11 事件对雅高集团的影响

雅高是一个总部设在巴黎的多品牌的酒店网络，在 90 个国家拥有 3600 个不同的酒店。几年来这一网络已经归属于著名的品牌雅高酒店集团的旗下。酒店的发展以著名的国际品牌为基础（例如，Sofitel、Novotel、Mercure、Ibis，还有美国的 Formule 1、Motel 6 和 Red Roof），包括从经济型到豪华型所有档次的酒店。雅高的产业已经遍布全球，特别是在美洲、欧洲和亚洲都有它的酒店。

在 2001 年的春季，旅游业就已经显示出了明显的滑坡，9 · 11 恐怖袭击事件又使已经不景气的旅游业遭受了历史上最为惨重的打击之一。这一恐怖事件产生了两种结果：第一个是前所未有的、巨大的心理震撼；第二个是同时波及美洲、欧洲、亚洲的全球经济衰退。由于这一事件，有些酒店投资被推迟，但是很少被取消。雅高集团仍然计划在未来 10 年的早期至中期开设 250 家新酒店。雅高集团通过集团在不同地区酒店档次多样化，保护了自己并使自己少受这一外部环境的负面影响。当然，对酒店预订的整体影响是不可避免的。例如，巴黎的豪华酒店业遭受到了严重的影响，但是欧洲的经济型酒店的预订有所增长。Sofitel 的预订业务在 2001 年的 10 月下降了 33%，同年 11 月份下降了 18%；同时 Formule 1 和 Ibis 等欧洲的经济型酒店，它们的预订在 10 月份上升了 3.5%，在 11 月份上升了 4.6%。在美国，Sofitel 的预订下降了 25% ~30%，然而在同一时期，红屋顶（Red Roof）酒店和第六汽车旅馆（Motel 6），它们的预订却只下降了 9.2% 和 6%。

10.1　酒店集团的特征及经济联合形式

10.1.1　酒店集团的含义

20 世纪 90 年代以后，我国酒店业经历了由单体经营向集团化经营的转化，我国酒店业的规模、技术水平得到很快提高。一般认为，酒店集团是指在酒店业高度发展基础上形成的一种以母公司为主体，通过资本关系和经营协作关系等方式，由众多酒店共同组成的经济联合体。

酒店集团化经营的优势体现在：① 通过规模经营聚合资源优势实现规模经济；② 通过品牌延伸、产品线延伸及多角化经营实现范围经济；③ 通过产品服务标准化获得经营曲线效益；④ 通过纵身一体化降低酒店交易成本；⑤ 通过品牌建立获得顾客终身价值，从而赢得市场优势。

10.1.2 酒店集团的特征

(1) 法律特征

酒店集团是由多个独立法人组成，本身不具备法人资格和相应的民事权，是由多个法人构成的企业联合体。从财产上看，酒店集团不具有自己能够独立支配的财产，没有法定的资本额，其财产只表现为各成员酒店的独立财产。

(2) 组织特征

酒店集团成员之间存在着广泛的经济联系，包括产品、生产技术、经营管理特别是资本联系，使集团在组织上具有稳定性和层次性。集团成员之间联合的紧密程度的不同，表现出层次性。这种层次包括集团公司、控股企业、参股层企业和协作型企业4个层次。其中集团公司或控股公司是酒店集团起主导作用的核心企业。

(3) 经营特征

为了分散经营风险和投资风险，酒店集团的经营规模都比较大，经营范围也在不断地扩大，向多元化、综合化方向发展，许多酒店集团跨地区、跨部门、跨行业，甚至跨国经营。

(4) 融资特征

随着商品经济的发展，产业资本发展到一定程度必然要与金融资本相结合，以增强其向国内外扩张的实力。酒店集团是与金融机构密切结合的经济联合组织，具有强大的融资功能。

10.1.3 酒店集团的经济联合形式

10.1.3.1 紧密型联合形式

紧密型联合形式，是带有联合公司性质的联合体，有独立的法人地位，在经营管理上是一个独立核算、自负盈亏的自主单位和经济实体。紧密型联合有合资经营与合作经营2种形式。

(1) 合资经营

合资经营是酒店集团公司和其他单位共同出资建造酒店，或集团公司通过控股、参股的方式与其他单位共同经营已有的酒店，在法律上具有法人地位。根据双方签订的协议和章程，建立酒店的决策和管理机构，共同管理酒店，按股权份额分享利润，分担亏损。

(2) 合作经营

合作经营是契约式的合营，合作双方的权利和义务不依各自投入资本的多少决定，而由双方签订的协议或合同来规定。

合作经营与合资经营的区别：① 合作经营是在契约或合同规定的双方同意的任何基础上进行的，而合资经营是按照双方的股权份额分享的；② 合作经营主要由酒店集团进行经营管理，而合资经营是由双方共同经营管理。

10.1.3.2 松散型联合形式

松散型联合形式，其特点是联合者仍旧保持原来各自独立的法人地位，各自独立核算、自负盈亏，具体包括租赁经营、管理合同和经营特许权 3 种形式。

(1) 租赁经营形式

租赁经营形式是指酒店集团以承租的方式租赁某个酒店，取得租赁期内该酒店的生产资料的使用权，即掌握该酒店的经营管理权，并按租赁合同向酒店所有者支付租金。租赁经营通常有直接租赁和利润分成租赁 2 种形式。

直接租赁 是指酒店集团租用某个酒店，按租赁合同每期固定支付一定租金额给酒店所有者的租赁形式。在这种情况下，酒店集团就是该酒店的经营管理者，对酒店的一切财产和盈亏承担全部责任，其利润除交纳租金以外，其余全部归酒店集团。一般情况下，租赁经营只包括酒店的建筑与设施，但是如果酒店拥有家具和设备时，这些也租赁给酒店集团，在租赁合同里必须列明这些家具和设备的更新由谁承担，谁负担有关财产的一些固定费用，例如，房产税、保险费以及其他一些费用项目。

利润分成租赁 是指酒店在租赁给酒店集团的期间里，由酒店集团进行经营管理，所有者分享利润。最通常的做法是根据酒店经营毛利润来确定应支付给酒店所有者的租金。

(2) 管理合同形式

管理合同形式就是酒店集团与酒店所有者以合同的形式确定酒店集团作为酒店所有者的代理人从事酒店的经营管理，酒店在法律上完全依赖于所有者。在这种方式下，酒店集团不对酒店诉讼损失负担责任，酒店最终财产成果的盈亏是酒店的所有，而不是酒店集团。酒店集团事实上作为酒店的管理者经营酒店，需收取一定数额的管理费用，这笔费用可以约定每年一次，但是它通常是随着经营结果的变化而变化的。

(3) 经营特许权形式

现代酒店中，转让酒店经营特许权是酒店集团公司扩展的主要形式。例如，假日酒店集团享有经营特许权的酒店 2400 多家，喜来登酒店集团有酒店 473 家，其中 341 家是采用经营特许权形式。

经营特许通常是指某些知名酒店作为授权人通过签订特许经营合同，授权给其他酒店即被授权人使用其商号或品牌经营。根据契约规定，在特许期间授权人向被授权人提供开展经营活动所必要的信息、技术、知识和训练；被授权人按照契约规定从事经营活动并接受其监督，同时向授权人支付一定比例的特许费用。在特许经营形式下，酒店通过购买经营特许权而成为酒店集团的成员，允许悬挂酒店集团的商标；酒店集团则负责培训管理人员，让管理人员到酒店集团的其他酒店里实习；定期派员工检查酒店的经营服务质量是否符合酒店集团标准；提供统一的销售、预订系统；酒店集团也需提供酒店经营管理技术、操作程序和服务标准、酒店管理方法和制度（包括会计制度）等。

经营特许权形式与管理合同形式的区别主要有：① 采用管理合同形式的酒店不一定悬挂酒店集团的商标，而采用经营特许权形式的酒店必须悬挂酒店集团的商标；② 酒店集团采用管理合同形式不投入或投入部分资本（采用经营特许权形式不投入资本）；③ 酒店集团采用管理合同形式时要承担经营管理责任，对董事会要求达到的经济效益负有责任，而采用经营特许权形式时，酒店集团不承担经营管理责任，对经济效益不负责任；④ 酒店采用管理合同形式可以通过管理公司优先获得客源，而采用经营特许权形式通过酒店集团的预订中心系统组织客源；⑤ 酒店集团采用管理合同形式时，不转让经营管理技术及操作程序，而采用经营特许权形式时，则转让经营管理技术及程序并提供实习场地；⑥ 酒店集团采用管理合同形式时，派出整套班子的管理人员，控制整个酒店的经营管理，而采用经营特许权形式时，一般不派出管理人员，不掌握经营管理权；⑦ 酒店集团采用管理合同形式，不承担培训管理人员的责任，而采用经营特许权时，则负责培训管理人员。

10.2 酒店集团财务管理体制

财务管理体制是规范酒店集团财务权限分割、财务责任划分和利益分配关系的基本制度，是正确处理酒店集团各种财务关系的基本规定。

10.2.1 酒店集团财务管理的基本特点

（1）财务管理的跨度加大

酒店集团是多个法人企业的联合体，其导致财务管理的范围已经超出了单个酒店本身。大量脱离母公司所在地的连锁酒店和子公司跨地域经营的出现，在空间上扩大了财务管理的距离，在时间上延缓了速度。集团公司实行多元化跨行业的经营，使得集团的会计核算关系已不像一般单个企业那样。以上都说明酒店集团财务管理的跨度加大。

(2) 财务管理多层次化

酒店集团按照资产联结程度的强弱，分为集团公司、控股企业、参股层企业和协作型企业 4 个层次。集团组织形式的多层次决定了财务管理的多层性。母公司作为核心企业，与其所属的各级子公司分别处于不同的层次，其各自的财务决策权利、内容大小也不相同，这导致集团内部财务决策的多层次化。

(3) 财务管理关系的复杂化

酒店集团的一个重要特点是母公司与被控子公司之间是以产权为基础而产生的控制与被控制关系，在法律上是彼此独立的法人主体，这就导致了财务核算主体的多元化。从核算对象看，要求既反映酒店资金运动情况，又反映其他行业的资金运动情况。从财务报告上看，酒店集团既要考虑酒店主管部门的上报要求，也要考虑其他行业管理部门的要求。另外，财会人员的对外委派所采取的方式及任免权限的划分也显得异常复杂。

10.2.2 酒店集团财务管理体制的基本模式

酒店集团依据其联合的紧密程度、集团企业利益等因素的差异，其财务管理体制有多种不同的模式。根据财权的集中程度，酒店集团的财务管理体制分为集权、分权和混合模式 3 种。

(1) 集权模式

集权模式是指把经营管理权（包括财权），特别是决策权集中在集团高层领导层，下属企业只有日常业务决策权和具体的执行权。这种模式的特点：财务管理决策权高度集中于母公司，子公司只享有很小部分的财务决策权，其人、财、物和供、产、销统一由母公司控制。子公司的资本筹集、运用、工资奖金、费用开支、利润分配、资产重组、人事任免等重大财务事项，都由母公司统一管理。母公司通常下达生产经营任务，并以直接管理的方式控制子公司的生产经营活动。

这种模式通常适用于规模较小，业务较简单的酒店集团。这种模式机构简单，有利于迅速果断地做出决策，有利于纵向沟通和指挥。但是同时也压制了下级的积极主动性，不利于横向沟通，决策可能比较武断。

(2) 分权模式

分权模式是指把经营管理权限和决策权限分配给下属单位，集团最高层只集中少数关系集团利益和发展的重大问题的决策权。这种方式的特点：在财权上，子公司在资本筹集、运用、工资奖金、费用开支、利润分配、资产重组、人事任免等重大财务事项方面有充分的决策权，子公司可以根据市场环境和公司情况做出重大的财务决策。在管理上，母公司不是以行政方式来干预子公司的生产经营活动，而是以间接管理的方式进行管理，同时，母公司鼓励子公司积极参与竞争，扩大市场占有。在利益分配上，母公司从子公司的发展出发，利益分配向子公司倾斜，用以增强子公司的竞争实力。

这种模式有利于调动子公司的经营积极性，同时也利于母公司完成集团长远利益等重大战略决策。其缺点则是过于分权，导致难以统一指挥，弱化了母公司的财务控制权，有的子公司为了追求自身利益而忽视集团利益。

(3) 混合模式

在实践中，完全集权和完全分权的酒店集团财务管理模式都是比较少见的，大多数是一种集权与分权相结合的混合模式。这种模式强调在分权基础上的集权，是一种自下而上的多层次决策的体制模式。

10.2.3 酒店集团财务管理体制的设计原则

(1) 要有明晰的产权关系

即母子公司间关系处理必须以产权制度安排为基本依据。母公司对子公司拥有以下2种最基本的权利。

母公司以股东身份享有出资人的基本权益 这种权利母公司与其他股东并无多大的区别，权利的行使都必须严格遵循出资人的行为规范，并体现财产所有权与子公司法人财产所有权的本质差异。

母公司作为第一大股东入主子公司董事会 从而拥有对子公司收益分配、资本结构变更、其他重大融投资事项的决策权以及对子公司经营者的选择权与督导权等。这种权利体现的是董事会与经营者之间的各取所长代理关系。入主子公司董事会的母公司拥有对子公司的最高决策权以及对子公司经营者的委托督导权。但是，母、子公司分别是2个独立的法人。这样，在母、子公司间委托代理关系的处理上必然要有别于单一法人制企业内部董事会与经营者之间所遵循的权责利规范。

(2) 充分体现财务管理的战略思想

财务管理体制是集团战略的重要组成部分，以母公司为主导的集团财务管理体现为一种战略管理，因此要求：① 保证母公司的战略对集团整体的财务战略进行定位，并制定统一的理财行为规范，保证母公司的战略规划与决策目标能够为各层级财务管理组织或理财方式有效贯彻执行；② 以制度或法治管理代替个人的行为管理，保证酒店集团财务管理的连续性；③ 遵循集团治理结构体系，明确股东大会、董事会、经营者、财务经理各自的管理职权、管理责任、管理目标、管理内容等。

(3) 适应集团不同的组织结构

在直线职能制组织结构下，财务管理必须体现集权管理思想，强化财务部门的管理职能，配合集团整体的集权管理体制。

在事业部制组织结构的酒店集团里，分权是财务管理的主要特点。在财务管理上必须遵循以下 3 条原则：① 充分发挥母公司对财务战略、财务政策以及其他重大财务事项的决策权以及母公司在财务资源上的聚合优势；② 在母公司财务战略、财务政策的基本框架下，强化对子公司的分权，并配之以明确的责任与利益，从而激发子公司理财的积极性；③ 通过健全有效的激励约束机制，强化母公司对子公司的监督与考核，确保子公司在追求自身利益最大化的过程中，能够沿着集团战略与整体利益最大化的目标高效率、秩序化地运行。

(4) 适应酒店集团不同的发展阶段

在不同的发展阶段，企业集团的管理体制也存在很大的权变性。一般在初始阶段，集团管理总部不管从自身能力、企业规模还是从市场进入与地位的初步建立等角度，都可能会采用集权模式。但随着集团的发展，经营规模不断扩大，集团战略也日趋成熟，在这种条件下，酒店集团大多呈现出一种集团总部统一政策目标与领导控制下不同程度的分权管理模式。

10.2.4　集团总部董事会的财务职能及权限

集团公司董事会不属于财务管理的专职机构，而是整个集团经济活动的最高决策中心。在财务方面，董事会的职能与权责主要定位于以下几个方面：① 财务战略、财务政策的制定权、调整变更权、解释权、督导实施权；② 财务管理体制、财务组织机构选择、设置与调整变更权，以及总部与子公司高层财务管理人员的聘任、委派、解职权；③ 对母公司战略目标与控股权结构产生直接或潜在重大影响的财务活动的决策权以及非常例外财务事项的处置权。

10.2.5　集团财务总部及其职责权限

集团财务总部通常就是母公司财务部，是集团日常财务管理的直接发动者、组织领导者与最高负责者。其职能与权限主要包括以下几个方面。

第一，为母公司董事会财务战略、财务政策、基本财务制度、重大融投资及分配方案的制定、决策提供信息支持，发挥价值方面的咨询参谋作用。在母公司董事会授权的情况下，可能会直接参与上述过程。

第二，在董事会的直接监督下，在集团整体范围内负责财务战略、财务政策的组织与实施，并对组织与实施的效果负责。

第三，财务总部必须从财务角度协助总经理高效率地完成受托责任目标。例如，实施财务预算控制，在预算管理委员会中发挥突出作用，使其处于预算控制体系的枢纽地位。

第四，为了保障母公司董事会财务战略、财务政策的有效实施以及总经理受托责任目标的顺利完成，负责战略预算的编制、实施与监控。

第五，规划集团的最佳资本结构，做到既能确保母公司对子公司的控制权，又能满足实施战略预算对资本的需要，并规划资本来源渠道，确定集团的最佳资本结构，以保证实施战略预算的资本需要。

第六，协调集团内外部各利益相关者间的财务关系。

第七，检查、监督各级财务机构对财务战略、财务政策、基本财务制度、财务预算等的贯彻实施情况，同时建立绩效衡量的标准化制度并实施业绩考核。最后，需要将检查与考核的结果报于母公司总经理，通过总经理提交董事会、监事会。

第八，强化集团财务风险监测与财务危机预警体系。

10.2.6 子公司财务部的职能权限

子公司财务部是否单独设置取决于集团的规模、业务的复杂程序及空间跨度等。对于规模较小，业务相对简单、空间跨度不大的酒店集团，子公司财务部通常不单独设置，而是合并于母公司财务部，或由结算中心、财务公司等代行职权。如果集团规模大、子公司业务较为繁杂或者母、子公司空间跨度较大，可以考虑单独设置子公司财务部。但无论子公司财务部是否单独设置，都必须明确以下 2 点。

第一，必须遵循或维护子公司作为独立法人的权利与地位，特别是财务方面的合法权益。

第二，子公司必须遵循总部的财务战略、财务政策与基本财务制度，将子公司自身的财务活动纳入集团的财务一体化范畴。

10.3 酒店集团财务管理的内容

10.3.1 酒店集团的产权管理

(1) 产权关系

母、子公司的关系是酒店集团财务关系的核心。从法律关系上看，母子公司都是独立的法人主体，其目标是追求酒店收益的最大化，其关系是所有者与经营者/投资者与受资者之间的关系，不存在行政上的依附。所以母公司应在确保子公司独立的法人地位的基础上对其进行管理与控制，不能超越所有者权限介入子公司的日常经营事务。从内部产权关系来看，为了维护和实现集团利益，母公司可通过产权关系，依法对子公司经营活动进行控制和监督，保障其投资的安全性，并依股东权益获得收益，从而促使子公司经营目标与母公司总体战略相一致。

(2) 产权结构

母公司从经营战略和发展规划出发，依据集团公司的产业布局将其所持有的有形资产、无形资产、债权资产分别投资于各子公司，并依法落实其法人财产权和经营自主权，形成以产权为纽带的母子公司关系，通过产权关系的约束控制，间接实施管理。子公司在获得投资的实际占有后，成为具有独立承担民事责任能力的有限责任公司或股份有限公司，独立从事生产经营活动，实现母公司的资产经营目标。

一般来说，对于集团公司的支柱产业、资金密集型产业，母公司应绝对控股，将其建立成全资子公司，开成单一的产权结构；对于集团公司生产和发展具有重要导向作用的关键辅助性生产，母公司可以相对控股，将其成为控股子公司。

10.3.2 酒店集团的融资管理

10.3.2.1 资本融通

酒店集团的资本融通有外部资本融通、内部资本融通和产融结合化 3 种基本方式。

(1) 外部资本融通

企业集团外部资本融通的方式多种多样，包括银行贷款、发行股票、发行债券、商业信用、融资租赁、国内联营等。企业集团在选择融资方式时，应权衡每一种融资方式的经济性质和经济权益，有选择地加以利用。

(2) 内部资本融通

内部资本融通主要是指集团内部资本横向融通使用。例如，企业集团统一使用集团发展基金；集团成员相互借贷融通，或者直接横向划拨使用。实行统贷统还的发展项目贷款，可由集团公司借入后，再向子公司投资处理；子公司以向投资者分配利润的形式向集团公司缴付。贷款本息由集团公司负责归还。

(3) 产融结合化

产融结合有多种具体形式。例如，建立融洽的银企关系，寻求金融机构入股；企业集团直接建立作为非银行金融机构的财务公司。

10.3.2.2 资本管理

酒店集团资本管理主要包括以下 3 种方式。

(1) 统一管理

集团公司应坚持成员企业资本集中统一管理的原则。集团成员企业的资本筹措和使用，只有纳入集团公司统一管理、统一安排，才能在整个集团范围内有效配置，合理利用。

(2) 全过程管理

集团公司要从企业集团的资本筹措、投放到资本收益的取得，实施全过程管理，把集团公司的财务部门变成企业集团的资本管理中心、资产营运监控中心、资本筹措和调配中心以及资本扩张的投资中心。

(3) 重点管理

集团公司对大额的资本、对外投资、境外付款、贷款担保和财产抵押等特殊的资本流动方式，应严格审批权限或者做出限制，实行重点管理。

有些企业集团组建财务公司或财务结算中心，集中管理成员企业的财务收支活动，这是值得推广的做法。

10.3.3 酒店集团的投资管理

(1) 引导投资方向

酒店集团公司应积极研究政府的宏观经济政策，根据自身的行业优势和市场状况，选择适当的投资方向，制定合理的发展战略。通过对产业结构效益的分析，及时提出资本结构的调整方案，引导成员企业的资金流向，使其达到良好的资产经营状态。

(2) 控制投资规模

由于酒店集团的各成员企业常常会为了短期、局部的利益而追求企业外延的盲目扩大，因此，集团公司必须从企业集团的整体利益出发，对投资规模进行全面而长远的规划，将各子公司的投资规模控制在一定范围之内。

(3) 审定投资项目

对于投资项目的可行性研究方法及其决策程序，应由集团公司统一规定，而对于具体投资项目，应通过规定不同的审批权根进行审定。一般情况下，规模较大的项目由集团公司审批，规模较小的项目由各成员企业按投资决策程序自行规定。

10.3.4　酒店集团财务公司

财务公司起源于西方，世界上最早的财务公司是1716年在法国创办的，后来英、美等国相继成立财务公司。由于各国的金融制度不同，各国的财务公司性质也不相同。国外的财务公司并不限于企业集团，它们以为集团服务为重点，但又不限于在集团内融资。在国外，财务公司一般不能吸收存款，只能承做贷款，业务品种主要是集团产品的销售融资，但也可以不限于本集团的产品。财务公司主要通过在货币市场上发行商业票据和在资本市场上发行债券来筹资，也从银行借款，但比重较小。例如，美国财务公司的资金来源除自有资金外，主要是依靠发行商业本票和长期债券来融资，因此财务公司是大量举债的公司，它们运用负债管理以创造信用。在英国，财务公司也叫金融公司或贷款公司，主要向工商企业和消费者提供分期付款和其他银行信用。

我国企业集团财务公司（简称财务公司）是随着我国经济体制改革及金融体制改革的深化而出现的一类新型金融机构。我国企业集团财务公司（除中外合资的财务公司外）都是依托大型企业集团而成立的，主要为企业集团成员单位的技术改造、新产品开发和产品销售提供服务。我国企业集团财务公司在资金结算、为企业成员提供金融服务等方面发挥着不可替代的作用。当然，酒店集团的发展仅仅依靠一般意义上的信贷资金是不够的，增强融资能力，提高资金效益，建立酒店集团财务公司成为一种必然。

10.3.4.1　财务公司的性质和业务范围

集团财务公司是由集团成员集资入股兴办。它是具有法人地位、实行独立核算、自负盈亏的经济实体；是办理企业集团内部成员单位技术改造、新产品开发及产品销售提供金融服务，以中长期金融业务为主的非银行金融机构。业务上受中国人民银行的领导、管理、监督、协调与稽核。

根据有关规定，财务公司可以经营下列部分或者全部业务：

- 对成员单位办理财务和融资顾问、信用鉴证及相关的咨询、代理业务；
- 协助成员单位实现交易款项的收付；
- 经批准的保险代理业务；
- 对成员单位提供担保；
- 办理成员单位之间的委托贷款及委托投资；
- 对成员单位办理票据承兑与贴现；

- 办理成员单位之间的内部转账结算及相应的结算、清算方案设计；
- 吸收成员单位的存款；
- 对成员单位办理贷款及融资租赁；
- 从事同业拆借；
- 中国银行业监督管理委员会批准的其他业务。

10.3.4.2 财务公司的组织结构及其职责

财务公司的最高权力机构为董事会。董事会由董事长、副董事长、董事若干人组成。董事长可由集团公司推荐。副董事长、董事由出资单位协商产生。董事会的职责主要是：

- 制定和修改公司章程，并报中国人民银行批准；
- 任命经理，副经理由经理提名，董事会批准；
- 根据国家有关方针、政策和财经法规，制定公司的经营方针和经营目标；
- 根据国家规划，审定批准集团公司远期和近期信贷投资计划；
- 根据公司的业务发展，确定分支机构的设立；
- 需要由董事会决定的其他重大问题。

10.3.4.3 财务公司的风险控制

财务公司应加强风险管理及控制，主要从以下几方面入手。

第一，财务公司应当按照审慎经营的原则，制定本公司的各项业务规则和程序，建立、健全本公司的内部控制制度。

第二，财务公司应当依照国家有关规定，建立、健全本公司的财务、会计制度，遵循审慎的会计原则，真实记录并全面反映其业务活动和财务状况。

第三，财务公司应当分别设立对董事会负责的风险管理、业务稽核部门，制订对各项业务的风险控制和业务稽核制度，每年定期向董事会报告工作，并向中国银行业监督管理委员会报告。

第四，财务公司董事会应当每年委托具有资格的中介机构对公司上一年度的经营活动进行审计，并于每年的4月15日前将经董事长签名确认的年度审计报告报送中国银行业监督管理委员会。

第五，财务公司业务经营应遵循一定的资产负债比例：① 资本充足率不得低于10%；② 拆入资金余额不得高于资本总额；③ 担保余额不得高于资本总额；④ 短期证券投资与资本总额的比例不得高于40%；⑤ 长期投资与资本总额的比例不得高于30%；⑥ 自有固定资产与资本总额的比例不得高于20%。

【本章小结】

本章主要阐述了酒店集团的含义、特征及经济联合形式；酒店集团财务管理的特征；酒店集团财务管理的内容及酒店财务公司概述；重点介绍了酒店集团财务管理体制的基本模式和设计原则。

【关键性术语】

酒店集团、酒店集团财务管理体制、集权模式、分权模式、混合模式、财务公司。

【思考题】

1. 简述酒店集团的含义及特征。
2. 酒店集团主要有哪些类型，各自的特点是什么？
3. 经营特许权形式与管理合同形式的主要区别是什么？
4. 酒店集团财务管理的特点是什么？
5. 简述酒店集团财务管理体制设计原则。
6. 简述酒店集团财务管理体制的基本模式。
7. 简述酒店集团财务管理的内容。
8. 简述财务公司的业务范围。
9. 简述财务公司风险控制的办法。

【案例分析】

南京金陵饭店集团的扩张之路

南京金陵饭店集团有限公司于 2002 年 10 月经省政府批准成立，并被授予国有资产投资主体。公司以酒店连锁经营管理为核心业务，并从事省政府授权范围内的国有资产经营、管理、转让、投资、资产重组等业务。金陵饭店的发展目标是，以发展为中心，以创新为动力，以“金陵”品牌为依托，构筑资本运作平台，将金陵饭店集团建设成为江苏省具有国际影响力的、跨地区、多领域连锁发展的大型旅游集团。金陵饭店集团过去的发展无疑是很成功的。现在金陵饭店集团已经发展成为了一家具有国际影响力、跨地区、多领域连锁发展的大型旅游集团。在企业保持高速发展，企业规模不断扩大的情况下，研究集团财务管理是金陵饭店集团管理的重要内容。金陵饭店集团在快速扩张的过程中碰到了下列问题。

1. 如何处理总公司与分子公司之间集权与分权的关系。现在金陵酒店集团已经有多家分子公司，如何在这些企业间寻求通过集权来保证集团经营目标的一致性和通过分权来提高各分子公司的积极性的平衡，是一个现实的问题。

2. 集团经营半径越来越大，相应的管理难度越来越大。现在企业的发展已经不局限于南京，在全国许多地方建立了分子公司。地域半径的扩展带来了信息沟通的难度增加，相应的管理难度增加。

3. 监控难度越来越大，缺乏事前、事中的严格监督。在传统的管理模式下，企业很多时候得到的都是事后的信息反馈，不利于对企业经营中出现的问题及时发现和解决。

4. 资金非集中管理，使用效率不高。集团规模越来越大，涉及的经营领域也越来越多，但企业经营信息越来越繁杂和分散，难于收集和管理，对集团整体的经营状况缺乏集成的、准确的数据反映，难以为集团战略的科学决策提供依据。

【案例思考题】

1. 试根据上述资料，确定金陵饭店集团的经济联合形式并说明理由。
2. 试根据上述资料，对金陵饭店集团的财务管理体制进行设计并说明理由。

【本章推荐阅读书目】

1. 酒店财务管理. 马桂顺. 清华大学出版社，2005.
2. 新编酒店财务管理. 蔡万坤. 广东旅游出版社，2004.
3. 饭店财务管理. 宋雪鸣，费志冰. 旅游教育出版社，2003.

第 11 章

酒店并购与重组

学习目标

知识目标：

掌握并购的概念，并了解并购的不同分类；

了解酒店并购的动因；

了解并购给酒店带来的收益和成本；

了解管理层并购；

掌握重组的概念，并了解重组的类型。

技能目标：

掌握酒店并购后的重组管理。

能力目标：

通过掌握酒店并购与重组的基本知识，能够识别企业并购的风险。

【章首案例】

国旅联合吸收合并衡阳经发

2004年7月2日国旅联合（600358）公告，公司2002年年度股东大会审议通过了公司吸收合并衡阳市经济发展股份有限公司的预案，本次吸收合并衡阳经发申请已获中国证监会批准。

公告称，本次合并的换股比例为1.67:1，即每1.67股衡阳经发之人民币普通股股票可以换取公司人民币普通股1股。换股日为2004年7月21日至2004年7月30日。因合并衡阳经发增加股票总数为3000万股，其中法人股为1755.28万股，个人股为1244.72万股。因合并增加的法人股，在国家有关规定公布之前，暂不上市流通。因合并增加的个人股，经有关主管部门批准，在本次发行完成后满3年可以上市流通。

资料显示，衡阳经发原主要从事城市基础设施建设、旧城改造、物业管理及中央空调等高新技术产品的生产销售。2000年1月，衡阳经发将其拥有的衡阳市经发制冷空调实业有限公司95%的权益、衡阳市郊区东方红渔场团结村62 333.4m^2的土地使用权以及广东省东莞市常平镇的房地产投资项目，与其第一大股东许南衡山国际旅游股份有限公司拥有的衡阳国联旅行社有限公司98%的权益和衡阳王府实业发展有限公司75%的权益进行了置换。置换完成后，衡阳经发主要经营业务转变为旅游产业投资开发与旅游综合服务、城市综合开发、物业管理以及国内贸易。公告披露，置换后，经营业绩有了明显改善，并显示出持续发展的良好趋势。衡阳经发已逐步成为开发衡阳市及周边地区丰富旅游资源、提供全方位旅游服务的衡阳市旅游业龙头企业。

国旅联合公告称，吸收合并衡阳经发的基本动因一是强化主营业务，改善资产布局。本次吸收合并完成后，国旅联合将拥有经发大厦地下一层和1、2、3层物业，并利用其参与的北京西城区新街口商业街开发所形成的资源、管理及技术优势，配合经发大厦公司对经发大厦二期工程实施开发，将其建设成为集商贸、休闲娱乐、住宅为一体的衡阳市标志性建筑，有利于形成新的利润增长点。并以此为契机，为国旅联合介入处于起步期的衡阳休闲地产的开发树立良好形象。同时，这与国旅联合参与的北京西城区新街口商业街开发项目形成南北呼应之势，改善了资产布局。

其次，获得优质资产，加速资本积累，实现低成本扩张。公司称，吸收合并后，不仅改善了资产布局，又获取了经发大厦资产和3900万元现金，避开了仅依靠自身积累发展来实现公司的成长，加速资产积累，实现了低成本扩张。

11.1　酒店并购

11.1.1　并购的概念

并购（Mergers and Acquisitions，M&A）包括兼并和收购 2 层含义、2 种方式。国际上习惯将兼并和收购合在一起使用，统称为 M&A，在我国称为并购，是指在市场机制作用下企业为获利其他企业控制权而进行的产权交易活动。将获取控制权的企业称为并购方或并购企业，将另一方称为被并购方、被并购企业或目标企业。

兼并又称吸收合并，指 2 家或者更多的独立企业合并组成一家企业，通常由一家占优势的企业吸收一家或者多家企业。如果 A 企业兼并 B 企业，那么 A 企业依然合法存在，而 B 企业的法定地位则被取消，即“A + B = A”。

收购是指一家企业在证券市场上，用现金、债券或股票购买另一家企业的股票或资产，以获得对该企业的控制权，该企业的法人地位并不消失。收购有 3 种途径：① 控股式，即收购企业通过购买目标企业一定的股份而成为目标企业的最大股东，从而控制该目标企业的方式；② 购买式，即收购企业通过购买目标企业的全部股份而使之成为其附属的全资子公司，从而使收购企业在收购后对目标企业有支配权的方式；③ 吸收式，即收购企业通过将目标企业的净资产或股份作为股本投入收购企业而使目标企业成为收购的一个股东的方式。

与并购意义相关的另一个概念是合并（Consolidation），是指 2 个或 2 个以上的企业合并成为一个新的企业，合并完成后，多个法人变成一个法人。

11.1.2　并购的类型

并购按照不同的分类标准，可以划分为不同的类型。

11.1.2.1　按并购行业关联性分类

（1）横向并购

横向并购是生产同类产品，或生产类似产品，或生产技术工艺相近的企业之间所进行的并购（例如，酒店企业之间的并购）。这是最常见的一种并购方式，其目的在于扩大企业市场份额，在竞争中得到优势，实质上也是竞争对手之间的合并。其优点是可以迅速扩大生产规模，节约共同费用，便于提高通用设备使用效率；便于在更大范围内实现专业分工协作，采用先进技术设备和工艺；便于统一技术标准，加强技术管理和进行技术改造；便于统一销售产品和采购原材料等。

（2）纵向并购

纵向并购又称为垂直并购，是指酒店与供应商或客户间进行的并购，即并购与本酒店在生产工序上前后紧密相关的企业，形成纵向一体化。目的在于加强生产过程和各环节的配合，实现战略协同。在这种并购中，并购方与被并购方之间存在原材料供应与生产、生产与销售的关系。纵向并购是一种经营单位向其产品的加工和销售各阶段的延伸。并购企业所并购的是向其提供投入要素或原材料的企业，称为后向并购；并购企业所并购的是最终生产和销售企业，则称为前后并购。

（3）混合并购

混合并购是指既非竞争对手又非现实或潜在客户或供应商之间的并购行为，是跨行业、跨部门之间的并购。目的在于实施多元化经营战略，即通过扩大生产经营范围来降低企业经营风险。

混合并购是发生在不同行业企业之间的并购。从理论上看，混合并购的基本目的在于分散风险，寻求范围经济。在面临激烈竞争的情况下，我国各行各业的企业都不同程度地想到多元化，混合并购就是多元化的一个重要方法，为企业进入其他行业提供了有力、便捷、低风险的途径。

11.1.2.2 按出资方式分类

（1）现金收购

现金收购是企业并购活动中最清晰而又最迅速的一种并购方式，在并购中占的比例相当高。一般而言，凡是不涉及股票交易的收购都可以被视为现金收购，即使是由并购企业直接发行某种形式股票的并购方式也是现金并购。现金并购是由并购企业支付给目标企业股东一定数额的现金，借此取得目标企业的所有权。一旦目标企业的所有者收到对其所拥有的那部分所有权的现金支付，他们就失去了对原企业的任何权益。这是现金收购的一个鲜明的特点。

（2）股票收购

股票收购是指收购方通过增加发行本企业股票，以新发行的股票来购买目标企业的股票或资产，从而达到收购目标企业的一种出资方式。

股票收购区别于现金收购的主要特点是：① 并购方企业不需要支付大量资金，因而不会影响并购方企业的资金现状；② 并购完成后，目标企业的资产划归为并购方企业管理，原目标企业的所有者或股东会成为新合并企业的股东，因此，他们不会失去原有的所有者权益。

(3) 综合证券并购

在企业并购活动中，并购方不仅可以采用以现金、股票出资的方式，而且还可以以综合证券作为出资方式，即综合证券并购，是指并购方企业对目标企业提出收购要约时，其出价为现金、股票、企业债券、认股权证、可转换债券等多种形式的证券组合。

11.1.2.3 按并购态度分类

(1) 善意并购

善意并购在西方又称为“白衣骑士”，指并购方企业与目标企业的双方高层之间通过协商决定两企业并购的诸项事宜。

(2) 恶意并购

恶意并购在西方又称为“黑衣骑士”，是指并购方企业不顾目标企业的意愿而采取非协商性购买的手续，强行并购对方企业。通常有以下 3 种方式。

在证券市场购买 收购企业先在证券市场上秘密收购目标企业的部分股票，通常略少于该上市企业股权的 5%，然后再向目标企业的股东报价，这样就形成进可攻、退可守之势。若要进行收购，则由于已经以较低的价格购买了近 5% 的目标企业股票，降低了收购成本；若要退出收购，又由于“股票收购战”的爆发，使目标企业的股票价格迅速上涨，从而能以较高的价格出售已经购买的股票，获得巨大利益。

向目标企业施加压力 收购企业向目标企业的董事会发出公告，允诺高价收购该企业股票，一般比市价高 20% ~50%，并警告目标企业董事会以股东利益为重接受报价。目标企业的董事会处于责任要把收购方的公告通知全体股东，而分散的小股东往往受优惠价格的诱惑迫使董事会接受报价。

两步报价 在企业收购目标企业股票的过程中，目标企业股票价格的大幅度上涨会增加收购成本，为继续收购带来困难，收购企业可先以现金收购目标企业 50% 左右的股票实行控股，再以较低的比率用本企业的股票换取目标企业的股票，以降低收购成本。

11.1.2.4 按并购场所分类

(1) 公开市场收购

公开市场收购是指在证券市场之外，以特定的价格向股东收购大量股票，以控制该上市企业的部分所有权和经营控制权的收购形式。由于这种收购直接在市场外收集股权，事先并不需要征求对方的同意，因而这种收购也被认为是恶意收购。

（2）非公开市场收购

非公开市场收购是指并购企业不通过证券交易所，直接与目标企业取得联系，通过谈判、协商达成协议，据以实现目标企业股权转移的收购方式，也称为协议收购。

11.1.3 并购的动因

产生并购行为最基本的动机就是寻求企业的发展。寻求扩张的企业面临着内部扩张和通过并购发展2种选择。内部扩张可能是一个缓慢而不确定的过程，通过并购发展则会迅速得多，尽管它会带来自身的不确定性。

具体到理论方面，并购的最常见的动机就是——协同效应（Synergy）。并购交易的支持者通常会以达成某种协同效应作为支付特定并购价格的理由。并购产生的协同效应包括——经营协同效应（Operating Synergy）和财务协同效应（Financial Synergy）。

在具体实务中，并购的动因归纳起来主要有以下几类。

（1）扩大对市场的控制能力

企业对市场控制能力的追求是企业并购的一个主要动因。企业通过横向并购，可减少竞争对手，扩大市场占有率，提高企业在市场上的垄断程度，有利于企业抬高价格，获取垄断利润；可以缓解行业整体生产能力扩大速度与市场扩大速度不相适应时导致的行业生产能力过剩问题，降低了行业的退出障碍，有利于改善行业结构。而纵向并购能使企业将关键性的投入产出关系纳入控制范围，有力地控制竞争对手，扩大市场占有率。

（2）进军新领域，实现经营战略转移和多元化经营

一些大型的具有实力的企业，通过并购将自己多余资金转移到新兴产业或其他行业，可比较迅速地实现企业经营的战略转移和行业过渡。用并购手段进入新市场，可以利用原有企业的市场优势，从而避免以直接投资的形式所带来的从产品开发到销售的一系列复杂过程中的风险，从而大大节省了各种费用。

（3）提高本企业的经营效率

横向并购可提高本企业的规模经济，减少单位产品的固定成本，节省广告和推销费用等。纵向并购可保证产供销的更好衔接，保证材料和半成品的及时供应以及销售任务的完成，节约原材料、燃料，降低产品成本。实行多元化经营，可以有效地避免行业风险，保证企业盈利的稳定。

（4）被并购企业的股票市场价格低于其真实价值

企业市场价值被低估的原因是企业的经营管理效率低下，并购方掌握了普通投资者所没有的关于该企业真实价值的内部信息，企业的市场价格与重置价格之间存有一定差距。企业被并购后，并购方对其进行改组，提高其经营管理效率，使企业状况大为改观，股票价值节节上升，使其市场价值得以恢复，再转手卖出，即可赚一笔可观的收入。

(5) 减少投资和经营风险

一家企业如果只生产单一品种的产品，在激烈的市场竞争和瞬息万变的市场环境中很容易陷入困境，而多样化经营则是企业分散风险，抵补产品亏损的有效措施。尤其在纵向并购的情况下，企业控制了产品的供、产、销过程，大大降低了经营风险。

(6) 降低交易费用

企业和市场是 2 种不同但又可以相互替代的交易制度。企业可通过“内部化”来节省交易所导致的交易费用。企业的规模边界在于企业内部的边际组织成本与企业外部的边际交易成本相等的那一点。因此，当企业认为通过并购将企业的外部交易转为企业内部的调拨更能节约交易费用时，就会发生企业并购。

(7) 实现协同效应

根据系统论原理，整体的功能可大于组成整体的各部分简单相加之和。并购后两家企业合成为一个有机的整体，企业的总体效益要大于两家独立企业效益的算术和，即所谓的“1 +1 >2”原理，叫作“协同效应”。它包括管理协同效应、经营协同效应和财务协同效应，可节省管理费用、营销费用，减少库存现金等。

(8) 通过并购取得上市资格

企业通过并购已上市企业而取得上市资格，即所谓的“买壳上市”。一家企业从发行股票到上市往往要通过一系列严格的审批程序，并要付出相当大的成本，有时甚至会由于各种原因难以取得上市资格。这样，这家企业就难以享受到上市企业具有的高溢价发行股票、高价配股的特权和其无形中的广告效应。而通过并购一家上市企业就可迅速获取上述利益，不失为一条捷径。

(9) 获得专项资产

目标企业所拥有的某些具有特定优势的专门资产也是引发企业并购的动因。一些在产品或市场扩展较快但缺乏专门人才的企业，可能因为目标企业有一批有效的管理队伍或优秀的研究与开发人才可以利用，而对目标企业实施并购。一些企业也可能因目标企业所具有的独特销售渠道或销售网络而实施并购。在一些特殊情况下，一些企业在高薪聘用另一企业的一名优秀人才失败后，可能对该优秀人才所在企业进行兼并。这样的案例在西方国家发生多起。比如，一些企业拥有尖端的科学技术，专利费用又很高，这些企业也极有可能成为有实力的并购对象。

上述这些并购动因一般不是单独发挥作用的，引起企业并购行为常常是多种因素综合作用的结果。

11.1.4 并购的收益与成本

11.1.4.1 并购收益

寻求资本增值，增加企业价值是并购行为的基本动因。假设 A 企业拟收购 B 企业，其企业价值分别为 V_a 和 V_b（对于上市企业一般是指两企业独立存在时股票的市场价值），两合并为 AB 企业，其价值为 V_{ab}，如果 $V_{ab} > (V_a + V_b)$，那么其间的差额即为协同效益。

并购的协同效益来源于以下 4 个方面。

(1) 规模收益

企业通过并购后的重组、整合和一体化经营，可以取得规模经济收益。主要包括生产规模收益和管理规模收益 2 部分。通过并购活动，企业在整体产品结构不变的条件下，可充分利用大型设备实现单一化、专业化生产，增加产量，扩大生产规模，从而降低单位固定费用；在管理费用的绝对量不随企业规模扩大而同比例增加的情况下，可以将管理费用在更大范围内分摊，从而降低单位产品所含的管理费用；通过合理布局专业化生产的各个生产和销售流程，可以降低运输费用；通过对仓库的合理化利用和科学管理，合理确定各个环节的仓储量，进而节约仓储费用；通过有效规划、整合市场销售网络，合理布局售后服务网点，科学设计广告策略，以一个品牌支撑系列产品，可以扩大市场占有率、节约营销费用；通过集中人力、物力、财力用于新产品、新技术的开发，加快技术商品化进程，可以节约科研开发支出等。这些因素都是合理预计规模收益所要考虑的主要内容。

(2) 节税收益

节税收益主要表现在以下 3 个方面。

利用税法中的税收递延条款合理避税 比如，一家获利高并因此归于最高课税等级的企业可以并购一家有累积纳税亏损的企业，并购后即可利用税收中的亏损递延规定，获得减交或免交所得税的益处。

利用支付工具延迟纳税 在美国，如果并购企业不是以现金购买目标企业的股票，而是将目标企业的股票按照一定的换股比例换取并购企业的股票，在目标企业股东未收到现金且不改变并购双方现金流量的情况下，这一交易的资本利得是免税的，除非目标企业股东将换股得到的并购企业股票再转手变现。这一延迟纳税的税收优惠政策可以有效促进资本的流动和转移，进而实现合理配置资源、提高资源利用效率的目的。但目前我国税法对换股并购还没有明确的税收征免规定。

利用支付工具合理避税 当目标企业股东不是将其本身的股票直接转换为并购企

业的股票，而是首先购买并购企业发行的可转换债券，然后再通过一定的程序和条件转换为并购企业的普通股股票的情况下，对于并购企业而言，由于可转换债券的债券利息是从税前列支的，因此，在转换为普通股之前可以少交企业所得税。对于目标企业股东来说，由于资本收益（可转换债券）的延期偿付，可以延迟缴纳资本利得税，同时当其持有的可转换债券转换为并购企业的股票时，又可在并购后的企业拥有一定的权益，分享并购后企业的收益。

(3) 财务收益

通过并购方式取得财务收益主要有以下实现形式。

第一，当并购一方的产品生命周期处于成熟期、拥有充足的财务资源（如充足的现金流量、大量未被抵押的优质资产等）未被充分利用，而另一方产品生命周期处于成长发展期、拥有较多投资机会而急需现金的情况下，可以通过并购的财务互补和协同效应，充分利用并购双方现有的财务资源，避免资本的闲置和浪费，节约筹资成本。此外，当并购一方产品的生产销售周期与并购另一方不同时，通过并购可以充分利用不同产品生产销售周期的差异，相互调剂资本余缺，同样可以减少资本闲置，节约筹资成本。

第二，企业并购一般伴随着企业规模的扩大、实力的加强、知名度的提高，不但增强了企业抵抗风险的能力，而且也提高了企业的信用等级和筹资能力，可以使并购后的企业取得更加有利的信用条件和筹资便利。

第三，非上市企业通过并购上市企业，可以取得上市企业宝贵的“壳”资源。“借壳上市”不但可以迅速取得上市资格，提高企业知名度，而且通过向上市企业注入优质资产以获取配股及发行新股的资格，较为便利地通过证券市场募集资本，并节约上市费用。

(4) 新的利润增长点

对并购企业来说，通过并购活动可以快速进入新的产品市场、跨入新的地域、获得新的技术；可以通过生产经营方式的转变、并购双方资源的重组，最大限度地发挥未曾充分利用经济资源的使用价值，从而取得增量收益。通过并购活动可以使并购双方通过生产、经营、管理、技术、市场等方面的一体化，重组和整合并购双方的有形和无形资源，实现资源共享，促使资本和劳动力在不同企业之间合理流动；可以快速进入某一垄断行业、某一地域、某一新兴市场、获得某一关键技术、取得某一品牌，打破行业、地域、市场、技术的封锁和限制，实现收益增值。

11.1.4.2　并购成本

从整体上说，企业并购成本包括 3 个部分：① 并购时的直接成本；② 并购后的整合成本；③ 并购的机会成本。

(1) 并购时直接成本

并购直接成本是指并购行为本身所发生的成本，主要包括并购交易费用、购买成本或并购价格、更名成本。

并购交易费用 即并购过程中所发生的搜寻、策划、谈判、文本拟定、资产评估、法律鉴定、公证等中介费用；发行股票时支付的申请费、承销费等。

购买成本或并购价格 即为取得目标企业的实际控制权而支付给目标企业股东的支出，它是并购成本的重要组成部分，并购成本是否合理主要取决于并购价格确定是否合理。

更名成本 并购完成后，还要发生重新注册费、工商管理费、土地转让费、公告费等。

(2) 并购后整合成本

当并购协议正式生效、产生法律效力之后，从法律上来讲，并购活动已经结束。但对于并购企业而言，并购活动最艰巨、最困难的任务才刚刚开始。并购后，为使被并购方资产发挥效益潜能，必须按本企业的目标进行资产重组和业务整合，由此所付出的成本称为整合成本。这些成本主要包括以下几项内容。

战略整合成本 即从战略的角度对未来的发展重新进行规划和调整，包括并购双方的战略定位、产业结构设计、资产的剥离与重整、企业形象的重新设计和树立等。通过战略设计和调整，逐步实现战略协同。

改组改制成本 并购完成后，并购方还要派遣人员进驻，要安置原有领导班子和富余人员，要进行人员培训，要建立新的董事会和经理班子等所支付的费用。

经营整合成本 并购后，在对并购双方的采购、生产、销售、仓储、运输、技术开发和应用等业务进行重组中发生的各种费用。例如，为使被并购企业尽快运转必须支付的启动资本或开办费；为并购后企业打开市场，必须支付的市场调研费、广告费、网点设置费等。

管理整合成本 随着并购后企业规模的扩大，相应的管理难度也同时加大，组织、协调所付出的支出也随之上升。

(3) 机会成本

企业选择并购行为势必会丧失其他一些投资机会，这些投资机会所带来的收益就成为并购的机会成本。

11.1.4.3 并购风险

企业并购风险很大，主要包括以下 6 种风险。

(1) 信息风险

在企业并购中，信息越真实、及时、全面，并购成功率越高。缺乏信息、信息虚假和信息滞后往往会使并购企业做出错误决策，导致并购失败。

(2) 反收购风险

如果被并购企业对于并购行为不欢迎、不合作，尤其是敌意收购时，被并购企业往往不惜代价进行反收购，从而使并购企业面临较大风险。

(3) 法律风险

各国法律法规对于并购均有一些规定，从而增加了并购的难度。我国目前的收购法规要求：收购方持有一家上市企业 5% 的股票后即必须公告并暂停买卖，以后每递增 2% 重复该过程；持有 30% 股票后必须发出全面收购要约。这时的并购成本高、难度大。如果违反有关法规，则会受到相应的惩罚。

(4) 融资风险

企业并购需要大量资金，对企业的资金规模和资本结构均会产生重大影响。为此并购会带来以下融资风险：资金是否保证需要、现金支付是否影响企业的正常生产经营、杠杆收购的偿债风险等。

(5) 运营风险

运营风险是并购完成后，无法使整个企业集团产生经营协同效应、管理协同效应、财务协同效应，难以扩大市场份额，难以实现规模经济和知识共享。通过并购形成的企业集团规模过于庞大时会产生规模不经济、并购后不能实现真正的整合，会产生摩擦。这些都会使企业集团的业绩受到影响。

(6) 政府干预风险

相当一部分国有企业并购都由政府强行撮合而成。这种依靠行政手段大包大揽的做法不仅违背市场经济的原则，而且往往难以达到预期效果，给并购企业带来风险。

11.1.5　管理层收购

管理层收购（Management Buy-Outs，MBO）是企业管理人员利用股权交易或借贷所融资本来购买本企业的全部或大部分股份，从而获取企业的实际控制权的行动。通过收购使企业的经营者变成了企业的所有者。由于管理层收购在激励内部人员积极性、降低代理成本、改善企业经营状况等方面起到了积极的作用，因而它成为 20 世纪 70 ~ 80 年代流行于欧美国家的一种企业收购方式。

MBO 是企业重视人力资本提升管理价值的一种激励模式。通过收购，企业的经营者变成了企业的所有者，完成由单纯的企业管理者到企业主人的转变。MBO 的实行，意味着对管理作为一种资源价值的承认。通常，上市企业管理层和员工共同出资成立职工持股会或上市企业管理层出资成立新的企业作为收购主体，一次性或多次通过其受让原股东持有的上市企业国有股份，从而直接或间接成为上市企业的控股股东。

从企业的角度看，MBO 是解决现代企业所有者与经营者分离从而引起的委托代理问题、内部人控制、信息不对称、道德风险等问题的良方。

对中国企业而言，MBO 最大的魅力在于能理清企业产权，实现所有者回归，建立企业的长期激励机制。这是中国 MBO 最鲜明的特色。

从目前来看，国内进行 MBO 的作用具体表现在 4 个方面：① 解决国有企业“所有者缺位”问题，促进国企产权体制改革；② 解决民营企业带“红帽子”的历史遗留问题，实现企业向真正的所有者“回归”，恢复民营企业的产权真实面目，从而为民营企业的长远发展扫除产权障碍；③ 帮助国有资本从非竞争性行业中逐步退出；④ 激励和约束企业经营者的管理，减少代理成本。

MBO 并非适合所有的企业，实施 MBO 的企业至少要具备 3 个条件：① 企业要有一定的管理效率空间；② 企业处于竞争性较强的行业，如家电和一些成长性较好的高科技企业；③ 企业要有优秀的管理层团队，这也是 MBO 成功与否的关键所在。

11.2 酒店重组

11.2.1 重组的概念

企业重组是依照市场规律，对被改组企业原有既存的各类资源要素，运用经济、行政、法律手段进行分拆、整合及内部优化组合的过程。企业重组只是改变资源要素在不同企业间的分布，并不增加社会资源要素的总量。但重组不是简单的资产叠加，而是资源的重新配置。如果 2 个企业资产的重组发挥了资源间的互补性和规模效益，就能提高资本运营的效果，优化资产结构，增强市场竞争力。

与酒店重组相关联的 2 个概念是战略联盟和资产重组。

战略联盟 是指具有相互兼容目标结构的 2 个或 2 个以上的企业为了一定的目的通过一定的方式组成的网络式的联合体。战略联盟是现代企业组织制度的一种创新形式，它具有边界模糊、关系松散、机动灵活、运作高效等特点。战略联盟在近年得到迅速发展是基于如下几个方面的原因：增强自身实力、扩大市场份额、迅速获取新的技术、开发国外市场、降低风险。战略联盟目前主要有合资、研究与开发协议、定牌生产、特许经营、相互持股等几种形式。

资产重组 是指在社会范围内或企业范围内对企业资产进行重新配置，以完成企业资产结构上的战略调整，使企业在较短的时间内实现效益最大化。企业资产重组既可以采用物质形态的重组，也可以是非物质形态的置换；既可以是整体性的重组，也可以是部分的整合。由于资产体现一定的货币价值，因此，资产重组也称为财务重组。狭义的资产重组仅仅指对企业的资产和负债的划分和重组，广义的资产重组还包括企业机构和人员的设置与重组、业务机构和管理体制的调整。目前所指的资产重组一般都是指广义的资产重组。

11. 2. 2　重组的类型

11. 2. 2. 1　企业资产重组

一般分为企业内部资产重组和企业外部资产重组。企业内部资产重组主要是对企业现有自身资产的改造；企业外部的资产重组主要是通过兼并或收购其他企业资产，达到资本的迅速对外扩张，从而进一步壮大自己的竞争实力。企业内部的资产重组方式主要有股份公司改制上市、企业业务转换、企业资产分割、资产出售转让、企业租赁与托管、企业的产权拍卖与破产；企业外部的资产重组方式主要有企业并购、买壳上市、借壳上市。企业通过资产重组使资源得到了有效配置，从根本上解决了企业的发展后劲的问题。特别是那些长期亏损、濒临破产的企业，由于资产重组注入了优质资产，使企业起死回生。

11. 2. 2. 2　企业重组

企业重组是指在资产重组的基础上，利用内部经营管理手段，进行有效的吸纳和重新配置，同时带动技术系统、管理系统及营销系统，形成互补和协同效应，以提高经营系统的竞争能力。企业重组主要包括管理重组、组织机构与人员重组、开发战略重组、企业文化重组。

(1) 管理重组

管理重组包括管理体制重组和新的所有者在企业制度的框架之内对企业管理层进行必要的调整或改组。管理体制重组主要是按现代企业制度的要求向公司制转变。这是企业转换经营机制的重要基础。管理层调整和改组的重点通常是营销、财务、会计等领域。

(2) 组织结构与人员重组

企业重组的首要步骤是减少富余人员，优化劳动组合，提高劳动生产率，在裁员的基础上，架构起新的组织结构。重建新的组织结构，是为了适应企业新的发展战略，重新确定自己的产品系列、市场范围、生产技术、融资渠道和方式，而对原有采购、生产、营销、行政管理系统等组织结构进行必要的调整和重组。

(3) 开发战略重组

企业重组的目的之一是在市场中重新确定自己的位置，为此，企业需要在充分研究市场状况的基础上，重新审视自己的产品竞争力，从加强技术改造、产品开发、市场开拓3个方面进行开发战略的实施。技术改造就是采用新的技术和新的生产方式，降低产品成本；产品开发就是推出一个准确定位的产品和技术，使企业迅速盈利；市场开拓就是在新的领域和新的消费群中开拓新市场，提高企业的市场占有率。

(4) 企业文化重组

企业文化是对企业各项管理制度的必要补充和完善，在现代企业管理中的地位和作用越来越被人们所重视。一个企业的资产与结构以及与此相关的管理系统和方式容易被新的所有者所重整，但连接这些资产并长期植根于企业和团体中的企业文化却不是那么容易复制，也不是那么容易被新的控股方式或者兼并方所改造和同化的。因此，并购后的企业，其文化磨合要有一个相对艰难和漫长的过程。

11.2.3 并购后的重组管理

企业并购本身只是社会资源的一种重新布局，一种优化组合，但企业经营的好坏不是通过并购就能解决的。美国是企业并购活动最为普遍的国家，但企业形成的大企业也有一半左右经营不善，运转不灵，且将近1/3的企业并购活动最终归于失败，不得不把已经并购的企业清理出去。其中的原因就是并购后没有相应的配套管理措施。当并购协议签订以后，并购企业就必须根据其战略计划将被并购企业的人员、资产进行重新组织，以提高并购后的资源利用效率。

11.2.3.1 经营业务重组

经营业务重组的重点是要追求经营上的协同效应。这个过程是并购企业按照并购动机，从战略角度对被并购企业进行资产、管理一体化的重新组合。企业并购行为发生前，并购企业与被并购企业分别是2个独立的企业，它们可能生产同一类产品，也可能处在同一产品的不同生产阶段，还可能是2个在产品、技术上毫不相关的企业。因此。必须针对具体情况，对它们进行科学的重组。

经营业务重组追求的目标就是合理利用资源，把资源配置到利用效率最高的位置。因此，在经营业务重组时，要分析并购双方产品的市场定位，分别判断产品各处于哪个周期。其重组的原则就是使新的企业或企业集团有一个稳定的现金流，能够在产品的不断引进和推出中使企业稳步过渡，健康发展。

按照经济学的观点，单位产品的生产成本随着市场规模呈先减后增的规律。企业并购后，在生产经营、行政管理、调查研究、原料采购和产品推销等方面的活动，都可以统一协调，减少重复的固定成本，节约物料消耗，这明显是有利的。另外，分工和专业化将导致多次重复某项工作，并不断使用专业工具和先进技术等，又能从深层次上节约生产费用。

总之，并购后在经营业务上的调整与重组要结合并购双方的并购动机来进行，更多的要符合并购企业的战略规划，考虑把并购双方资产的潜在优势结合起来，把解决并购双方的困难结合起来，把并购企业的市场战略结合起来。充分考虑这些因素，可以提高资源的利用效率，促使并购企业在战略目标上取得成功。

11.2.3.2　资产整合

资产整合是企业并购后将原有的资产和并购进来的资产进行有效配置，使企业资产得到充分利用。正如由所有最好的零件组装成的汽车并非是最好的汽车一样，全部由优质资产组成的企业不一定效益就最好。

对于被并购企业的资产，可以按照下列程序进行处置：① 确定新企业或企业集团的生产经营目标；② 判定被并购的企业资产是否符合新企业或企业集团的生产经营目标，若不符合可以出售处理；③ 对符合生产经营目标的资产，应进行成本收益分析，只有那些在使用过程中预期收益超过预期成本，有利可图的资产才可选择使用；④ 对保留下来的资产应进行协调性分析，对于不满足协调性要求的资产，做出售处理；⑤ 汇集资产出售收入，加上其他渠道筹集的资金，购置新的急需设备，保证被并购企业尽快投产，恢复正常经营。

11.2.3.3　人员处置

人力资源作为企业的活资源，在企业的生产经营活动中起着决定性作用。企业并购后，要对被并购的企业重新审定劳动定额，设置工作岗位，在此基础上进行定员定编。对编外人员应按照内部吸收为主的原则，先进行职业培训，然后进行岗位考核，对于不合格者可以考虑另行从事其他工作。对一些冗员或已退休的人员，发放一定数额的补偿费，通过向社会保障机构交的一次性保障金，由社会保障机构对有关职工负责保障，进行彻底剥离，以减轻并购企业在以后经营的负担。

11.2.3.4　组织结构的调整

组织结构是企业资产和人力资源的配置结构，是企业资源有效发挥作用的保证。由于企业的发展战略只有通过其有效的组织结构才能实现，因此，企业在实施并购后，并购方的管理层必须对并购双方的组织结构进行调整。组织机构调整的内容需要根据并购企业目标和发展战略的调整情况来确定，主要包括：① 各级班子中人员搭配、正副职人数、年龄结构、知识结构的调整；② 组织体系中上下沟通渠道的调整；③ 组织结构中部门增减、权责增减、分配搭配的调整；④ 各部门力量搭配的调整；⑤ 各个班组的划分及相应力量搭配的调整；⑥ 综合性调整等。

【本章小结】

本章主要阐述了并购的含义；并购的分类；并购的动因；战略联盟和资产重组；并购后的重组管理。

【思考题】

1. 什么是并购？按不同的分类标准，并购可分为哪些类型？
2. 酒店并购的动因有哪些？
3. 酒店并购的收益主要有哪些？并购的成本又包括哪些？

【案例分析】

如家酒店并购后的管理

如家收购七斗星之后，2007 年第四季度财报显示：如家总收入同比增长 82.9%，至 3.276 亿元，其中包括并购的七斗星商旅酒店的收入 1980 万元；净亏损的 1520 万元，包括股票补偿费用、汇兑损失和受并购七斗星影响的相关资金。从 2007 年全年业绩看，如家总收入增长 71.5%，至 10.093 亿元；运营利润为 1.067 亿元，同比增长 43%；如不计入收购七斗星的影响和股票补偿费用，如家运营利润同比增长了 61.6%。此外，由于收购了七斗星，如家的可使用每间客房收入出现下降。2007 年四季度，如家的每间客房收入为 155 元，低于 2006 年同期的 165 元，而如果剔除七斗星的影响，如家当季的每间客房收入为 164 元。

【案例思考题】

1. 试根据上述资料分析如家并购七斗星存在哪些并购成本？
2. 试对如家并购后的管理提出建议。

【本章推荐阅读书目】

1. 并购与重组. 上海市国有资产监督管理委员会. 上海财经大学出版社，2006.
2. 酒店财务管理. 马桂顺. 清华大学出版社，2005.

参考文献

财政部会计资格评价中心．2007．财务管理［M］．北京：中国财政经济出版社．

蔡万坤．2004．新编酒店财务管理［M］．广州：广东旅游出版社．

陈企盛，王锦．2006．企业财务管理实务［M］．北京：中国纺织出版社．

成秉权．2002．财务管理［M］．4版．北京：中国财政经济出版社．

国家旅游局人事劳动教育司．2004．饭店财务基础［M］．北京：旅游教育出版社．

凯文·贝克．2006．饭店经营内部监控与欺诈防范［M］．北京：旅游教育出版社．

克瑞斯·盖尔丁．2006．饭店决策者的财务管理［M］．北京：旅游教育出版社．

李隆茂，李亚利．2007．旅游企业财务管理［M］．北京：高等教育出版社．

马桂顺．2005．酒店财务管理［M］．北京：清华大学出版社．

聂旺．2007．旅游企业财务管理［M］．北京：化学工业出版社．

上海市国有资产监督管理委员会．2006．并购与重组［M］．上海：上海财经大学出版社．

申思，何惠．2006．旅游企业财务管理［M］．郑州：郑州大学出版社．

四钊平．2007．财务管理［M］．北京：中国人民大学出版社．

宋雪鸣，费志冰．2003．饭店财务管理［M］．2版．北京：旅游教育出版社．

汤谷良，王化成．2000．财务管理［M］．北京：经济科学出版社．

王国生，陈迈，赵洪瑶．2007．简单轻松学财务管理［M］．北京：中国市场出版社．

王化成．2001．财务管理教学案例［M］．北京：中国人民大学出版社．

徐虹．2001．旅游饭店财务管理［M］．3版．天津：南开大学出版社．

杨敏，段九利．2006．旅游财务管理实务［M］．北京：清华大学出版社．

袁建国．2005．财务管理［M］．2版．大连：东北财经大学出版社．

张玉凤，刘红伟．2007．现代饭店业财务管理［M］．北京：经济日报出版社．

张玉凤．2006．旅游企业财务管理［M］．北京：北京大学出版社．

Raymond S. Schmidgall．2002．饭店业管理会计［M］．4版．徐虹主译．北京：中国旅游出版社．

附表一 复利终值系数表

期数	1%	2%	3%	4%	5%	6%	7%	8%	9%	10%
1	1.0100	1.0200	1.0300	1.0400	1.0500	1.0600	1.0700	1.0800	1.0900	1.1000
2	1.0201	1.0404	1.0609	1.0816	1.1025	1.1236	1.1449	1.1664	1.1881	1.2100
3	1.0303	1.0612	1.0927	1.1249	1.1576	1.1910	1.2250	1.2597	1.2950	1.3310
4	1.0406	1.0824	1.1255	1.1699	1.2155	1.2625	1.3108	1.3605	1.4116	1.4641
5	1.0510	1.1041	1.1593	1.2167	1.2763	1.3382	1.4026	1.4693	1.5386	1.6105
6	1.0615	1.1262	1.1941	1.2653	1.3401	1.4185	1.5007	1.5809	1.6771	1.7716
7	1.0721	1.1487	1.2299	1.3159	1.4071	1.5036	1.6058	1.7738	1.8280	1.9487
8	1.0829	1.1717	1.2668	1.3686	1.4775	1.5938	1.7182	1.8509	1.9926	2.1436
9	1.0937	1.1951	1.3048	1.4233	1.5513	1.6895	1.8385	1.9990	2.1719	2.3579
10	1.1046	1.2190	1.3439	1.4802	1.6289	1.7908	1.9672	2.1589	2.3674	2.5937
11	1.1157	1.2434	1.3842	1.5395	1.7103	1.8983	2.1049	2.3316	2.5804	2.8531
12	1.1268	1.2682	1.4258	1.6010	1.7959	2.0122	2.2522	2.5182	2.8127	3.1384
13	1.1381	1.2936	1.4685	1.6651	1.8856	2.1329	2.4098	2.7196	3.0658	3.4523
14	1.1495	1.3195	1.5126	1.7317	1.9799	2.2609	2.5785	2.9372	3.3417	3.7975
15	1.1610	1.3459	1.5580	1.8009	2.0789	2.3966	2.7590	3.1722	3.6425	4.1722
16	1.1726	1.3728	1.6047	1.8730	2.1829	2.5404	2.9522	3.4259	3.9703	4.5950
17	1.1843	1.4002	1.6528	1.9479	2.2920	2.6928	3.1588	3.7000	4.3276	5.0545
18	1.1961	1.4282	1.7024	2.0258	2.4066	2.8543	3.3799	3.9960	4.7171	5.5599
19	1.2081	1.4568	1.7535	2.1068	2.5270	3.0256	3.6165	4.3157	5.1417	6.1159
20	1.2202	1.4859	1.8061	2.1911	2.6533	3.2071	3.8697	4.6610	5.6044	6.7275
21	1.2324	1.5157	1.8603	2.2788	2.7860	3.3996	4.1406	5.0338	6.1088	7.4002
22	1.2447	1.5460	1.9161	2.3699	2.9253	3.6035	4.4304	5.4365	6.6586	8.1403
23	1.2572	1.5769	1.9736	2.4647	3.0715	3.8197	4.7405	5.8715	7.2579	8.2543
24	1.2697	1.6084	2.0328	2.5633	3.2251	4.0489	5.0724	6.3412	7.9111	9.8497
25	1.2824	1.6406	2.0938	2.6658	3.3864	4.2919	5.4274	6.8485	8.6231	10.835
26	1.2953	1.6734	2.1566	2.7725	3.5557	4.5494	5.8076	7.3964	9.3992	11.918
27	1.3082	1.7069	2.2213	2.8834	3.7335	4.8823	6.2139	7.9881	10.245	13.110
28	1.3213	1.7410	2.2879	2.9987	3.9201	5.1117	6.6488	8.6271	11.167	14.421
29	1.3345	1.7758	2.3566	3.1187	4.1161	5.4184	7.1143	9.3137	12.172	15.863
30	1.3478	1.8114	2.4273	3.2434	4.3219	5.7435	7.6123	10.063	13.268	17.449
40	1.4889	2.2080	3.2620	4.8010	7.0400	10.286	14.794	21.725	31.408	45.259
45	1.5648	2.4379	3.7816	5.8412	8.9850	13.765	21.002	31.920	48.327	72.890
50	1.6446	2.6916	4.3839	7.1067	11.467	18.420	29.457	46.902	74.358	117.39
55	1.7285	2.9717	5.0821	8.6464	14.636	24.650	41.315	68.914	114.41	189.06
60	1.8167	3.2810	5.8916	10.520	18.679	32.988	57.946	101.26	176.03	304.48

（续）

期数	12%	14%	16%	18%	20%	24%	28%	32%	36%
1	1.1200	1.1400	1.1600	1.1800	1.2000	1.2400	1.2800	1.3200	1.3600
2	1.2544	1.2996	1.3456	1.3924	1.4400	1.5376	1.6384	1.7424	1.8496
3	1.4049	1.4815	1.5609	1.6430	1.7280	1.9066	2.0872	2.3000	2.5155
4	1.5735	1.6890	1.8106	1.9388	2.0736	2.3642	2.6844	3.0360	3.4210
5	1.7623	1.9254	2.1003	2.2878	2.4883	2.9316	3.4360	4.0075	4.6526
6	1.9738	2.1950	2.4364	2.6996	2.9860	3.6352	4.3980	5.2899	6.3275
7	2.2107	2.5023	2.8262	3.1855	3.5832	4.5077	5.6295	6.9826	8.6054
8	2.4760	2.8526	3.2784	3.7589	4.2998	5.5895	7.2508	9.2170	11.703
9	2.7731	3.2519	3.8030	4.4355	5.1598	6.9310	9.2234	12.167	15.917
10	3.1058	3.7072	4.4114	5.2338	6.1917	8.5944	11.806	16.060	21.647
11	3.4785	4.2262	5.1173	6.1759	7.4301	10.657	15.112	21.199	29.439
12	3.8960	4.8179	5.9360	7.2876	8.9161	13.215	19.343	27.983	40.037
13	4.3635	5.4924	6.8858	8.5994	10.699	16.386	24.759	36.937	54.451
14	4.8871	6.2613	7.9875	10.147	12.839	20.319	31.691	48.757	74.053
15	5.4736	7.1379	9.2655	11.974	15.407	25.196	40.565	64.359	100.71
16	6.1304	8.1372	10.748	14.129	18.488	31.243	51.923	84.954	136.97
17	6.8660	9.2765	12.468	16.672	22.186	38.741	66.461	112.14	186.28
18	7.6900	10.575	14.463	19.673	26.623	48.039	85.071	148.02	253.34
19	8.6128	12.056	16.777	23.214	31.948	59.568	108.89	195.39	344.54
20	9.6463	13.743	19.461	27.393	38.338	73.864	139.38	257.92	468.57
21	10.804	15.668	22.574	32.324	46.005	91.592	178.41	340.45	637.26
22	12.100	17.861	26.186	38.142	55.206	113.57	228.36	449.39	866.67
23	13.552	20.362	30.376	45.008	66.247	140.83	292.30	593.20	1178.7
24	15.179	23.212	35.236	53.109	79.497	174.63	374.14	783.02	1603.0
25	17.000	26.462	40.874	62.669	95.396	216.54	478.90	1033.6	2180.1
26	19.040	30.167	47.414	73.949	114.48	268.51	613.00	1364.3	2964.9
27	21.325	34.390	55.000	87.260	137.37	332.95	784.64	1800.9	4032.3
28	23.884	39.204	63.800	102.97	164.84	412.86	1004.3	2377.2	5483.9
29	26.750	44.693	74.009	121.50	197.81	511.95	1285.6	3137.9	7458.1
30	29.960	50.950	85.850	143.37	237.38	634.82	1645.5	4142.1	10143
40	93.051	188.83	378.72	750.38	1469.8	5455.9	19427	66521	*
45	163.99	363.68	795.44	1716.7	3657.3	15995	66750	*	*
50	289.00	700.23	1670.7	3927.4	9100.4	46890	*	*	*
55	509.32	1348.2	3509.0	8984.8	22645	*	*	*	*
60	897.60	2595.9	7370.2	20555	56348	*	*	*	*

附表二　复利现值系数表

期数	1%	2%	3%	4%	5%	6%	7%	8%	9%	10%
1	0.9901	0.9804	0.9709	0.9615	0.9524	0.9434	0.9346	0.9259	0.9174	0.9091
2	0.9803	0.9712	0.9426	0.9246	0.9070	0.8900	0.8734	0.8573	0.8417	0.8264
3	0.9706	0.9423	0.9151	0.8890	0.8638	0.8396	0.8163	0.7938	0.7722	0.7513
4	0.9610	0.9238	0.8885	0.8548	0.8227	0.7921	0.7629	0.7350	0.7084	0.6830
5	0.9515	0.9057	0.8626	0.8219	0.7835	0.7473	0.7130	0.6806	0.6499	0.6209
6	0.9420	0.8880	0.8375	0.7903	0.7462	0.7050	0.6663	0.6302	0.5963	0.5645
7	0.9327	0.8706	0.8131	0.7599	0.7107	0.6651	0.6227	0.5835	0.5470	0.5132
8	0.9235	0.8535	0.7874	0.7307	0.6768	0.6274	0.5820	0.5403	0.5019	0.4665
9	0.9143	0.8368	0.7664	0.7026	0.6446	0.5919	0.5439	0.5002	0.4604	0.4241
10	0.9053	0.8203	0.7441	0.6756	0.6139	0.5584	0.5083	0.4632	0.4224	0.3855
11	0.8963	0.8043	0.7224	0.6496	0.5847	0.5268	0.4751	0.4289	0.3875	0.3505
12	0.8874	0.7885	0.7014	0.6246	0.5568	0.4970	0.4440	0.3971	0.3555	0.3186
13	0.8787	0.7730	0.6810	0.6006	0.5303	0.4688	0.4150	0.3677	0.3262	0.2897
14	0.8700	0.7579	0.6611	0.5775	0.5051	0.4423	0.3878	0.3405	0.2992	0.2633
15	0.8613	0.7430	0.6419	0.5553	0.4810	0.4173	0.3624	0.3152	0.2745	0.2394
16	0.8528	0.7284	0.6232	0.5339	0.4581	0.3936	0.3387	0.2919	0.2519	0.2176
17	0.8444	0.7142	0.6050	0.5134	0.4363	0.3714	0.3166	0.2703	0.2311	0.1978
18	0.8360	0.7002	0.5874	0.4936	0.4155	0.3503	0.2959	0.2502	0.2120	0.1799
19	0.8277	0.6864	0.5703	0.4746	0.3957	0.3305	0.2765	0.2317	0.1945	0.1635
20	0.8195	0.6730	0.5537	0.4564	0.3769	0.3118	0.2584	0.2145	0.1784	0.1486
21	0.8114	0.6598	0.5375	0.4388	0.3589	0.2942	0.2415	0.1987	0.1637	0.1351
22	0.8034	0.6468	0.5219	0.4220	0.3418	0.2775	0.2257	0.1839	0.1502	0.1228
23	0.7954	0.6342	0.5067	0.4057	0.3256	0.2618	0.2109	0.1703	0.1378	0.1117
24	0.7876	0.6217	0.4919	0.3901	0.3101	0.2470	0.1971	0.1577	0.1264	0.1015
25	0.7798	0.6095	0.4776	0.3751	0.2953	0.2330	0.1842	0.1460	0.1160	0.0923
26	0.7720	0.5976	0.4637	0.3604	0.2812	0.2198	0.1722	0.1352	0.1064	0.0839
27	0.7644	0.5859	0.4502	0.3468	0.2678	0.2074	0.1609	0.1252	0.0976	0.0763
28	0.7568	0.5744	0.4371	0.3335	0.2551	0.1956	0.1504	0.1159	0.0895	0.0693
29	0.7493	0.5631	0.4243	0.3207	0.2429	0.1846	0.1406	0.1073	0.0822	0.0630
30	0.7419	0.5521	0.4120	0.3083	0.2314	0.1741	0.1314	0.0994	0.0754	0.0573
40	0.6717	0.4529	0.3066	0.2083	0.1420	0.0972	0.0668	0.0460	0.0318	0.0221
45	0.6391	0.4102	0.2644	0.1712	0.1113	0.0727	0.0476	0.0313	0.0207	0.0137
50	0.6080	0.3715	0.2281	0.1407	0.0872	0.0543	0.0339	0.0213	0.0134	0.0085
55	0.5785	0.3365	0.1968	0.1157	0.0683	0.0406	0.0242	0.0145	0.0087	0.0053
60	0.5504	0.3048	0.1697	0.0951	0.0535	0.0303	0.0173	0.0099	0.0057	0.0033

（续）

期数	12%	14%	16%	18%	20%	24%	28%	32%	36%
1	0.8929	0.8772	0.8621	0.8475	0.8333	0.8065	0.7813	0.7576	0.7353
2	0.7972	0.7695	0.7432	0.7182	0.6944	0.6504	0.6104	0.5739	0.5407
3	0.7118	0.6750	0.6407	0.6086	0.5787	0.5245	0.4768	0.4348	0.3975
4	0.6355	0.5921	0.5523	0.5158	0.4823	0.4230	0.3725	0.3294	0.2923
5	0.5674	0.5194	0.4762	0.4371	0.4019	0.3411	0.2910	0.2495	0.2149
6	0.5066	0.4556	0.4104	0.3704	0.3349	0.2751	0.2274	0.1890	0.1580
7	0.4523	0.3996	0.3538	0.3139	0.2791	0.2218	0.1776	0.1432	0.1162
8	0.4039	0.3506	0.3050	0.2660	0.2326	0.1789	0.1388	0.1085	0.0854
9	0.3606	0.3075	0.2630	0.2255	0.1938	0.1443	0.1084	0.0822	0.0628
10	0.3220	0.2697	0.2267	0.1911	0.1615	0.1164	0.0847	0.0623	0.0462
11	0.2875	0.2366	0.1954	0.1619	0.1346	0.0938	0.0662	0.0472	0.0340
12	0.2567	0.2076	0.1685	0.1373	0.1122	0.0757	0.0517	0.0357	0.0250
13	0.2292	0.1821	0.1452	0.1163	0.0935	0.0610	0.0404	0.0271	0.0184
14	0.2046	0.1597	0.1252	0.0985	0.0779	0.0492	0.0316	0.0205	0.0135
15	0.1827	0.1401	0.1079	0.0825	0.0649	0.0397	0.0247	0.0155	0.0099
16	0.1631	0.1229	0.0930	0.0708	0.0540	0.0320	0.0193	0.0118	0.0073
17	0.1456	0.1078	0.0802	0.0600	0.0451	0.0258	0.0150	0.0089	0.0054
18	0.1300	0.0946	0.0691	0.0508	0.0376	0.0208	0.0118	0.0068	0.0039
19	0.1161	0.0829	0.0596	0.0431	0.0313	0.0168	0.0092	0.0051	0.0029
20	0.1037	0.0728	0.0514	0.0365	0.0261	0.0135	0.0072	0.0039	0.0021
21	0.0926	0.0638	0.0443	0.0309	0.0217	0.0109	0.0056	0.0029	0.0016
22	0.0826	0.0560	0.0382	0.0262	0.0181	0.0088	0.0044	0.0022	0.0012
23	0.0738	0.0491	0.0329	0.0222	0.0151	0.0071	0.0034	0.0017	0.0008
24	0.0659	0.0431	0.0284	0.0188	0.0126	0.0057	0.0027	0.0013	0.0006
25	0.0588	0.0378	0.0245	0.0160	0.0105	0.0046	0.0021	0.0010	0.0005
26	0.0525	0.0331	0.0211	0.0135	0.0087	0.0037	0.0016	0.0007	0.0003
27	0.0469	0.0291	0.0182	0.0115	0.0073	0.0030	0.0013	0.0006	0.0002
28	0.0419	0.0255	0.0157	0.0097	0.0061	0.0024	0.0010	0.0004	0.0002
29	0.0374	0.0224	0.0135	0.0082	0.0051	0.0020	0.0008	0.0003	0.0001
30	0.0334	0.0196	0.0116	0.0070	0.0042	0.0016	0.0006	0.0002	0.0001
40	0.0107	0.0053	0.0026	0.0013	0.0007	0.0002	0.0001	*	*
45	0.0061	0.0027	0.0013	0.0006	0.0003	0.0001	*	*	*
50	0.0035	0.0014	0.0006	0.0003	0.0001	*	*	*	*
55	0.0020	0.0007	0.0003	0.0001	*	*	*	*	*
60	0.0011	0.0004	0.0001	*	*	*	*	*	*

附表三　年金终值系数表

期数	1%	2%	3%	4%	5%	6%	7%	8%	9%	10%
1	1.0000	1.0000	1.0000	1.0000	1.0000	1.0000	1.0000	1.0000	1.0000	1.0000
2	2.0100	2.0200	2.0300	20.400	2.0500	2.0600	2.0700	2.0800	2.0800	2.1000
3	3.0301	3.0604	3.0909	3.1216	3.1525	3.1836	3.2149	3.2464	3.2781	3.3100
4	4.0604	4.1216	4.1836	4.2465	4.3101	4.3746	4.4399	4.5061	4.5731	4.6410
5	5.1010	5.2040	5.3091	5.4163	5.5256	5.6371	5.7507	5.8666	5.9847	6.1051
6	6.1520	6.3081	6.4684	6.6330	6.8019	6.9753	7.1533	7.3359	7.5233	7.7156
7	7.2135	7.4343	7.6625	7.8983	8.1420	8.3938	8.6540	8.9228	9.2004	9.4872
8	8.2857	8.5830	8.8923	9.2142	9.5491	9.8975	10.260	10.637	11.028	11.436
9	9.3685	9.7546	10.159	10.583	11.027	11.491	11.978	12.488	13.021	13.579
10	10.462	10.950	11.464	12.006	12.578	13.181	13.816	14.487	15.193	15.937
11	11.567	12.169	12.808	13.486	14.207	14.972	15.784	16.645	17.560	18.531
12	12.683	13.412	14.192	15.026	15.917	16.870	17.888	18.977	20.141	21.384
13	13.809	14.680	15.618	16.627	17.713	18.882	20.141	21.495	22.953	24.523
14	14.947	15.974	17.086	18.292	19.599	21.015	22.550	24.215	26.019	27.975
15	16.097	17.293	18.599	20.024	21.579	23.276	25.129	27.152	29.361	31.772
16	17.258	18.639	20.157	21.825	23.657	25.673	27.888	30.324	33.003	35.950
17	18.430	20.012	21.762	23.698	25.840	28.213	30.840	33.750	36.974	40.545
18	19.615	21.412	23.414	25.645	28.132	30.906	33.999	37.450	41.301	45.599
19	20.811	22.841	25.117	27.671	30.539	33.760	37.379	41.446	46.018	51.159
20	22.019	24.297	26.870	29.778	33.066	36.786	40.995	45.762	51.160	57.275
21	23.239	25.783	28.676	31.969	35.719	39.993	44.865	50.423	56.765	64.002
22	24.472	27.299	30.537	34.248	38.505	43.392	49.006	55.457	62.873	71.403
23	25.716	28.845	32.453	36.618	41.430	46.996	53.436	60.893	69.532	79.543
24	26.973	30.422	34.426	39.083	44.502	50.816	58.177	66.765	76.790	88.497
25	28.243	32.030	36.459	41.646	47.727	54.863	63.249	73.106	84.701	98.347
26	29.526	33.671	38.553	44.312	51.113	59.156	68.767	79.954	93.324	109.18
27	30.821	35.344	40.710	47.084	54.669	63.706	74.484	87.351	102.72	121.10
28	32.129	37.051	42.931	49.968	58.403	68.528	80.698	95.339	112.97	134.21
29	33.450	38.792	45.219	52.966	62.323	73.640	87.347	103.97	124.14	148.63
30	34.785	40.568	47.575	56.085	66.439	79.058	94.461	113.18	136.31	164.49
40	48.886	64.402	75.401	95.026	120.80	154.76	199.64	259.06	337.88	442.59
45	56.481	71.893	92.720	121.03	159.70	212.74	285.75	386.51	525.86	718.90
50	64.463	84.579	112.80	152.67	209.35	290.34	406.53	573.77	815.08	1163.9
55	72.852	98.587	136.07	191.16	272.71	394.17	575.93	848.92	1260.1	1880.6
60	81.670	114.05	163.05	237.99	353.58	533.13	813.52	1253.2	1944.8	3034.8

（续）

期数	12%	14%	16%	18%	20%	24%	28%	32%	36%
1	1.0000	1.0000	1.0000	1.0000	1.0000	1.0000	1.0000	1.0000	1.0000
2	2.1200	2.1400	2.1600	2.1800	2.2000	2.2400	2.2800	2.3200	2.3600
3	3.3744	3.4396	3.5056	3.5724	3.6400	3.7776	3.9184	3.0624	3.2096
4	4.7793	4.9211	5.0665	5.2154	5.3680	5.6842	6.0156	6.3624	6.7251
5	6.3528	6.6101	6.8771	7.1542	7.4416	8.0484	8.6999	9.3983	10.146
6	8.1152	8.5355	8.9775	9.4420	9.9299	10.980	12.136	13.406	14.799
7	10.089	10.730	11.414	12.142	12.916	14.615	16.534	18.696	21.126
8	12.230	13.233	14.240	15.327	16.499	19.123	22.163	25.678	29.732
9	14.776	16.085	17.519	19.086	20.799	24.713	29.369	34.895	41.435
10	17.549	19.337	21.321	23.521	25.959	31.643	38.593	47.062	57.352
11	20.655	23.045	25.733	28.755	32.150	40.238	50.398	63.122	78.998
12	24.133	27.271	30.850	34.931	39.581	50.895	65.510	84.320	108.44
13	28.029	32.089	36.786	42.219	48.497	64.110	84.853	112.30	148.47
14	32.393	37.581	43.672	50.818	59.196	80.496	109.61	149.24	202.93
15	37.280	43.842	51.660	60.965	72.035	100.82	141.30	198.00	276.98
16	42.753	50.980	60.925	72.939	87.442	126.01	181.87	262.36	377.69
17	48.884	59.118	71.673	87.068	105.93	157.25	233.79	347.31	514.66
18	55.750	68.394	84.141	103.74	128.12	195.99	300.25	459.45	770.94
19	63.440	78.969	98.603	123.41	154.74	244.03	385.32	607.47	954.28
20	72.052	91.025	115.38	146.63	186.69	303.60	494.21	802.86	1298.8
21	81.699	104.77	134.84	174.02	225.03	377.46	633.59	1060.8	1767.1
22	92.503	120.44	157.41	206.34	271.03	469.06	812.00	1401.2	2404.7
23	104.60	138.30	183.60	244.49	326.24	582.63	1040.4	1850.6	3271.3
24	118.16	158.66	213.98	289.49	392.48	723.46	1332.7	2443.8	4450.0
25	133.33	181.87	249.21	342.60	471.98	898.09	1706.8	3226.8	6053.0
26	150.33	208.33	290.09	405.27	567.38	1114.6	2185.7	4260.4	8233.1
27	169.37	238.50	337.50	479.22	681.85	1383.1	2798.7	5624.8	11198.0
28	190.70	272.89	392.50	566.48	819.22	1716.1	3583.3	7425.7	15230.3
29	214.58	312.09	456.30	669.45	984.07	2129.0	4587.7	9802.9	20714.2
30	241.33	356.79	530.31	790.95	1181.9	2640.9	5873.2	12941	28172.3
40	767.09	1342.0	2360.8	4163.2	7343.2	27290	69377	*	*
45	1358.2	2590.6	4965.3	9531.6	18281	66640	*	*	*
50	2400.0	4994.5	10436	21813	45497	*	*	*	*
55	4236.0	9623.1	21925	49910	*	*	*	*	*
60	7471.6	18535	46058	*	*	*	*	*	*

附表四　年金现值系数表

期数	1%	2%	3%	4%	5%	6%	7%	8%	9%	10%
1	0.9901	0.9804	0.9709	0.9615	0.9524	0.9434	0.9346	0.9259	0.9174	0.9091
2	1.9704	1.9416	1.9135	1.8861	1.8594	1.8334	1.8080	1.7833	1.7591	1.7355
3	2.9410	2.8839	2.8286	2.7751	2.7232	2.6730	2.6243	2.5771	2.5313	2.4869
4	3.9020	3.8077	3.7171	3.6299	3.5460	3.4651	3.3872	3.3121	3.2397	3.1699
5	4.8534	4.7135	4.5797	4.4518	4.3295	4.2124	4.1002	3.9927	3.8897	3.7908
6	5.7955	5.6014	5.4172	5.2421	5.0757	4.9173	4.7665	4.6229	4.4859	4.3553
7	6.7282	6.4720	6.2303	6.0021	5.7864	5.5824	5.3893	5.2064	5.0330	4.8684
8	7.6517	7.3255	7.0197	6.7327	6.4632	6.2098	5.9713	5.7466	5.5348	5.3349
9	8.5660	8.1622	7.7861	7.4353	7.1078	6.8017	6.5152	6.2469	5.9952	5.7590
10	9.4713	8.9826	8.5302	8.1109	7.7217	7.3601	7.0236	6.7101	6.4177	6.1446
11	10.368	9.7868	9.2526	8.7605	8.3064	7.8869	7.4987	7.1390	6.8052	6.4951
12	11.255	10.575	9.9540	9.3850	8.8630	8.3838	7.9427	7.5361	7.1607	6.8137
13	12.134	11.348	10.635	9.9860	9.3936	8.8527	8.3577	7.9038	7.4869	7.1034
14	13.004	12.106	11.296	10.563	9.8986	9.2950	8.7455	8.2442	7.7862	7.3667
15	13.865	12.849	11.938	11.118	10.380	9.7122	9.1079	8.5595	8.0607	7.6061
16	14.718	13.578	12.561	11.652	10.838	10.106	9.4466	8.8514	8.3126	7.8237
17	15.562	14.292	13.166	12.166	11.274	10.477	9.7632	9.1216	8.5436	8.0216
18	16.398	14.992	13.754	12.690	11.690	10.828	10.059	9.3719	8.7556	8.2014
19	17.226	15.678	14.324	13.134	12.085	11.158	10.336	9.6036	8.9601	8.3649
20	18.046	16.351	14.877	13.590	12.462	11.470	10.594	9.8181	9.1285	8.5136
21	18.857	17.011	15.415	14.029	12.821	11.764	10.836	10.017	9.2922	8.6487
22	19.660	17.658	15.937	14.451	13.163	12.042	11.061	10.201	9.4424	8.7715
23	20.456	18.292	16.444	14.857	13.489	12.303	11.272	10.371	9.5802	8.8832
24	21.243	18.914	16.936	15.247	13.799	12.550	11.469	10.529	9.7066	8.9847
25	22.023	19.523	17.413	15.622	14.094	12.783	11.654	10.675	9.8226	9.0770
26	22.795	20.121	17.877	15.983	14.375	13.003	11.826	10.810	9.9290	9.1609
27	23.560	20.706	18.327	16.330	14.643	13.211	11.987	10.935	10.027	9.2372
28	24.316	21.281	18.764	16.663	14.898	13.406	12.137	11.051	10.116	9.3066
29	25.066	21.844	19.188	16.984	15.141	13.591	12.278	11.158	10.198	9.3696
30	25.808	22.396	19.600	17.292	15.372	13.765	12.409	11.258	10.274	9.4269
40	32.835	27.355	23.115	19.793	17.159	15.046	13.332	11.925	10.757	9.7791
45	36.095	29.490	24.519	20.720	17.774	15.456	13.606	12.108	10.881	9.8628
50	39.196	31.424	25.730	21.482	18.256	15.762	13.801	12.233	10.962	9.9148
55	42.147	33.175	26.774	22.109	18.633	15.991	13.940	12.319	11.014	9.9471
60	44.955	34.761	27.676	22.623	18.929	16.161	14.039	12.377	11.048	9.9672

（续）

期数	12%	14%	16%	18%	20%	24%	28%	32%	36%
1	0.8929	0.8772	0.8621	0.8475	0.8333	0.8065	0.7813	0.7576	0.7353
2	1.6901	1.6467	1.6052	1.5656	1.5278	1.4568	1.3916	1.3315	1.2760
3	2.4018	2.3216	2.2459	2.1743	2.1065	1.9813	1.8684	1.7663	1.6735
4	3.0373	2.9173	2.7982	2.6901	2.5887	2.4043	2.2410	2.0957	1.9658
5	3.6048	3.4331	3.2743	3.1272	2.9906	2.7454	2.5320	2.3452	2.1807
6	4.1114	3.8887	3.6847	3.4976	3.3255	3.0205	2.7594	2.5342	2.3388
7	4.5638	4.2882	4.0386	3.8115	3.6046	3.2423	2.9370	2.6775	2.4550
8	4.9676	4.6389	4.3436	4.0776	3.8372	3.4212	3.0758	2.7860	2.5404
9	5.3282	4.9164	4.6065	4.3030	4.0310	3.5655	3.1842	2.8681	2.6033
10	5.6502	5.2161	4.8332	4.4941	4.1925	3.6819	3.2689	2.9304	2.6495
11	5.9377	5.4527	5.0286	4.6560	4.3271	3.7757	3.3351	2.9776	2.6834
12	6.1944	5.6603	5.1971	4.7932	4.4392	3.8514	3.3868	3.0133	2.7084
13	6.4235	5.8424	5.3423	4.9095	4.5327	3.9124	3.4272	3.0404	2.7268
14	6.6282	6.0021	5.4675	5.0081	4.6106	3.9616	3.4587	3.0609	2.7403
15	6.8109	6.1422	5.5755	5.0916	4.6755	4.0013	3.4834	3.0764	2.7502
16	6.9740	6.2651	5.6685	5.1624	4.7296	4.0333	3.5026	3.0882	2.7575
17	7.1196	6.3729	5.7487	5.2223	4.7746	4.0591	3.5177	3.0971	2.7629
18	7.2497	6.4674	5.8178	5.2732	4.8122	4.0799	3.5294	3.1039	2.7668
19	7.3658	6.5504	5.8775	5.3162	4.8435	4.0967	3.5386	3.1090	2.7697
20	7.4694	6.6231	5.9288	6.3527	4.8696	4.1103	3.5458	3.1129	2.7718
21	7.5620	6.6870	5.9731	5.3837	4.8913	4.1212	3.5514	3.1158	2.7734
22	7.6446	6.7429	6.0113	5.4099	4.9094	4.1300	3.5558	3.1180	2.7746
23	7.7184	6.7921	6.0442	5.4321	4.9245	4.1371	3.5592	3.1197	2.7754
24	7.7843	6.8351	6.0726	5.4509	4.9371	4.1428	3.5619	3.1210	2.7760
25	7.8431	6.8729	6.0971	5.4669	4.9476	4.1474	3.5640	3.1220	2.7765
26	7.8957	6.9061	6.1182	5.4804	4.9563	4.1511	3.5656	3.1227	2.7768
27	7.9426	6.9352	6.1364	5.4919	4.9636	4.1542	3.5669	3.1233	2.7771
28	7.9844	6.9607	6.1520	5.5016	4.9697	4.1566	3.5679	3.1237	2.7773
29	8.0218	6.9830	6.1656	5.5098	4.9747	4.1585	3.5687	3.1240	2.7774
30	8.0552	7.0027	6.1772	5.5168	4.9789	4.1601	3.5693	3.1242	2.7775
40	8.2438	7.1050	6.2335	5.5482	4.9966	4.1659	3.5712	3.1250	2.7778
45	8.2825	7.1232	6.2421	5.5523	4.9986	4.1664	3.5714	3.1250	2.7778
50	8.3045	7.1327	6.2463	5.5541	4.9995	4.1666	3.5714	3.1250	2.7778
55	8.3170	7.1376	6.2482	5.5549	4.9998	4.1666	3.5714	3.1250	2.7778
60	8.3240	7.1401	6.2492	5.5553	4.9999	4.1667	3.5714	3.1250	2.7778